NATIONAL
GEOGRAPHIC
TRAVELER

PROVENCE
UND CÔTE D'AZUR

W0084899

NATIONAL
GEOGRAPHIC
TRAVELER

PROVENCE
UND CÔTE D'AZUR

Barbara A. Noe
Fotografien von Gérard Sioen

INHALT

Seiten 2–3: Roque Alric
Links: Lavendelfest in Sault

Benutzerhinweise

Text- und Kartensymbole siehe hintere Umschlagklappe.

Der *National Geographic Traveler* macht Sie mit den schönsten Seiten der Provence und der Côte d'Azur bekannt – in Texten, Bildern und Karten. Der in drei Hauptteile untergliederte Band beginnt mit einem Überblick über die Geschichte und Kultur dieser Region.

Es folgen sechs Kapitel, die den einzelnen Regionen gewidmet sind. Inhaltsverzeichnisse und Übersichtskarten am Beginn eines jeden Kapitels ermöglichen einen raschen Zugriff auf die im Kapitel vorgestellten Objekte; alle beschriebenen Sehenswürdigkeiten und weitere attraktive Orte sind in den Karten verzeichnet. Auf ergänzenden Karten zu den Spaziergängen und Ausflugsfahrten sind die im Text beschriebenen Routen eingezeichnet. Specials und Infokästen beschäftigen sich mit Geschichte, Kultur und Alltagsleben.

Die Reiseinformationen am Ende des Buches geben Auskunft über wichtige praktische Fragen. Hinzu kommen eine nach Regionen geordnete Auswahl von Hotels und Restaurants sowie Tipps zum Einkaufen und Ausgehen.

Die Angaben entsprechen dem Stand zum Zeitpunkt der Drucklegung.

Farbkodierung

142

Um Ihnen die Orientierung zu erleichtern, wurde jeder Region eine bestimmte Farbe zugewiesen.

So finden Sie von der Übersicht auf der vorderen Umschlagklappe schnell zu den entsprechenden farbig markierten Seiten. Auch die **Reiseinformationen** sind durch die gleichen Farben untergliedert.

Rodins Haus & Studio

🅰 Karte S. 171 46 C2

✉ Villa des Brillants, 19, avenue Auguste Rodin, Meudon (am südl. Stadtrand von Paris)

☎ 01 41 14 35 00

🕐 April–Sept., Fr–So nachmittags 13–18 Uhr

💲 €€–€€€

Besucherinformation

In den Außenspalten am Seitenrand finden Sie die für einen Besuch unentbehrlichen praktischen Angaben (die Bedeutung der Symbole finden Sie auf der hinteren Umschlagklappe). Der Verweis auf die jeweilige Karte enthält die Seitenzahl und, sofern hilfreich, auch das Planquadrat auf der Karte. Es folgen Adresse und Telefonnummer, Homepage, Öffnungszeiten, Höhe des Eintrittspreises (in Preiskategorien von € für weniger als 5 € bis €€€€€ für mehr als 25 €) sowie (in Marseille) die nächstgelegene Metrostation oder Bushaltestelle. Die Angaben zu den weniger bedeutsamen Sehenswürdigkeiten stehen am Ende des jeweiligen Eintrags bzw. kursiv und in Klammern innerhalb des Textes.

Reiseinformationen

AIX, MARSEILLE & DEPARTEMENT VAR — Region mit Farbkodierung

AIX-EN-PROVENCE — Stadt

🏨 GRAND HÔTEL NÈGRE COSTE — Name des Hotels und Preiskategorie
€€ ○○○

33, COURS MIRABEAU
TEL. 04 42 27 74 22
FAX 04 42 26 80 93 — Adresse, Telefon- und Faxnummer, Homepage
www.hotelnegrecoste.com
Freundlicher Service, ruhige Räume und nicht übersteuert. — Kurzbeschreibung des Hotels
ⓘ 37 🔧 🅿 🏧 Alle gängigen Kreditkarten — Ausstattung und Kreditkarten

🍴 LE CLOS DE LA VIOLETTE — Name des Restaurants und Preiskategorie
€€€€

10, AVE. DE LA VIOLETTE
TEL. 04 42 23 30 71 — Adresse und Telefonnummer, Homepage
www.closdelaviolette.com
Im Spitzenrestaurant von Aix kocht Küchenchef Jean-Marc Banzo und serviert einheimische Spezialitäten als prächtig dekorierte Köstlichkeiten. Probieren Sie den Meerbarsch mit Schinken. — Kurzbeschreibung des Restaurants
🕐 So–Mo u. Mi M geschl. — Öffnungszeiten und Kreditkarten
🏧 Alle Kreitkarten

Hotel- & Restaurantpreise

Erläuterungen zu den Preiskategorien finden Sie im Abschnitt »Hotels & Restaurants«, S. 211.

Übersichtskarten

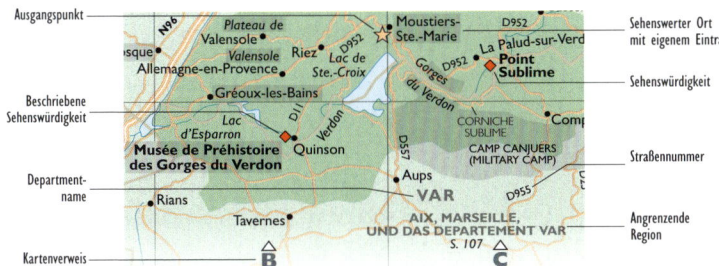

Ausgangspunkt

Beschriebene Sehenswürdigkeit

Department-name

Kartenverweis

Sehenswerter Ort mit eigenem Eintrag

Sehenswürdigkeit

Straßennummer

Angrenzende Region

- Zu jeder Übersichtskarte gehört eine Orientierungskarte, welche die Lage der jeweiligen Region in der Provence zeigt.
- Auf angrenzende Regionen wird mit Seitenverweisen aufmerksam gemacht.

Spaziergänge

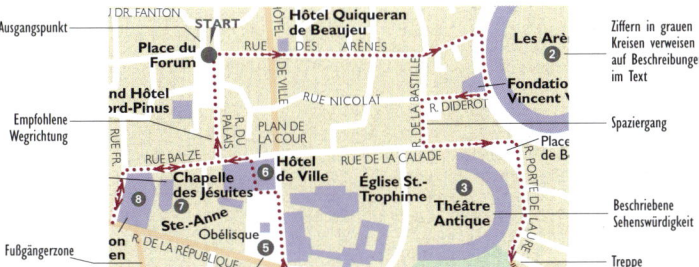

Ausgangspunkt

Empfohlene Wegrichtung

Fußgängerzone

Ziffern in grauen Kreisen verweisen auf Beschreibungen im Text

Spaziergang

Beschriebene Sehenswürdigkeit

Treppe

- Eine Infobox nennt Ausgangs- und Endpunkt, Dauer und Länge des Spaziergangs sowie Sehenswürdigkeiten, die man unterwegs nicht versäumen sollte.

Ausflüge

Ausgangspunkt

Routenverlauf

Bedeutende Sehenswürdigkeit

Ziffern in grauen Kreisen verweisen auf Beschreibungen im Text

Weg

Straßennummer

- Eine Infobox nennt Ausgangs- und Endpunkt, Dauer und Länge der Rundfahrt sowie Sehenswürdigkeiten, die man unterwegs nicht versäumen sollte.

NATIONAL GEOGRAPHIC TRAVELER

PROVENCE
UND CÔTE D'AZUR

ÜBER DIE AUTOREN & DEN FOTOGRAFEN

Barbara A. Noe arbeitet als leitende Redakteurin in der Reiseführerabteilung von National Geographic in Washington. Sie studierte Französisch und Politikwissenschaften an der University of California in Davis sowie an der Université de Bordeaux in Frankreich und schloss das Studium mit dem Bachelorgrad ab. Ferner absolvierte sie ein Journalistikstudium (M.A.) an der School of Journalism der University of Missouri. Seit ihrem ersten Besuch in Frankreich reist Barbara A. Noe immer wieder gerne dorthin – mit Vorliebe in die Provence.

Gérard Sioen ist seit 1974 weltweit als Fotograf tätig. Seine Aufnahmen wurden in vielen Fotobüchern veröffentlicht; darunter befinden sich Titel über Kalifornien, Ägypten, die Camargue und die Provence. In den letzten Jahren hat er sich vor allem auf Südfrankreich konzentriert; dort hat er in St-Rémy-de-Provence, in Gordes und Carcassonne Galerien eröffnet.

Christopher Pitts ist verantwortlich für die Teile „Hotels & Restaurants", „Einkaufen" und „Unterhaltung".

Geschichte & Kultur

Marseiller Bürger kämpfen während der Französischen Revolution gegen Royalisten

Provence & Côte d'Azur heute

Wenn Provenzalen Karten spielen, mischen sie das Blatt, indem sie die Karten einfach auf den Tisch fallen lassen. Und irgendwie passt dieses Bild genau zur Gegend: Die Provence ist ein kunterbuntes Durcheinander aus Tälern mit Obsthainen, Feldern und Bergen, Flüssen und Quellen. Dazwischen liegen römische Ruinen, Kiesstrände, vogelreiche Marschen und dunkle Wälder. Tradition und Moderne, Natur und Menschenwerk verbinden sich zu einer facettenreichen Landschaft, die immer aufs Neue verzaubert.

Ein Faktor trägt dazu ganz maßgeblich bei: das Licht, das den blauen Himmel erstrahlen lässt und jedem der zahlrei- chen Landschaftstypen eine besondere Atmosphäre verleiht. Schauen Sie beim Aperitif im Café de France in Lacoste

Marseille hat den größten Hafen des Mittelmeers

über die Felder, sehen Sie zu, wie die Sonne die mittelalterlichen Gebäude von Bonnieux golden färbt, oder halten Sie an einem blühenden Lavendelfeld in der Ebene bei Buoux. Besuchen Sie einen *santonnier* im Côtes-du-Rhône-Dorf Ségurat, wo die Krippenfiguren aus Ton seit Jahrhunderten von Hand bemalt werden. Genießen Sie eine Schüssel orangeroter Bouillabaisse am Fischmarkt von Marseille, oder halten Sie in der Camargue Ausschau nach rosafarbenen Flamingos am azurblauen Himmel ...

Die Provence ist eine viel gerühmte Region, bekannt für fruchtige Weine, gut erhaltene römische Bauwerke, Festivals zu jeder Zeit des Jahres, freundliche Menschen und schöne Strände – gute Gründe, die erklären, warum jeder ihrem Reiz erliegt. Sie hat das gewisse Etwas, in dem sich rustikaler Charme, Tradition und Eleganz gekonnt und keineswegs zufällig verbinden: Über Jahrhunderte hat die Sonne Steine und Mauern verblassen lassen, und seit Jahrhunderten stellen einheimische Handwerker und Künstler die typischen Stoffe für Tisch- und Bettwäsche, die Tonwaren und Gläser in denselben leuchtenden Mustern und Farben her.

Selbst wer noch niemals in der Provence war, kennt ihre herrlichen Farben von Gemälden berühmter Maler, die das Licht in seinen Bann gezogen hat: Matisse, Renoir und Picasso gehören genauso dazu wie Bonnard, Chagall und Paul Cézanne aus Aix-en-Provence. Keiner jedoch hat so viele berühmte Bilder aus der Provence hinterlassen wie Vincent van Gogh, der 1888 nach Arles kam und hier innerhalb von nur zwei Jahren 150 Meisterwerke schuf. Seine blauen Schwertlilien und gelben Sonnenblumen, Sternennächte und Straßencafés in kraftvollen Farben sind zugleich reale Abbilder und Metaphern der Provence. 1888 schrieb van Gogh seiner Schwester Willemien: «Die Natur hier im Süden kann man zum Beispiel nicht mit der malvenfarbenen Palette malen, die man im Norden benötigt ... Hier umfasst die Palette viel mehr Farben, Himmelblau, Orange, Pink, Vermillon, ein sehr leuchtendes Gelb, Hellgrün, Weinrot und Violett.»

Mutter Natur

Durchlässiger Kalkstein bildet das Fundament der provenzalischen Landschaft. Auf diesem Boden gedeihen genügsame Pflanzen wie silbern schimmernde Olivenbäume, stachelige Sukkulenten, dorniger *maquis* und die Gewächse der

garrigue (Strauchheide). Dass Wasser kostbar ist, belegen die zahlreichen Brunnen in Städten und Dörfern. Innerhalb weniger Tage oder gar Stunden regnet es hier manchmal so viel wie in Paris in einem ganzen Jahr. Dann verwandeln sich kleine Rinnsale in reißende Flüsse, und das Wasser ergießt sich in den Verdon, die Durance, die Rhône und das Mittelmeer. Danach herrscht manchmal monatelang Trockenheit. Dazu kommt

der Mistral, ein scharfer, kalter Wind aus Sibirien, der in der Provence über hundert Tage pro Jahr bläst und sich auf die Ernteerträge, die Architektur und das Gemüt der Menschen gleichermaßen niederschlägt. Heftiger Mistral kann Autos umstürzen, Dachziegel abdecken und Bäume entwurzeln. Der Provenzale Marcel Pagnol hat die Launen der Natur in seinen Büchern „Jean de Florette" und „Manon des Sources" beschrieben.

Dichte Reihen mit Lavendel bedecken das Plateau de Puimichel

Tradition & Moderne

«Wie ist es möglich, dass uns aus dieser scheinbar öden Erde solcher Reichtum erwächst?», fragt die Gastronomieautorin Patricia Wells in der Einleitung zu ihrem Buch „Zu Hause in der Provence". Tatsächlich gelingt es den Provenzalen, trotz der schwierigen klimatischen Bedingungen eine Fülle köstlicher Erzeug-nisse auf den Markt zu bringen: dunkel-rote Kirschen, gelbe Quitten, Pfirsiche, Oliven und Wein, dazu Ziegenkäse und kostbare Trüffel. Auf den Märkten türmen sich herrliche Früchte und Gemüse neben Sonnenblumen, Mohn (coqueli-cots) und anderen Blumen, die auf den nahe gelegenen Feldern wachsen. Die üppige Pracht verdankt ihre Existenz vor

Entspannung suchen die Provenzalen auf dem Bouleplatz (hier in Fontvieille)

allem dem Charakter der Provenzalen, eines zähen, hart arbeitenden Menschenschlags, der gelernt hat, aus wenig viel zu machen. Die Einheimischen, seit Jahrtausenden Fischer und Bauern, versuchten stets, im Einklang mit dem Land und dem Wasser zu leben, die sie ernährten. Sie pflanzten Bäume, die in der heißen Sonne Schatten spenden, bauten ihre Häuser so, dass der scharfe Nordwind ihnen nichts anhaben konnte, und statteten sie mit schweren Fensterläden aus. Als nach dem Zweiten Weltkrieg in der Provence die Industrialisierung begann, drohte dem einfachen Landleben das Aus. Die Zukunft schien in der Luftfahrtindustrie, der Kernkraft und anderen neuen Beschäftigungszweigen zu lie-

und Gemüse stieg, und plötzlich waren kaltgepresstes Olivenöl, Kräuter und Weine aus der Provence in aller Munde. Familiengüter werden seitdem wieder auf traditionelle Weise bewirtschaftet.

Doch auch zukunftsorientierte Sparten haben ihren Platz: In Cadarache befindet sich ein nukleares Forschungszentrum, La Gaude ist in der Elektronikbranche weit über Frankreichs Grenzen hinaus bekannt. In Marseille konzentriert man sich auf biologische Forschungsprojekte, auf dem Mont Ventoux, in Michel-de-Provence und in Nizza werden meteorologische Untersuchungen und Studien zur Atomphysik durchgeführt. Im Gespräch ist vor allem das Euroméditerrannée-Projekt in Marseille. Im Rahmen dieses von der EU geförderten Projektes wurde im Stadtzentrum ein rund 300 Hektar großes Gebiet erschlossen, damit sich dort zukunftsfähige Unternehmen ansiedeln können. So wurde Marseille zum Schmuckstück der Freihandelszone im Mittelmeerraum.

Das Herz der Tradition

Die Königin von Arles trägt Häubchen und Spitzen, sie ist jung und schön, vor allem aber spricht sie fließend Provenzalisch. Alle drei Jahre wählt eine siebenköpfige Jury *l'Arlésienne* und huldigt damit einer Tradition, die wie unzählige andere die Kultur der Region prägt.

Jedes Dorf besitzt ein eigenes Wappen, zeichnet sich durch bestimmte Früchte, Käse, Weine oder Süßigkeiten aus. Lokale Feste reihen sich im Kalender aneinander, und meistens gehören Trachten, Volkstänze und -musik ganz einfach dazu. Viele Feste wurzeln in der Religion – etwa die berühmte Marienprozession in Les-Stes-Maries-de-la-Mer –, oder sie stehen in direkter Beziehung zu den Jahreszeiten und zur Lavendel-, Trauben- oder Olivenernte. Einige Feste lassen sich kaum erklären, etwa das Schneckenlaternenfest in Gorbio, bei dem die Bewohner Lichter in Schneckenhäusern durch die Straßen tragen.

gen. Viele Bauern versuchten ihre Betriebe mit Maschinen zu modernisieren und gingen bankrott, weil der Fuhrpark sich auf ihren kleinen Feldern gar nicht lohnend einsetzen ließ. Von 35 Prozent vor dem Krieg schrumpfte der Anteil der in der Landwirtschaft tätigen Provenzalen bis Anfang der 1980er Jahre auf zehn Prozent. Ein neuer Trend brachte jedoch die Wende – die Nachfrage nach ökologisch angebautem Obst

Das wichtigste Fest der Provence ist und bleibt jedoch Weihnachten. Es beginnt mit einem *gros souper*, einem festlichen Essen am Heiligabend vor der Mitternachtsmette. Die Familie versammelt sich an einem Tisch, der mit Myrtenzweigen, Weizenähren und Linsensprossen geschmückt ist, den Symbolen für Wohlstand und Wachstum. Eine wichtige Rolle spielen Krippenlandschaften. Überall sieht man *santons* („kleine Heilige"), wunderschön geschnitzte oder modellierte und bunt bemalte Figuren, die in der Provence seit dem 18. Jahrhundert angefertigt werden.

Noch typischer für die Provence sind aber die Alltagsregeln, die verdeutlichen, dass die Menschen hier das einfache, gute Leben zu schätzen wissen, Hektik vermeiden und sich Zeit für Arbeit, Familie und Freunde nehmen. Die Läden und die meisten Museen schließen von 12 bis 3 oder 4 Uhr, weil die Besitzer ausgiebig speisen und

In Hafenrestaurants wie hier in Toulon kann man Bouillabaisse und Meeresfrüchte genießen

ein Schläfchen halten. Abend- oder Geschäftsessen ziehen sich in die Länge: Man beginnt mit dem Aperitif – häufig mit Pastis oder mit einem Glas Muscat –, dann folgen mehrere Gänge. Die Provence, so scheint es, ist geblieben, was und wie sie immer war. Dabei mangelte es nicht an fremden Einflüssen: Im 6. Jahrhundert v. Chr. ließen die Griechen sich hier nieder, später führten Kaufleute die bunten Baumwollstoffe (*indiennes*) ein, die heute als typisch provenzalisch gelten. Der Stockfisch, der heute oft auf Speisekarten steht, stammt ursprünglich aus Norwegen. Vielfalt und Facettenreichtum aber machen gerade die Faszination der Provence aus. Es reicht, wenn Sie die Augen öffnen und Land und Leute auf sich wirken lassen. ∎

Ziegenkäse aus Banon wird seit der Zeit der Römer auf einfache Weise frisch gehalten: Jeder Käse wird in Kastanienblätter gehüllt und mit Bast oder Stroh umwickelt

Die Sonnenküche

In fast jedem Ort der Provence gibt es einen Markt, auf dem sonnenverwöhnte, aromatische Produkte feilgeboten werden. Kirschen, Melonen, leuchtend rote Tomaten, Olivenöl und Ziegenkäse bilden die Grundlage der schlichten, gesunden und würzigen Küche der Region. Oliven, Knoblauch und Tomaten verbinden sich hier zu einem selbst für Frankreich ungewöhnlichen Fest für die Sinne. Viele kulinarische Einflüsse gehen noch auf die Griechen zurück, denn sie brachten zum Beispiel die ersten Oliven in die Region. Auch Italien ist nicht weit, doch die Provenzalen bestehen natürlich darauf, dass es die unverwechselbare *cuisine du soleil*, die Sonnenküche, nur bei ihnen gibt.

Drei Grundzutaten prägen die Küche der Provence. Die meisten Hauptgerichte enthalten Knoblauch, der ihnen das gewisse Etwas verleiht. Olivenöl dient zum Würzen und zum Kochen. Es wird fast so hoch gehandelt wie Wein. Und schließlich gehören ins provenzalische Essen – vom Hühnchen bis zur Eiscreme – noch Kräuter, vor allem Basilikum, Thymian und Rosmarin. Salbei, Kerbel, Estragon, Anis und Lavendel finden ebenfalls Eingang in viele Gerichte.

Die einzigartigen Soßen und Dressings beruhen auf diesen Ingredienzen. Am berühmtesten ist wohl Aïoli, eine Knoblauchmayonnaise, die gut zu Meeresfrüchten passt. Anchoïade heißt eine Anchovispaste mit Knoblauch und Olivenöl, Tapenade ein mit Knoblauch, Kapern, Anchovis und Olivenöl gewürztes Püree aus schwarzen Oliven, zu dem man Toast isst.

Die Liste der Gemüse reicht von Spargel über Auberginen und *courgettes* (Zucchini) bis hin zu Artischocken, Tomaten und Pilzen. Beliebt ist *ratatouille*, ein Gemüseeintopf mit Zwiebeln, Tomaten, Auberginen, Zucchini, Paprikaschoten, Knoblauch und Kräutern. Auf vielen Speisekarten steht gefülltes Gemüse – etwa *aubergines farcies à la provençale* (mit Fleisch,

Oliven an einem Verkaufsstand auf dem Markt von St-Rémy-de-Provence. In der Provence wachsen über 15 Sorten, die zu Öl verarbeitet oder eingelegt werden

Zwiebeln und Kräutern gefüllte Auberginen in Tomatensoße) oder *fleurs de courgettes farcies*, gefüllte Zucchiniblüten. Aus Nizza stammen der *salade niçoise*, ein Salat, der Tomaten, Gurken, hart gekochte Eier, Zwiebeln, Peperoni, grüne Bohnen, Oliven, häufig auch Thunfisch enthält, und die *pissaladière* (eine Pizza mit Oliven und Anchovis). Überall in der Provence bekommt man gegrillte Tomaten mit Knoblauch. *Soupe au pistou*, eine Gemüsesuppe, wird mit *pistou* (einer eingerührten Paste aus Basilikum, Knoblauch und Olivenöl) serviert. Die Krönung jeder Speisekarte sind natürlich Trüffeln (*truffes*, siehe S. 58).

Von den Fleischsorten ist Lamm am weitesten verbreitet. Probieren Sie nach Möglichkeit *agneau de Sisteron*, Lammkeule mit Kräutern (auf Speisekarten meist unter *gigot d'agneau aux herbes*). Auch Wild ist beliebt, insbesondere Hase, Kaninchen und Wildschwein (oft auch zu Wurst verarbeitet), außerdem Schnepfen, Drosseln und Wachteln, meist in Eintöpfen. In vielen Restaurants wird Rindfleisch serviert, häufig als Schmorbraten (*daube*) in üppiger Soße. In der Camargue kommt Rindfleisch (hier unter dem Namen *taureau*, Stier) gegrillt, in Rotweinsoße mit Oliven und Tomaten oder als *boeuf à la gardiane* mit Camargue-Reis auf den Tisch. An der Küste gibt es fangfrischen Fisch – Anchovis, Kabeljau, Seebarsch, Brasse und Wittling, im Landesinneren vor allem Süßwasserforellen. In den Fischerhäfen westlich von Marseille isst man auch Seeigel (*oursins*), Tintenfisch und Wellhornschnecken (*bulots*). Königin der Fischspezialitäten ist die Bouillabaisse, der klassische Fischeintopf aus Marseille (siehe S. 124).

Die Provence ist berühmt für ihre Früchte, für Kirschen aus dem Lubéron, Melonen aus Cavaillon, für Aprikosen, Weintrauben und Spätsommerfeigen aus Marseille. In den meisten Städten findet mindestens einmal pro Woche ein Erzeugermarkt statt. Für Liebhaber von Ziegenkäse (*chèvre*) ist die Provence ein Paradies. Am bekanntesten ist Banon (oft auch aus Schafsmilch). Picodon heißt eine kleine, würzige Variante, Pelardon ist etwas reifer und fester. Brousse, ein milder Schafsmilchkäse, wird oft als Raviolifüllung verwendet oder zum Dessert mit Honig gereicht. ∎

Weine aus der Provence

Die fruchtbaren Böden und das sonnige, warme Klima machen die Region zu einem idealen Weinbaugebiet. Die Griechen pflanzten hier erstmals Wein, sie führten Syrah ein, eine aus Shiraz in Persien stammende Rebsorte. Da das Verfahren der Mazeration noch nicht bekannt war, entwickelte sich im Laufe der Jahrhunderte ein leichter Rosé zum klassischen Sommerwein der Provence. Sie ist das zweitgrößte Weinbaugebiet Frankreichs. Ihre Erzeugnisse galten als qualitativ eher mittelmäßig, eine neue Generation kreativer Winzer wandelte dieses Image allmählich.

An den Ufern der Rhône wachsen einige der besten Weinsorten der Welt. In der Provence gehören dazu Tavel, Muscat de Beaumes-de-Venise und natürlich der berühmte Châteauneuf-du-Pape. Weiter östlich ragt der Côtes de Provence aus der Masse der Roséweine heraus, während entlang der Côte d'Azur kleinere Gebiete, etwa bei Cassis, exzellente Tropfen hervorbringen. Nachfolgend einige bekanntere Marken:

Côtes du Rhône: Das Anbaugebiet umfasst überwiegend Rotweine und erstreckt sich über sechs Departements und drei Regionen mit insgesamt über 60 000 Hektar Fläche. Die südliche Hälfte mit den *vins méridionaux* liegt nördlich von Avignon.

Am berühmtesten ist der Châteauneuf-du-Pape, der auf die Zeit der Päpste in Avignon zurückgeht. Die körperreichen Weine mit hohem Alkoholgehalt bestehen aus einem Verschnitt von mindestens acht und maximal 13 Rebsorten (*cépages*), wobei Grenache dominiert. Seltener ist mit einem Anteil von nur sieben Prozent an der Gesamtproduktion der weiße Châteauneuf-du-Pape. Beaucastel und Rayas gehören zu den berühmtesten Erzeugern.

Ein weiterer hochwertiger Rotwein der Gegend ist der kräftige Gigondas. Fruchtig schmecken die Rotweine aus 17 Côtes-du-Rhône-Dörfern mit ertragreichen Böden. Diese Weine sind am besten, wenn sie nach alter Methode im Fass reifen.

Der berühmteste und teuerste Roséwein, Tavel, stammt aus dem Gebiet 13 Kilometer westlich von Châteauneuf-du-Pape. Den trockenen Wein genießt man am besten, solange er jung ist. Besonders gute Tavelweine kommen von Forcadière und Genestière. Beaumes-de-Venise produziert einen lieblichen Muscat.

Côtes de Provence: ist mit rund 100 Millionen Flaschen pro Jahr die wichtigste AOC-Sorte der Provence. Sie gedeiht zwischen Nizza und Aix-en-Provence, unter anderem im Hinterland des Departements Var und an der Mittelmeerküste zwischen Hyères und Fréjus. Die Zahl der Landschaften –von der Küste bis hin zu landeinwärts gelegenen Hügeln – bestimmt auch die Bandbreite der Weinsorten: Zu 75 Prozent sind es frische, fruchtige Roséweine, zu 20 Prozent aromatische Rote und zu fünf Prozent die deutlich selteneren Weißen. Côtes de Provence wird immer jung und am besten zwischen acht und zehn Grad kühl getrunken. Exzellente Tropfen stammen von Gavoty und Richeaume.

Der Vignoble de Bandol ist berühmt für runde Rotweine aus der dunklen Mourvèdre-Traube, die mindestens 18 Monate in Eichenfässern reifen muss. Die Weine schmecken jung, doch den *grands vins* sollte man Zeit zum Lagern lassen. Hier wird auch ein Rosé produziert. Er reift in für Roséweine unüblichen Holzfässern und hat einen Orangestich.

Vignoble de Cassis: Das kleine Hafenstädtchen Cassis ist bekannt für frische, nussige Weißweine, die hervorragend zu lokalen Spezialitäten wie Wellhornschnecken mit Knoblauchmayonnaise passen. Auch Rosé- und Rotweine werden hier

Links: Wein zum Verkauf in der Maison des Vins, Les Arcs
Unten: Auf der Domaine Ste-Roseline reift der Wein in Fässern
Ganz unten: Weinlese bei Cotignac, Côtes de Provence

angebaut. Aus Clos Ste-Magdelaine kommt einer der interessantesten Weißweine des Gebietes. Die Trauben wachsen auf einem Kalksteinplateau am Mittelmeer.

Besichtigen, verkosten, kaufen: Weingüter und Winzer verkaufen ihre Weine meist günstiger als Läden. Fast überall sind Weinproben möglich. Als Weinrouten bieten sich die Dentelles in der Gegend um Châteauneuf-du-Pape (siehe S. 68f) sowie das Hinterland des Varois bei Les Arcs (siehe S. 132f) an.

Die Region

Die charakteristische Landschaft der Region – ein Flickenteppich aus weißem Kalkstein, dunkelroten Ockerfelsen und violettfarbenen Lavendelfeldern, umrahmt von blauem Meer – hat sich im Laufe von Jahrmillionen geformt.

Die Geschichte der Provence begann vor rund 200 Millionen Jahren, als ein riesiges Meer den gesamten Südostteil Frankreichs bedeckte. Während des Mesozoikums, vor 245 bis 65 Millionen Jahren, tauchte aus dem Urmittelmeer, der Tethys, eine von Vulkanen gebildete Landmasse empor, die sich von der heutigen französischen Riviera im Norden bis zum Tyrrhenischen Meer im Süden zog. Nach und nach wurde Gestein von diesen Vulkanen durch Wassererosion nach Süden geschwemmt und lagerte sich am Grund der Tethys ab. Dort entstanden Schichten aus Kalkstein, Tonerde, Schiefer und Sandstein. Im mittleren Tertiär bildeten sich die für die Provence typischen von Osten nach Westen verlaufenden Höhenzüge aus Kalkstein.

Die Provence gliedert sich in sechs Departements. In den 1960er Jahren schloss man diese zur Verwaltungseinheit Provence-Alpes-Côte d'Azur mit der Hauptstadt Marseille zusammen.

Die Departements

Die Rhône fließt im Westen, die Durance im Süden des Departements Vaucluse, das fruchtbare, zum Obst- und Weinanbau geeignete Böden besitzt. Die Landschaft wird aber auch vom Plateau de Vaucluse mit seinen Höhlen und unterirdischen Flüssen bestimmt, die hier und dort als Quellen hervortreten. Im Norden erhebt sich das mächtige Massif du Ventoux mit dem höchsten Gipfel der Region, dem Mont Ventoux (1909 m). Abwechslungsreich ist die Landschaft des Departements Bouches-du-Rhône, das von Rhône, Durance, Mittelmeer und dem Massif de Ste-Baume begrenzt wird. Im Westen dehnt sich Schwemmland mit weiten Ebenen aus. Südlich des Kalksteinhöhenzuges der Alpilles liegt die Crau, ein riesiges Feld mit Flusskieseln. Noch weiter südlich bewässert die Rhône die vogelreichen Marschen der Camargue, bevor sie ins Meer mündet. Im Osten trennt das Arc-Tal die Montagne Ste-Victoire von der Étoile-Kette. Zwischen Mittelmeer, südlichen Alpen und Bouches-du-Rhône erstreckt sich das Departement Var, das waldreichste Gebiet der Provence. An der Küste ragen mächtige Felsen ins Meer, direkt davor liegen die Iles d'Hyères. Das Departement Alpes-Maritimes umfasst die Côte d'Azur mit den südlichen Ausläufern der Alpen im Hinterland. Im Departement Alpes-de-Haute-Provence ragen die Berge steil empor. Hier befinden sich die Gorges du Verdon, der größte Canyon Europas.

Die Flora der Provence

Eichen- und Kiefernwälder bedecken 38 Prozent der Provence. Hier wachsen Immergrüne, Flaum- und Korkeichen, Stern- und Aleppokiefern sowie Schirmtannen. Im 6. Jahrhundert v. Chr. pflanzten die Griechen die ersten Olivenbäume in der Provence. Im 19. Jahrhundert führten die Engländer Palmen, Mimosen, Eukalypten und Sukkulenten aus Australien ein. Im strauchigen Gehölz, der Macchia (frz. *maquis*), wachsen viele Kräuter, darunter Rosmarin, Basilikum, Estragon, Thymian, Fenchel und Oregano. In der sonnenverwöhnten Strauchheide (*garrigue*) findet man darüber hinaus Ginster, Wacholder und Kermeseichen. ∎

Montagne Ste-Victoire

Im Lubéron wurden schon in grauer Vorzeit Trockensteinbehausungen (*bories*) errichtet

Die Provence damals

Die Postkartenidylle, die in der Provence allenthalben begegnet, ist in konfliktreichen Auseinandersetzungen entstanden. Städte kämpften gegen Städte, die Provinz gegen die Krone, die Obrigkeit gegen den dritten Stand und Katholiken gegen Protestanten. Nach und nach entstand eine regionale Identität, die der Dichter Frédéric Mistral Anfang des 20. Jahrhunderts neu belebte. Heute bekennen sich die meisten Provenzalen zu ihrer Region und ihren sprachlichen, kulturellen und kulinarischen Traditionen.

Vor- & Frühgeschichte

Die Provence liegt strategisch günstig am Mittelmeer und zog daher schon früh Siedler an. Die ältesten Spuren finden sich in der Gegend von Monaco, wo man in der Grotte de l'Observatoire (heute Museum) eine Million Jahre alte Malereien entdeckte. Um 400 000 v. Chr. lebten Menschen in der Gegend der Strände von Terra Amata (heute Boulevard Carnot) in Nizza. Untersuchungen der Fossilien zeigten Reste von Getreide, das vom Spätfrühjahr bis zum Frühherbst angebaut wurde, was auf jahreszeitlich genutzte Lager schließen lässt.

Vor 60 000 Jahren, in der Mittleren Altsteinzeit, lebten Neandertaler in der Provence. *Homo sapiens sapiens*, der moderne Mensch, erschien etwa 25 000 Jahre später und hinterließ in den Grimaldi-Höhlen einige Waffenreste. Etwa 20 000 v. Chr. – auf dem Höhepunkt der letzten Eiszeit – verzierten Jägerclans Höhlenwände mit Zeichnungen von Büffeln, Robben und Steinböcken. Die Malereien in der Grotte Cosquer in den Bergen bei Cassis wurden erst in den 1960er Jahren entdeckt. Um 6000 v. Chr. wurden die ersten Menschen in der Region sesshaft. Sie züchteten Schafe, bauten Getreide an und errichteten Behausungen aus Trockensteinen (*bories*), die man noch heute besichtigen kann. Ihre Toten bestatteten die Menschen in Gemeinschaftsgrabhügeln aus Stein, so genannten Dolmen – man findet sie noch im Massif des Maures.

Zwischen 2800 und 1300 v. Chr. zogen Hirten in die abgeschiedene Vallée des Merveilles bei Tende und ritzten am Fuß des Mont Bégo Tausende von Bildern in Höhlenwände. Zu sehen sind dort unter anderem hexenähnliche Wesen (*orants*), die vermuten lassen, dass der Ort als Kultstätte diente.

Woher die Ligurer kamen, die die Provence anschließend besiedelten, weiß niemand ganz genau. Die Bezeichnung bezieht sich jedenfalls in der Regel auf alle Menschen, die am Übergang von der Jungsteinzeit zur Eisenzeit im Mittelmeerraum lebten. Ab etwa 800 v. Chr. bauten einzelne Gruppen Hügelfestungen, die heute unter dem lateinischen Namen Oppidum subsumiert werden.

Etwa zur gleichen Zeit zogen in mehreren Wellen keltische und germanische Stämme von Norden her in die Provence. Sie mischten sich mit den Ligurern und bildeten schließlich den kriegerischen Stamm der Keltoligurer. Diese errichteten einen Stützpunkt in Entremont, nördlich der heutigen Stadt Aix-en-Provence.

Die Griechen (600–118 v. Chr.)

Um 600 v. Chr. gründeten Griechen erste Niederlassungen in Massalia (Marseille) und brachten ihre Kultur mit. Im Laufe mehrerer Jahrhunderte entstanden Handelskolonien in Antipolis (Antibes), Nikaia (Nizza), Olbia (Hyères), Monoïkos (Monaco) und Glanum bei St-Rémy. Die Griechen führten Weinreben und Olivenbäume ein und schufen die ökonomische Basis, auf der die Wirtschaft der Region bis heute fußt.

Als die Römer ihr Reich nach Westen auszudehnen begannen, schlossen sich ihnen die Griechen aus Massalia rasch an. Dies geschah nicht zuletzt, um den gemeinsamen Feind, die Etrusker, auszuschalten, deren Gebiet sich zwischen Massalia und Roma erstreckte. Als Hannibal, der berühmte Feldherr aus Karthago (Nordafrika), mit seinen Elefanten über die Alpen zog, um die Römer anzugreifen, kämpfte Massalia an Roms Seite. Das Bündnis zwischen Massalia und Rom erreichte 125 v. Chr. seinen Höhepunkt, als die Keltoligurer einen günstigen Moment nutzten, um Massalia von Entremont aus anzugreifen. Die Bewohner der Stadt baten die Römer um Hilfe, diese zerstörten Entremont und gründeten die Festung Aquae Sextiae Salluviorum (Aix-en-Provence), die erste römische Siedlung im jenseits der Alpen gelegenen Gallien. Es folgten weitere Garnisonen zwischen Alpen und Pyrenäen. Die Provincia Romana, die erste römische Provinz außerhalb Italiens, war geboren.

Provincia Romana (118 v. Chr. – 472 n. Chr.)

Nachdem Julius Cäsar zwischen 58 und 51 v. Chr. ganz Gallien erobert hatte, schufen die Römer eine Provinz, der eine lange Zeit des Wohlstandes bevorstand. Nîmes, Aix und Arles stiegen zu bedeutenden römischen Städten auf, dazu kamen Kolonien wie Glanum und Vaison-la-Romaine. In der Provincia

errichteten die Römer Monumental-
bauten und Wahrzeichen, darunter Amphitheater, Arenen, Bäder, Tempel und
Stadien, die zum Teil noch heute
erhalten sind. Römische Ingeni-
eure konzentrierten sich auf
Transportwege und schu-
fen ein Straßennetz, das
sich von Italien bis nach
Spanien zog. Von Be-
deutung war auch die
Wasserversorgung, an
die der Pont du Gard
bei Nîmes erinnert.
Ebenfalls auf die Zeit der
römischen Besatzung geht
die provenzalische Sprache
zurück, die sich aus dem Lateinischen entwickelte.

In der Zwischenzeit hatten die Römer
Massalia, um der Stadt für ihre Treue zu
danken, zur autonomen Stadt innerhalb
des Römischen Reiches erklärt. Leider beging Massalia einen verhängnisvollen Fehler und verbündete sich 49 v. Chr. während des römischen Bürgerkrieges mit
Pompejus gegen Cäsar. Nachdem dieser
sich durchgesetzt hatte, bestrafte er die
Stadt, indem er ihre Besitzungen auf Arles,
Narbonne und Fréjus verteilte. Dennoch
blühte Marseille weiter und entwickelte
sich zu einem geistigen Zentrum.

Im Jahre 312 erklärte Konstantin der
Große das Christentum zur Staatsreligion.
Zu jenem Zeitpunkt war das Römische
Reich schon lange im Niedergang begrif-
fen, Konstantin regierte von Konstantino-
pel aus und richtete seine Aufmerksamkeit
verstärkt auf den Mittleren Osten. Das
Christentum breitete sich aber auch in der
Provence aus, und bald verdrängten Klös-
ter und Kirchen die römischen Tempel.

Die Zeit der Invasionen (5.–9. Jh.)

Das Ende des Weströmischen Reiches
wurde 476 durch den Einfall mehrerer
Germanenstämme besiegelt. Aus Skan-
dinavien stießen Burgunder, aus dem

Schwarzmeergebiet Ostgoten und aus
dem Donaudelta Westgoten vor. Im 6.
Jahrhundert setzte sich ein anderer
Germanenstamm, die Franken, gegen seine Rivalen durch. Marseille, Arles und Avignon
lehnten sich dagegen auf
und mussten dafür bitter
bezahlen. Die Franken
etablierten sich und
brachten weite Teile der
heutigen Staaten Frank-
reich und Deutschland
unter ihre Herrschaft.

Eine Gefahr stellten ab
736 die Sarazenen dar, mus-
limische Invasoren, zu denen
Türken, Mauren und Araber gehörten. Die Provenzalen versuchten
zunächst, mit den Eindringlingen ein
Bündnis gegen die Franken zu schließen,
um die eigene Unabhängigkeit zu sichern.
Dies gelang aber nicht, die Region geriet
vielmehr in den Strudel der Ereignisse. Aus
dieser dunklen Zeit stammen viele der befestigten Bergdörfer der Provence (*villages
perchés*), in denen die Bewohner Zuflucht
suchten. Karl der Große befriedete das
Gebiet, das bis 843 in der Hand der Karo-
linger blieb. Dann zerfiel das Frankenreich
mit dem Vertrag von Verdun in drei Teile.

Im 9. und 10. Jahrhundert folgten weitere Invasionen, diesmal von Normannen
und Ungarn, die 924 in Nîmes einfielen.
Erst 972 eroberte Guillaume le Libérateur
(Wilhelm der Befreier) die Festung der Sarazenen in La Garde-Freinet im Massif des
Maures (bei St-Tropez) und vertrieb sie
endgültig aus der Gegend.

Das Hochmittelalter (1000–1300)

Ab 1032 gehörte die Provence, die
mittlerweile Teil des burgundischen Kö-
nigreichs geworden war, zum Kaiserreich
der Salier. Dessen Zentrum lag weit entfernt in Deutschland, weshalb in der
Provence einzelne Fürsten und Barone
um Macht und Ländereien stritten. Zur

Links: Karl der Große. Oben: Viele Kreuzritter schifften sich in den Häfen der Provence ein

gleichen Zeit etablierte sich auch die Kirche in der Region, und ausgehend von der Abtei St-Victor in Marseille entstanden zahlreiche neue Klöster. Viele Christen unternahmen Wallfahrten, vor allem nach St-Trophime in Arles und St-Guilhem bei Aniane. 1095 erfolgte der Aufruf zum ersten Kreuzzug. In jener Zeit begann in der Provence wie überall in Europa eine Blütezeit der Architektur, Dichtkunst und Musik. Troubadoure zogen umher und trugen Gesänge vor.

Im 11. Jahrhundert herrschten die Grafen von Provence über das Gebiet zwischen Rhône und Alpen. Die Familie zerfiel bald in drei Linien, die sich gegenseitig bekämpften. Raymond Bérenger V (1209 bis 1245), der zur Linie der Grafen von Barcelona gehörte, residierte als erster Katalane dauerhaft in der neuen provenzalischen Hauptstadt Aix und versuchte von dort aus ein großes Mittelmeerreich zu errichten. Er verheiratete seine Tochter Béatrice, die Erbin der Provence, mit Charles d'Anjou, dem Bruder von Louis IX dem Heiligen, König von Frankreich. Nach Bérengers Tod fiel die Grafschaft Provence an das Haus Anjou.

Im 14. Jahrhundert wurde die katholische Kirche von Avignon aus geführt

Das Exil der Päpste in Avignon (1309–1417)

1309 verlegte Papst Clemens V. (Amtszeit 1305–14) unter dem Einfluss des französischen Königs seine Residenz von Rom nach Avignon. Acht weitere Päpste lenkten zwischen 1309 und 1376 die katholische Kirche von Avignon aus. Der dritte dieser Päpste, Benedikt XII., der als besonders machtgierig galt, gab den Bau des Papstpalastes (Palais des Papes) in Auftrag. Der riesige Gebäudekomplex sollte den absoluten Machtanspruch der Kirche für jedermann sichtbar machen.

Benedikts Nachfolger, Clemens VI. (1342–52), war ein an Luxus gewöhnter Aristokrat. Der Palast erschien ihm zu schlicht, weshalb er einen zweiten, eleganteren danebensetzte. Der „Neue Palast" galt zu jener Zeit als eine der schönsten und zugleich am besten befestigten Residenzen der Welt. Clemens VI. ließ damals auch die berühmte Brücke von Avignon, den Pont St-Bénézet, wiederherstellen.

In jener Zeit erlebten Avignon und sein Hinterland, der Comtat Venaissin, eine Blütezeit. Neue Handwerke wie Glasbläserei und Papierherstellung kamen auf, und

Französisch & Provenzalisch

Die französische Sprache ist ein Produkt der römischen Eroberung Galliens. Mit den Römern kam das klassische Latein, das in Schulen gelehrt und im Schriftverkehr verwendet wurde. Soldaten und Händler verwendeten umgangssprachliches Latein. Es verdrängte das Keltische und wandelte sich im Laufe der Zeit zur romanischen Sprache Französisch. Diese war jedoch zu Beginn keineswegs einheitlich. In den südlichen Regionen sprach man Dialekte wie Provenzalisch, Aquitanisch, Langue d'oc, Auvergnat und Dauphinois. Daraus entwickelte sich die langue d'oc (oc sagte man hier für „ja"), während im Norden die langue d'oïl (oïl heißt ebenfalls „ja") vorherrschte. Aus politischen Gründen setzte sich die langue d'oïl ab dem 13. Jahrhundert durch. Provenzalisch wird zwar noch immer gesprochen, starb im 19. Jahrhundert als Literatursprache jedoch nahezu aus.

Das Spätmittelalter (1348–1536)

1348 brach in Marseille die Pest aus, große Teile der Bevölkerung starben. Angst und Schrecken verbreiteten daneben aber auch lokale Potentaten wie die Grafen von Les Baux. 1409 besserte sich die Lage. Louis II d'Anjou, ein kluger Herrscher, gründete die Universität von Aix. Sein Sohn, der „gute König René" (1409–80) verhalf dem Hof zu neuer Blüte und machte Aix zu einem Zentrum der Künste. René herrschte als letzter Graf über die Provence. Nach seinem Tod wurde das Gebiet dem französischen Königreich zugeschlagen.

Die Glaubenskriege (1545–1720)

Ausgelöst durch die Reformation und die Abspaltung der Protestanten von der katholischen Kirche, begann in der zweiten Hälfte des 16. Jahrhunderts in Europa das Zeitalter der Glaubenskriege. In Orange, der Haute Provence, im

die Maler der Schule von Avignon gelangten zu Ruhm. Andererseits waren am päpstlichen Hof – und in der Stadt – Korruption und Laster weit verbreitet, was der Dichter Petrarca in vielen Versen beklagte.

Gregor XI. (1370–78) kehrte 1377 schließlich nach Rom zurück. Die französischen Kardinäle waren jedoch mit der Wahl seines Nachfolgers, Urbans VI., so unzufrieden, dass sie kurzerhand einen eigenen Kandidaten, Clemens VII., zum Gegenpapst kürten. Damit begann das Große Abendländische Schisma, die Spaltung der katholischen Kirche mit je einem Papst in Avignon und einem in Rom.

Frédéric Mistral und andere provenzalische Dichter bewahrten die provenzalische Sprache und Kultur vor dem Aussterben

Lubéron und vor allem in Nîmes gab es Enklaven der Protestanten, in Frankreich Hugenotten genannt. 1545 kam es in der Provence deshalb erstmals zu blutigen Konflikten. Innerhalb von sechs Tagen wurden elf Hugenotten- und Waldenserdörfer im Lubéron dem Erdboden gleichgemacht. 1563 töteten Katholiken in Orange lebende Protestanten; 1567 ermordeten Hugenotten in Nîmes 200 Katholiken. In der Region wurden bei dieser Auseinandersetzung Kirchen und Kunstschätze zerstört.

1598 endeten die Feindseligkeiten offiziell mit dem Edikt von Nantes, in dem Henri IV Religionsfreiheit zusicherte. Der Frieden dauerte bis 1685. In diesem Jahr widerrief Louis XIV das Edikt, und die Verfolgung der Hugenotten begann von vorn.

Im 17. und 18. Jahrhundert bildete sich allmählich ein Nationalbewusstsein aus, die Bedeutung regionaler Bündnisse nahm ab. In den Städten entstanden elegante Häuser (*hôtels particuliers*), auf dem Land reich ausgestattete Schlösser. Obgleich in Städten wie Toulouse und Marseille Handel und Wirtschaft blühten, ging es vielen Menschen im absolutistisch regierten Frankreich schlecht. 1720 bis 1722 folgten mehrere Pestepidemien aufeinander. Die Seuche erreichte Marseille über den Wasserweg von Syrien aus und tötete über die Hälfte der Stadtbevölkerung. Man baute eine hohe Mauer und nahm alle Einwohner in Quarantäne, aber dennoch gelangte die Epidemie bis Toulon, Aix und Arles.

Die Französische Revolution

Die Arbeiter, Bürger und Bauern der Provence waren mit den absolutistischen Königen im fernen Paris genauso unzufrieden wie die Menschen in anderen Landesteilen. Viele schlossen sich daher 1789 begeistert den Revolutionären an. In Marseille stand an der Canebière eine Guillotine, und angeblich starben hier unter dem Fallbeil genauso viele Royalisten wie in der Hauptstadt. Aus der Provence, genauer gesagt aus Marseille, stammte die Nationalgarde, die das kurze Zeit zuvor während des Kriegs gegen Preußen komponierte *Lied der Rheinarmee* berühmt machte. Später wurde das besser als *Marseillaise* bekannte Stück zur französischen Nationalhymne erklärt. In ganz Frankreich herrschte damals Anarchie. Viele Schlösser wurden zerstört, Kirchen zu „Tempeln der Vernunft" umgewidmet. Weil die Provenzalen sich aus Angst vor Verfolgung kaum noch in die Kirchen wagten, brannten sie Tonfiguren (*santons*) und stellten mit ihnen zu Hause biblische Szenen nach.

Territoriale Veränderungen

1790 wurde die Provence in drei Departements geteilt – Var, Bouches-du-Rhône und Basse-Alpes. Zwei Jahre später annektierte Frankreich Avignon und bereitete damit den Weg für die Bildung des Departements Vaucluse. 1793 eroberte die Revolutionsarmee von Italien aus Nizza und das Fürstentum Monaco. Die Briten nutzten die unübersichtliche Lage und besetzten 1793 Toulon, wurden aber wenig später von dem erst 24-jährigen General Napoléon Bonaparte wieder vertrieben. 1814 verlor Frankreich die 1793 eroberten Ländereien. Nizza und sein Hinterland fiel an Viktor Emmanuel I., König von Sardinien. Im darauf folgenden Jahr floh Napoléon aus seinem Exil auf Elba und landete mit einer Handvoll Getreuer in Golfe-Juan. Er zog nach Paris, wo er abermals die Macht ergriff. 1848 begehrten Menton und Roquebrune auf und erklärten ihre Unabhängigkeit von Monaco. 1860 verkaufte der Fürst von Monaco die beiden Städte an Frankreich und erhielt dafür die Anerkennung der Unabhängigkeit seines Fürstentums. Ein letztes Mal veränderte sich das Gebiet 1860, als Napoléon III sich mit Viktor Emmanuel II. von Italien verbündete. Er erhielt Savoyen und Nizza zurück.

Die Belle Époque (1870–1914)

Während des Second Empire (1852–70) kam es zu einer Wiederbelebung der provenzalischen Kultur und Sprache, ausgelöst durch und angeführt von Frédéric Mistral. Er gehörte zu einer Gruppe von sieben jungen Dichtern, die sich 1854 unter der Bezeichnung „Félibres" zusammenschlossen (siehe S. 38).

Von der Öffnung des Suezkanals im Jahre 1869 und der Gründung französischer Kolonien in Afrika profitierte insbesondere Marseille. Die Küsteneisenbahn, ein architektonisches Meisterwerk, erreichte 1856 Toulon, 1865 Nizza und 1868 Monaco. 1864 begann man mit dem Bau der Straße von Nizza nach Monaco.

In der Belle Époque wurde die französische Riviera als Touristenziel entdeckt

In jener Zeit entdeckten auch berühmte Persönlichkeiten aus dem In- und Ausland die Reize der südfranzösischen Küste. Als Erste kamen englische Adlige, die auf ihrem Kulturtrip durch Europa an der Riviera Halt machten. Später lernten immer mehr wohlhabende Franzosen, Briten, Amerikaner und Russen das milde Klima und die idyllische Landschaft schätzen. Sie verbrachten ihre Winter in Nizza und Hyères, wo sie prachtvolle Villen errichteten. Die elegante Promenade des Anglais in Nizza stammt aus dem Jahr 1822.

Auch hochgeborene Persönlichkeiten, zum Beispiel Königin Viktoria, Aga Khan und Kaiserin Eugénie, die Frau von Napoléon III, genossen die landschaftlichen Reize. 1887 veröffentlichte Stéphane Liégeard unter dem Titel „La Côte d'Azur" einen ersten Reiseführer über die südfranzösische Küste und gab der Region damit ihren bis heute gültigen Namen.

Erster Weltkrieg & Zwischenkriegszeit

Im Ersten Weltkrieg starb jeder fünfte männliche Provenzale. Immerhin erholte sich die Provence, deren Wirtschaft mehr auf dem Tourismus als auf der Industrie basierte, etwas rascher von den Kriegsfolgen als andere Regionen Frankreichs. Die 1920er und 1930er Jahre waren die Zeit des Glanzes und Glamours, für den die Côte d'Azur bis heute berühmt ist. An den Kais von Nizza und Cannes entstanden Traumhotels. Unter den Gästen waren Ernest Hemingway und viele andere berühmte Persönlichkeiten. 1929 eröffnete der amerikanische Eisenbahnmagnat Frank Jay Gould im Palais de la Méditerrannée in Nizza das erste Kasino.

Zweiter Weltkrieg

1940 marschierten die Deutschen in Paris ein. Der Süden gehörte zur *zone libre*, dem Freien Frankreich. Menton und das Roya-Tal wurden allerdings von den Italienern besetzt. Die Côte d'Azur, und insbesondere Nizza, galt als sicherer Zufluchtsort, weshalb 1942 allein 43 000 Juden aus dem besetzten Frankreich hier Schutz suchten.

Nachdem die Deutschen 1942 ganz Frankreich besetzt hatten, befand sich auch die Provence im Krieg. Die Widerstandsbewegung (Résistance) hieß hier auch *maquis*, nach dem Unterholz, in dem sich viele versteckt hielten. 1942 marschierten die Deutschen in Toulon ein, während die Italiener Nizza besetzten. Im Januar 1943 befahl Hitler den 40 000 Bewohnern des Marseiller Viertels Le Panier, in dem sich zahlreiche Juden und Widerstandskämpfer versteckt hielten, das Quartier zu verlassen, das anschließend dem Erdboden gleichgemacht wurde.

Zehn Tage nach der Landung in der Normandie, am 15. August 1944, wurde die Provence befreit. Der Angriff im Süden sollte sich – in kleinerem Umfang – ähnlich wie die Invasion in der Normandie gestalten. Tatsächlich landeten auch hier Tausende von Fallschirmspringern nachts im Landesinnern, während Amphibienfahrzeuge Truppen an Strände zwischen Cannes und Toulon brachten. Innerhalb von 14 Tagen war die gesamte Provence befreit. Erst 1947 erhielt Frankreich von Italien das Roya-Tal zurück.

Nachkriegszeit bis heute

Das Internationale Filmfestival brachte 1947 ein Stück des alten Glanzes an die Côte d'Azur zurück und erhob Cannes zur europäischen Filmhauptstadt. Innerhalb der nächsten Jahrzehnte machte sich die Côte d'Azur weltweit einen Namen als Feriendomizil des Jetset. Die Traumhochzeit von Fürst Rainier III mit der Hollywood-Diva Grace Kelly 1956 und der Auftritt von Brigitte Bardot in *Und ewig lockt das Weib* im gleichen Jahr trugen maßgeblich zum Image bei.

1962 erkämpfte Algerien seine Unabhängigkeit von Frankreich. 750 000 heimatlose und verarmte *pieds noirs*, wie man die in Algerien geborenen Franzosen nannte, suchten Zuflucht im Mutterland. Viele ließen sich in der Provence nieder, vor allem in Marseille, Toulon und Nizza, die nun plötzlich mit typischen Einwanderungsproblemen und deren Konsequenzen zu kämpfen hatten.

Widerstandskämpferinnen aus Marseille begrüßen den Einzug der Alliierten im September 1944

In den 1960er Jahren machte die Industrialisierung rasche Fortschritte. An der Durance entstanden allein fünf Wasserkraftwerke, in Fos-sur-Mer baute man auf 10 000 Hektar Fläche einen Industriehafen mit Petrochemie. Ende der 1970er Jahre suchten immer mehr „Aussteiger" in der Provence eine neue Heimat fernab von Stress und Alltag. Viele kauften und restaurierten alte Bauernhäuser (*mas*).

Der sozialistische Präsident François Mitterand setzte Anfang der 1980er Jahre Regionalregierungen in ganz Frankreich ein und begründete damit eine bis heute andauernde, allerdings nur langsam fortschreitende Abkehr vom Zentralismus.

Mitte der 1990er Jahre gewann der rechtsextremistische Front National unter Jean-Marie Le Pen bei Kommunalwahlen in Toulon, Orange, Marignane und Vitrolles etliche Stimmen. Bei den Präsidentschaftswahlen im Jahre 2002 schaffte es Le Pen sogar, im ersten Wahlgang 4,8 Millionen Wählerstimmen (16 Prozent) auf sich zu vereinigen und Jacques Chirac sowie Lionel Jospin in Bedrängnis zu bringen. Die stärkste Unterstützung erhielt er dabei aus der PACA, der Region Provence-Côte d'Azur. Noch heute feiert der Front National Wahlerfolge in der Provence.

An der Wende zum neuen Jahrtausend wurde die Strecke des TGV Méditerranée eröffnet, der Reisende nun innerhalb von drei Stunden von Paris nach Marseille bringt. Die gesamte Region erhofft sich viel von der Euroméditerrannée-Freihandelszone. Marseille erhält drei Milliarden Dollar, die in Wirtschaft und Tourismus investiert werden sollen. Zumindest dort wird man vom ländlichen Charme, für den die Provence ebenfalls berühmt ist, dann mit Sicherheit nichts mehr spüren. ■

Kunst & Kultur

Die Landschaft der Provence hat zahllose Künstler inspiriert, unter ihnen Van Gogh, Cézanne, Dufy und andere, die zu Beginn des 20. Jahrhunderts dem Postimpressionismus den Weg bahnten. Nach dem Zweiten Weltkrieg setzte Pablo Picasso neue Akzente. Auch Schriftsteller ließen sich von der reizvollen Region in den Bann schlagen – allen voran Frédéric Mistral, der sich um die Rettung der traditionellen Sprache bemühte. Alljährlich im Mai blickt die internationale Filmwelt nach Cannes, wenn sich dort ganz Hollywood zum Filmfestival einfindet.

Architektur

Die ältesten Kultstätten der Region sind Steinmegalithe aus dem Neolithikum (4000–2400 v. Chr.), die man in der Vallée des Merveilles besichtigen kann. Ab ca. 3500 v. Chr. bauten die Menschen im Lubéron *bories*, igluförmige Behausungen aus Trockensteinen.

Die wichtigsten architektonischen Einflüsse gehen auf die Römer zurück. Während der 600-jährigen Herrschaft Roms über die Provincia bauten sie Aquädukte, Befestigungsmauern, Foren, Tempel, Amphitheater, Triumphbögen und Bäder aus mächtigen Kalksteinquadern. Die Römer übernahmen viele architektonische Formen von den Griechen, fügten aber eigene Elemente hinzu. Während die Griechen Säulen als Grundelemente der Architektur betrachteten, dienten sie den Römern als bloßes Dekor. Die Römer verließen die Provence im Jahre 476, doch ihre Bauten überdauerten die Jahrhunderte. Viele stehen noch heute, zum Beispiel die großen Amphitheater in Nîmes und Arles, oder das Theater in Orange. Die frühen Christen integrierten Elemente anderer Bauwerke in neue Strukturen. Klöster wie etwa St-Sauveur in Aix-en-Provence (12. Jh.) zeichnen sich durch unterschiedliche Säulenordnungen, Pfeiler und sogar Grabsteine aus, die zu einem harmonischen Gesamtbild verschmelzen. Ab dem 10. Jahrhundert suchten Dorfbewohner in Hügelfesten Schutz vor Invasoren. Oft existierten zwischen den Häusern dieser mit Mauern und Toren gesicherten Bastionen unterirdische Gänge. Die Straßen waren schmal, Abwässer flossen durch den Rinnstein ab.

Die religiöse Erneuerung, die die Provence im 11. Jahrhundert erfasste, führte zu innovativen architektonischen Ansätzen und gipfelte im ersten echten westeuropäischen Stil, der provenzalischen Romanik. Die klassische römische Ordnung verband sich mit neuen Stilelementen aus Nord- und Südeuropa – Rundbögen, Tonnengewölbe, dicke Mauern, spärliche Fenster und karger Dekor bestimmten das Bild. Erhalten blieben aus dieser Zeit vor allem Sakralbauten wie die drei Zisterzienserklöster Sénanque (1148), Thoronet (1160) und Silvacane (1175).

Ab der Mitte des 12. Jahrhunderts kam in Nordfrankreich die Gotik auf, die in Südfrankreich eine ungleich geringere Rolle spielte. Rippengewölbe, große Buntglasfenster, vor allem aber Spitzbögen prägten den neuen Stil. In Avignon ist der Papstpalast hierfür ein prächtiges Beispiel, weitere finden sich in Villeneuve-lez-Avignon (Chartreuse Val-de-Bénédiction), in St-Maximin-de-la-Ste-Baume (Basilika) und in Carpentras (Cathédrale St-Siffrein).

Die Renaissance berührte die Provence kaum, zu schwer wüteten in jener Zeit in Frankreich die Religionskriege. Im 17. Jh. ließ Sébastien le Prestre de Vauban (1633–1707), der Festungsbaumeister von Louis XIV, in ganz Frankreich mächtige Bastionen

---

Vauban, der Militärarchitekt des Sonnenkönigs, baute im 17. Jahrhundert die Zitadelle von Entrevaux

errichten (siehe S. 156). In der Provence entstanden das Fort Carré in Antibes und die Bergfesten Entrevaux und Sisteron.

Im 18. Jahrhundert beeinflusste der italienische Barock die Architektur, was sich besonders an den Kirchen von Menton und Nizza zeigt. Um 1740 begann man sich im Zuge des Neoklassizismus wieder verstärkt für die klassischen Formen der Antike, für Säulen, einfache geometrische Formen und antike Ornamente zu interessieren. Zivile Gebäude, vor allem Bürgerhäuser (etwa im Mazarin-Viertel in Aix), schmückten sich mit eleganten Fassaden, verzierten Torbögen und Fenstern. Mitte des 19. Jahrhunderts kam unter Napoléon III ein Hang zum Monumentalismus hinzu.

Die Architekten der Belle Époque orientierten sich an den Vorgaben der alles beherrschenden École des Beaux-Arts. Stilmischungen waren keine Seltenheit. Besonders beliebt waren damals Stuckdekor und Trompe-l'oeil-Gemälde. Die interessantesten Villen der Belle Époque finden sich in Nizza (siehe S. 171).

Der berühmteste französische Architekt des 20. Jahrhunderts war Le Corbusier (1887–1965). Er errichtete Gebäude nach dem Vorbild der kubistischen Malerei. Sein berühmtestes Werk in der Provence ist die „Unité d'Habitation" (1946–52) in Marseille, ein Wohnkomplex mit ca. 340 Appartements auf acht Doppelstockwerken, der auf Betonpfeilern (*pilotis*) ruht.

Wer von provenzalischer Architektur spricht, darf keinesfalls die traditionellen steinernen *mas* (Bauernhäuser) und die *cabanes* (Hütten) der Camargue-Hirten (*gardians*) außer Acht lassen. In beiden Fällen handelt es sich um flache, robuste Gebäu-

Überdachte Passagen und Kopfsteinpflastergassen wie hier in Peille sind typische Merkmale der *villages perchés*. Sie entstanden im Mittelalter als Zufluchtsorte für die Bevölkerung

de mit dicken Steinmauern, kleinen Fenstern und verstärkten Türen, die vor heftigem Mistral und Sommersonne schützen.

Schmiedeeiserne Türme

Viele Kirchen der Provence haben durchbrochene Glockentürme mit schmiedeeisernen Hauben. Diese Bauweise hält dem Mistral am besten stand. Der Wind bläst durch die Öffnungen und lässt die Glocken erklingen, sodass man sie weithin hört. Glockentürme dieser Art findet man nur in der Provence.

Die provenzalische Literatur

Seit im Mittelalter die Troubadoure ihre Verse an den Höfen der Region vortrugen, existiert in der Provence eine eigenständige Literatur. Ursprünglich waren diese Lieder des Minnesangs in der *langue d'oc* verfasst und folgten klaren rhythmischen und metrischen Vorgaben.

Ab 1481 gehörte die Provence zur französischen Krone, Französisch setzte sich als offizielle Sprache durch, und der Niedergang der provenzalischen Literatur begann. Einige Schriftsteller verfassten ihre Werke jedoch weiter in der traditionellen Sprache. Einen Namen machte sich der in Grasse geborene Dichter Bellaud de la Bellaudière (1532–88), mit seiner Sonettsammlung „Obros et Rimos Provensalos" (Provenzalische Werke und Gedichte). Am engsten mit der provenzalischen Literatur verbunden ist wohl der Name Frédéric Mistral (1830–1914), der seine Bücher in der alten Sprache verfasste und maßgeblich dazu beitrug, dass die provenzalische Literatur und Kultur im 19. Jahrhundert eine Wiederbelebung erfuhr.

Die französischsprachige Literatur der Provence

Der 1503 geborene Mathematiker und Astrologe Nostradamus wurde durch seine Prophezeiungen berühmt. Wie er selbst vorausgesagt hatte, starb er 1566 in Salon-de-Provence an der Gicht.

Der umstrittene Marquis de Sade (1740–1814), der in Lacoste im Lubéron ein Schloss besaß, führte ein so ausschweifendes Leben, dass man ihn 1772 dafür einsperrte. Er saß seine Strafe in der Bastille und im Turm von Vincennes ab und schrieb dort seine bekanntesten Werke. Während der Revolution wurde er freigelassen. Viele empfinden seine Bücher heute noch als obszön, andere halten ihn für einen bedeutenden Autor, sogar für einen Wegbereiter Nietzsches. De Sade beeinflusste Schriftsteller des 19. Jahrhunderts wie Baudelaire und Lamartine.

In Nîmes wurde Alphonse Daudet (1840–97) geboren. Er verbrachte viele Jahre zusammen mit Mistral in Maillane, schrieb allerdings auf Französisch. Sein romantisches Drama „L'Arlésienne" wurde später von Bizet vertont. Am berühmtesten sind aber seine 1866 veröffentlichten „Briefe aus meiner Mühle". Die Mühle selbst steht noch heute in Fontvieille; die Geschichten erzählen witzige Begebenheiten aus dem provenzalischen Leben.

Zu den angesehensten, aber auch umstrittensten französischen Dichtern des 20. Jahrhunderts gehört René Char (1907 bis

Frédéric Mistral

Der Dichter Frédéric Mistral (1830 bis 1914) bekannte sich schon früh zur Sprache der Provence, der *langue d'oc* der Troubadoure. Sein Leben lang bemühte er sich darum, die Traditionen zu bewahren und neu zu beleben. Seine Werke verfasste er auf Provenzalisch, darin pries er die Schönheit der Landschaft und die einfachen Leute, die dort lebten. Zu seinen berühmtesten Büchern gehören die Liebesgeschichte „Mirèio" (1859), „Calendau" (1867), ein Buch über provenzalische Fischer, und „Nerto" (1884) über die letzten Tage der Päpste in Avignon. 20 Jahre lang arbeitete Mistral an einem Wörterbuch der provenzalischen Sprache und Tradition, das unter dem Titel „Schatz der Félibres" erschien. Zusammen mit weiteren Schriftstellern, unter ihnen Théodore Aubanel, Jean Brunet und Alphonse Tavan, hatte Mistral 1854 die Gruppe Félibres gegründet, um sich für den Erhalt der südfranzösischen Sprache einzusetzen. 1904 wurde er mit dem Literaturnobelpreis ausgezeichnet. Mit dem Preisgeld richtete er das Museon Arlaten in Arles ein. Die Öffentlichkeit nahm Mistral jedoch als einen Verfechter des ewig Gestrigen wahr, weshalb die Bewegung keinen dauerhaften Bestand hatte. Heute sprechen nur noch wenige, vor allem ältere Menschen in abgeschiedenen Gegenden der Provence die alte Sprache.

1988) aus Isle-sur-la-Sorgue. Char war zunächst Surrealist, dann entwickelte er einen ganz eigenen Stil existenzialistisch geprägter Prosaverse. Der Dichter war in der Widerstandsbewegung aktiv und befasste sich auch in seinen Werken immer wieder mit politischen und ästhetischen Fragen.

Ausländische Autoren

Viele ausländische Schriftsteller erlagen den Reizen der Provence. Schon im Mittelalter zog Francesco Petrarca (1304–74) im Alter von neun Jahren mit seinem Vater nach Avignon. Dort verliebte er sich 1327 in die schöne, leider aber verheiratete Laura de Noves, die zu allem Unglück auch noch an der Pest starb. In 366 Liebessonetten und Balladen beweinte Petrarca, der sich aus Abscheu über die Korruption am päpstlichen Hof an die Fontaine de Vaucluse zurückgezogen hatte, ihren Tod in seinem Werk „Canzoniere". Zusammen mit Dante gehört Petrarca zu den bedeutendsten Dichtern Italiens und zu den Ersten, die in italienischer Sprache schrieben.

Viele Jahrhunderte später lebte während der glanzvollen 1920er und 1930er Jahre der britische Autor Somerset Maugham bei Cap-Ferrat. Nur wenige seiner Werke spielen in der Provence, immerhin aber zwei Kurzgeschichten, „The Three Fat Women of Antibes" und „The Facts of Life".

Der Amerikaner F. Scott Fitzgerald (1896–1940) gehörte zu den berühmtesten im Ausland lebenden Schriftstellern seiner Zeit. Mit seiner Frau Zelda verbrachte er viele Sommer im Kreis anderer Amerikaner bei Cap-Ferrat. Sein Roman „Tender Is The Night" erzählt aus jenen Tagen.

Andere Schriftsteller suchten an der Riviera Genesung. D. H. Lawrence war an Tuberkulose erkrankt und hielt sich deshalb 1929 in Bandol auf. Dann zog er nach Vence, wo er verstarb. Die an Schwindsucht erkrankte Katherine Mansfield schrieb in Menton einige ihrer schönsten

Pablo Picasso (Mitte) und Jean Cocteau (links daneben) bei einem Stierkampf in Vallauris 1955

Bücher. Sie starb 1923. Die deutsche Schriftstellerin Birgit Vanderbeeke lebt heute in Südfrankreich. Ihr Roman „Ich sehe was, was du nicht siehst" (1999) spielt in der Provence.

Malerei

Die ersten Maler der Provence lebten in der Altsteinzeit. Sie verzierten die erst in jüngerer Zeit entdeckte Grotte Cosquer bei Marseille mit Dutzenden von Pferden, Hirschen, Büffeln, Elchen und Handabdrücken.

Erst im 14. Jahrhundert kann man wieder von bedeutenden Künstlern sprechen. Während des Exils der Päpste in Avignon (1309–1417) gestalteten hervorragende italienische Künstler den Palais des Papes. Zu ihnen gehörten Simone Martini aus Siena (1280–1344), einer der originellsten und einflussreichsten Künstler der Seneser Schule, und sein Assistent, Matteo Giovannetti aus Viterbo. Ihre wunderschönen Fresken verbinden italienische Naturmalerei mit französischer Gotik zu einem eleganten Stil, der an vielen westeuropäischen Höfen Verbreitung fand.

Anfang des 15. Jahrhunderts entwickelte sich die Schule von Avignon, die Elemente der Gotik mit den Techniken flämischer Meister verband und einige der bedeutendsten Werke der französischen Kunstgeschichte hervorbrachte. Zwei Maler aus dem Norden, Enguerrand Charenton (oder Quarton, um 1416–66) und Nicolas Froment (1435–86), gelten als Köpfe der Schule. Charentons bekanntestes Werk, die tragische *Pietà von Avignon*, hängt heute im Louvre. *Die Krönung der Jungfrau* (1453) blieb dagegen in der Provence und befindet sich im städtischen Museum von Villeneuve-lez-Avignon. Froment malte unter anderem *Maria im brennenden Dornbusch*, 1475/76), ein Triptychon, das heute die Kathedrale von Aix ziert (siehe S. 111). Le Bon Roi René, der gute König

René, hatte es in Auftrag gegeben. Er förderte im 15. Jahrhundert die schönen Künste und machte Aix zu einem wichtigen Kulturzentrum.

Die Familie Bréa, vor allem Louis Bréa (1450–1523), prägte die Schule von Nizza, die im 15. und 16. Jahrhundert, am Übergang vom Mittelalter zur Renaissance, zahlreiche Meisterwerke hervorbrachte. Nizza gehörte damals zu Italien. Aus dieser Zeit stammen vor allem Altarstücke in Kirchen in und um Nizza. Das bekannteste Werk von Louis Bréa ist das Triptychon *Pietà* (1475) in der Pfarrkirche von Cimiez, das eindeutige Bezüge zu Charentons gleichnamigem Werk aufweist. Die Renaissance hatte ansonsten wenig Einfluss auf die Malerei der Provence, die damals schwer unter den Religionskriegen litt. Als das Gebiet an Frankreich fiel, zogen überdies viele Künstler nach Rom oder Paris.

Im Barock machte sich der Bildhauer und Architekt Pierre Puget (1620–94) als „Michelangelo der Provence" einen Namen. Er bemalte zunächst Galionsfiguren, ging dann aber nach Rom und studierte bei Bernini. Die Vieille Charité und einige Skulpturen im Musée des Beaux-Arts in Marseille erinnern an ihn.

Im 18. Jahrhundert standen Jacques-Louis David und Jean-Auguste-Dominique Ingres für die Kunstrichtung des Klassizismus. In der Provence gehörte der in Grasse geborene Maler Jean-Honoré Fragonard (1732–1806) zu den Vertretern des Klassizismus. Er schuf elegante Bilder von Liebenden, Landschaftsgemälde und allegorische Darstellungen und machte sich einen Namen als Maler am Hofe von Louis XV. Viele seiner Werke befinden sich heute im Musée Fragonard in Grasse. Ebenfalls im 18. Jahrhundert lebte Claude-Joseph Vernet (1714–89) aus Avignon, ein zu seiner Zeit berühmter Landschaftsmaler. In seinen dramatischen Seestücken und Bildern von Bränden setzte er das Spiel des Lichts gekonnt um. Seine berühmte Serie mit 15 Bildern französischer Hafenstädte hängt heute im Pariser Louvre.

Postimpressionismus & moderne Kunst

Im 19. und 20. Jahrhundert entdeckten viele Maler die Provence mit ihrem unvergleichlichen Licht und der reizvollen Landschaft. Zu den einflussreichsten Künstlern jener Zeit gehörte Paul Cézanne (1839–1906) aus Aix-en-Provence. Nachdem er einige Zeit in Paris und Auvers-sur-Oise verbracht hatte, kehrte er 1870 zurück in den Süden, nicht zuletzt, um einer Einberufung zum Militär während des deutsch-französischen Krieges zu entgehen. Für den Zeitgenossen der Impressionisten begann nun eine neue Schaffensphase, in der er vor allem Stillleben, Studien von Badenden und Ansichten des nahe gelegenen Mont Ste-Victoire schuf. Über hundert Mal bannte er das Kalksteingebirge auf die Leinwand und versuchte dabei, Motive in geometrische Grundformen zu zerlegen, eine Vorgehensweise, die bereits auf die abstrakte Kunst hindeutete. Die Hauptwerke Cézannes befinden sich heute nicht mehr in der Provence, wohl aber kleinere Arbeiten, etwa im Musée Granet in Aix.

1907 entdeckte der Maler Georges Braque in Paris das Werk Cézannes bei Retrospektiven im Salon d'Automne und in der Galerie Bernheim-Jeune. Zusammen mit seinem Freund Pablo Picasso griff er Einflüsse aus Cézannes Spätwerk auf, und zwar insbesondere die Zerlegung der Objekte in geometrische Formen und die Raumaufteilung, die den Kubismus stark beeinflussten.

Die schönsten Gemälde von Vincent van Gogh (1853–90) entstanden während der zwei Jahre, die er in der Provence verbrachte. Weltberühmt sind heute das *Nachtcafé in Arles*, das *Schlafzimmer* und *Das gelbe Haus*, die alle 1888 entstanden. In jenem Jahr war van Gogh von Paris in die

Van Goghs *Gestirnte Nacht* (1889), die in einer klaren Nacht bei St-Rémy entstand

Provence gezogen, wo er Frieden zu finden hoffte und eine Kunstschule, die Académie du Midi, gründen wollte. Er überredete seinen Freund Paul Gauguin (1848–1903) dazu, sich ihm anzuschließen, doch Gauguin mochte Arles nicht und wollte rasch wieder nach Paris zurückkehren. Van Gogh, der zwischen Euphorie und Verzweiflung hin- und hergerissen war und unter Wahnvorstellungen litt, griff Gauguin schließlich auf offener Straße mit einem Rasiermesser an, dann eilte er nach Hause und schnitt sich selbst ein Ohr ab. Er wurde daraufhin ins Krankenhaus, das Hôtel-Dieu (heute Espace Van Gogh), eingewiesen und begab sich im Mai 1889 freiwillig in die Nervenheilanstalt in St-Rémy. Dort malte er Blumenbilder (darunter die berühmten *Schwertlilien*) und stellte Anstaltsinsassen dar. 1890 fuhr er nach Au-

vers-sur-Oise, schuf dort noch 76 heute weltbekannte Bilder und beging am 27. Juli schließlich Selbstmord.

Van Gogh vermochte seinen Plan, eine Kunstschule in der Provence zu gründen, nicht umzusetzen. Dennoch beeinflusste er Maler wie die Fauvisten Henri Matisse und André Derain, die im Jahre 1901 einige von van Goghs Arbeiten in der Galerie Bernheim-Jeune in Paris entdeckten und, genau wie Georges Rouault, Maurice de Vlaminck, Raoul Dufy und Kees van Dongen, von den schlichten Formen und leuchtenden Farben fasziniert waren. Diese Künstler malten nun an der Côte d'Azur, vor allem in La Ciotat, Cassis und L'Estaque, von van Gogh inspirierte Werke, die sie auf dem Herbstsalon 1905 ausstellten. Ein Kunstkritiker bezeichnete die Räume, in denen die Gemälde hingen, abfällig als *cage aux fauves* (Raubtierkäfige), woraus der Name Fauvismus für die Kunstrichtung entstand.

Zu Beginn des 20. Jahrhunderts entdeckten noch weitere Künstler die Côte d'Azur. Der Pointillist Paul Signac (1863–1947) kam 1892 nach St-Tropez und war so begeistert von der Stadt, dass er sich dort ein Haus kaufte. Der Fauvist Pierre-Albert Marquet (1875–1947) lebte ab 1916 in Marseille. Pierre Bonnard (1867–1947), ein Mitbegründer der Nabis, wohnte über 20 Jahre lang bis zu seinem Tod in Le Cannet. In dieser Zeit malte er seine häusliche Umgebung – Gartenansichten, Essen mit Freunden – und entwickelte einen Stil, der Farbe und Licht verband und den Übergang vom Impressionismus zur abstrakten Kunst prägte.

Einer der bekanntesten Künstler jener Zeit war Pierre-Auguste Renoir (1841–1919). Er hatte die impressionistische Bewegung mitbegründet und besuchte die Provence Ende des 19. Jahrhunderts aus gesundheitlichen Gründen. Er wohnte in Le Cannet, Villefranche und Antibes, später in Cagnes-sur-Mer.

Die Zwischen- *&* Nachkriegszeit

Henri Matisse besuchte Nizza im Jahre 1917 und begeisterte sich sofort für das dortige Licht und die Farben. Zwei Jahre später verbrachte er erstmals den Winter in der Provence. Das entscheidende Erlebnis für Matisse war ein Besuch bei Paul Signac in St-Tropez im Jahr 1904. Diese Begegnung inspirierte ihn zu seinem Werk *Luxe, Calme et Volupté* (Luxus, Ruhe, Sinnlichkeit). Im darauf folgenden Jahr begab sich Matisse gemeinsam mit seinem Freund Derain nach Collioure im Roussillon, wo er sein erstes großes Werk, *Le Bonheur de Vivre,* malte. Der Künstler entwickelte nun einen ganz eigenen Stil, der auf leuchtenden, reinen Farbflächen basierte. Sein letztes Meisterwerk war die Chapelle des Rosaires in Vence, die er vollständig gestaltete, von

den Buntglasfenstern über die Bilder des Kreuzweges bis hin zu Kerzenleuchtern und Messgewändern.

Unter dem Einfluss von Cézanne und dem frühen Kubismus entfaltete auch Fernand Léger (1881–1955) einen unverwechselbaren Stil mit breiten Strichen und Farbflächen. Er stellte Maschinen, städtische Szenen und den Alltag von Arbeitern dar. Nach seinem Tod richtete seine Frau ein Léger-Museum in Biot ein.

Von allen Künstlern, die in der Provence malten, war wohl keiner zu Lebzeiten so berühmt und einflussreich wie Pablo Picasso (1881–1973). Er verbrachte die Kriegsjahre in Paris und kam 1945 nach Antibes, wo er unter der Sonne der Provence ein Meisterwerk nach dem anderen schuf. Zu Picassos bekanntesten Arbeiten gehört das Bild *Joie de vivre,* eine leichte, launenhafte Darstellung seiner Geliebten Françoise Gilot als tanzende Blütenfrau in lichtdurchfluteter Umgebung, inmitten spielender Zentauren und Faune. Viele Picasso-Bilder hängen heute im Château Grimaldi in Antibes, wo sich sein Atelier befand. Während seines Aufenthaltes in der Provence entdeckte Picasso in Vallauris auch das Töpferhandwerk, das in seinem Schaffen fortan eine wichtige Rolle spielen sollte.

Der französisch-russische Maler Marc Chagall (1887–1985) ist für seine Illustrationen von Volkserzählungen und biblischen Geschichten bekannt, doch illustrierte er darüber hinaus auch andere Bücher, entwarf Kulissen und schuf wunderschöne Buntglasfenster. 1950 zog er nach Vence, wo er zunächst malte und töpferte, ehe er nach einigen Jahren Mosaike herzustellen begann. Im Musée National Message Biblique Marc Chagall in Nizza finden sich großformatige, farbenprächtige Bibelinterpretationen Chagalls, der in St-Paul-de-Vence seine letzte Ruhestatt fand.

Aus Ungarn stammte Victor Vasarely (1908–97), der zunächst als Grafiker arbeitete und sich ab 1947 der abstrakten Malerei widmete. Er gehört zu den Wegbereitern der Op-Art, einer Kunstrichtung, die mit schwarz-weißen Farbquadraten und -mustern arbeitet, welche im Auge des Betrachters Vibrationseffekte auslösen. Die Fondation Vasarely in Aix-en-Provence zeigt 42 Arbeiten des Künstlers.

In der Nachkriegszeit richtete sich das Interesse der Kunstszene zunächst auf an-

Kino

Als die Wegbereiter des Kinos, Auguste und Louis Lumière, 1895 ihren zweiminütigen Streifen „L'Entrée d'un Train en Gare de la Ciotat" (Ankunft eines Zuges am Bahnhof von La Ciotat) zeigten, waren die Zuschauer fassungslos vor Staunen. Drei Monate vor der Premiere in Paris konnte man den Film bereits im Château Lumière in La Ciotat bewun-

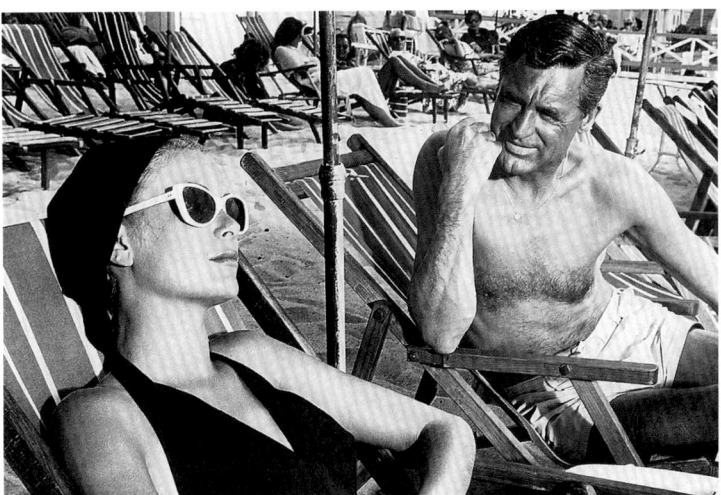

Grace Kelly und Cary Grant in dem 1955 gedrehten Streifen *Über den Dächern von Nizza*

dere Regionen. Dennoch gehen von der Provence immer noch kreative Impulse aus. In den 1960er Jahren befand sich hier das Zentrum des Nouveau Réalisme, der französischen Variante der Pop Art, mit Vertretern wie Yves Klein, Martial Raysse und Arman. Ihre Arbeiten kann man heute im hypermodernen Musée d'Art Moderne et Contemporain in Nizza bewundern. 1969 gründeten Claude Villat (geb. 1936) und weitere Künstler die Gruppe Support, Surface. Gilles Barbier, Stéphane Magnin und Francesco Finizio haben sich in der aktuellen Kunstszene einen Namen gemacht.

dern, und seit dieser Zeit hat das Kino in der Provence immer eine wichtige Rolle gespielt.

1925 kaufte der Hollywood-Produzent Rex Ingram (1893–1950) die Victorine-Filmstudios in Nizza und verwandelte die Stadt damit zumindest für kurze Zeit in ein Klein-Hollywood an der Côte d'Azur. 1926 drehte Ingram hier einen ersten Stummfilm, *Mare Nostrum*, einen Agentenfilm über deutsche U-Boote. Der Schriftsteller und Regisseur Marcel Pagnol (1895–1974) baute 1934 ein Studio bei Marseille und drehte dort in den 1930er Jahren zahlreiche Filme, unter anderem *La Femme du*

Brad Pitt und Angelina Jolie erschienen beim 60. Filmfestival in Cannes

Boulanger (Die Frau des Bäckers). Alle Filme Pagnols spielen in der Provence, seine Akteure sprechen mit südlichem Akzent. Raimu aus Toulon, einer der Hauptdarsteller aus Pagnols Filmen, vermochte typisch provenzalische Charaktere vorzüglich in Szene zu setzen. 1949 schlug die große Stunde der Stadt Cannes, als Filmstars sich hier erstmals zum Internationalen Filmfestival versammelten. Alljährlich im Mai findet das große Ereignis statt. Dann werden Filme aus aller Welt gezeigt und bewertet. Das Festival, eines der bedeutendsten der Welt, ist darüber hinaus auch eine wichtige Messe der Filmszene, denn hier werden Filme und Stars angeboten und eingekauft und neue Talente entdeckt.

In der Nachkriegszeit gewann die Filmindustrie der Provence 1956 mit *Et Dieu créa la femme* (Und ewig lockt das Weib) wieder Boden unter den Füßen. Der Publikumserfolg war eigentlich ein Low-Budget-Streifen, in dem Roger Vadim seine Frau, die bis dahin völlig unbekannte Brigitte Bar-dot, auftreten ließ. Über Nacht stieg die Bardot als eine der wenigen Schauspielerinnen außerhalb Hollywoods zum Sexsymbol auf. Der Film war auch bedeutend, weil er bewies, dass junge Regisseure in Frankreich kommerzielle Erfolge einspielen konnten, und weil er dadurch die *nouvelle vague* vorbereitete. Der Begriff *nouvelle vague* (neue Welle) bezeichnet eine Ära in den späten 1950er und frühen 1960er Jahren, in der junge Regisseure in Frankreich neue, unorthodoxe Filme zu drehen begannen. Namen wie Jean-Luc Godard, François Truffaut oder Louis Malle gehörten bald zu den festen Größen der Filmszene. Den Anfang machte Claude Chabrol mit seinem Streifen *Le Beau Serge* (1959), doch den eigentlichen Durchbruch erzielte 1959 Truffaut mit *Les Quatre Cents Coups*. Er gewann in Cannes den Preis für die beste Regie. Die *nouvelle vague* ist längst Geschichte; dennoch hat die Provence – nicht zuletzt dank Cannes – in der Filmbranche noch immer einen guten Namen. ■

Jenseits der mittelalterlichen Päpstestadt Avignon dehnen sich Weinberge und Lavendelfelder aus, dazwischen liegen römische Ruinen, reizvolle Marktflecken und malerische Hügeldörfer

Avignon & Vaucluse

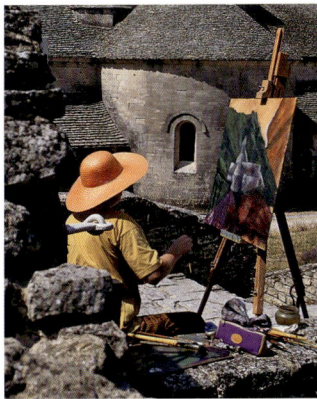

Die Abtei Sénanque, ein beliebtes Motiv

Avignon & Vaucluse

Das Departement wurde nach dem Vaucluse-Tal mit der gleichnamigen Quelle benannt. Nördlich und östlich des Hauptortes Avignon dehnt sich ein Landstrich mit kleinen Dörfern und schier endlosen Weinfeldern aus. An die Römer erinnern hier noch Brücken und Triumphbögen, doch nichts prägte die Gegend so stark wie das Exil der Päpste im 14. Jh. Sie brachten fremde Kunst- und Architekturstile in die Provence. Bis heute haben Kultur und Lebensfreude hier einen hohen Stellenwert.

Avignon liegt innerhalb der mittelalterlichen Stadtmauern direkt an der Rhône. Zentrum ist der mächtige Papstpalast, doch gibt es daneben auch Museen, die in jahrhundertealten *hôtels particuliers* (Stadthäusern) untergebracht sind. Östlich von Avignon dehnt sich der Lubéron aus, eine idyllische Landschaft mit blühenden Wiesen, Lavendelfeldern und Bilderbuchdörfern. Sehenswert sind die Weiler Ménerbes, Bonnieux und Oppède-le-Vieux. Wer die Touristenpfade verlassen möchte, sollte Lourmarin im weniger bekannten Teil des Lubéron

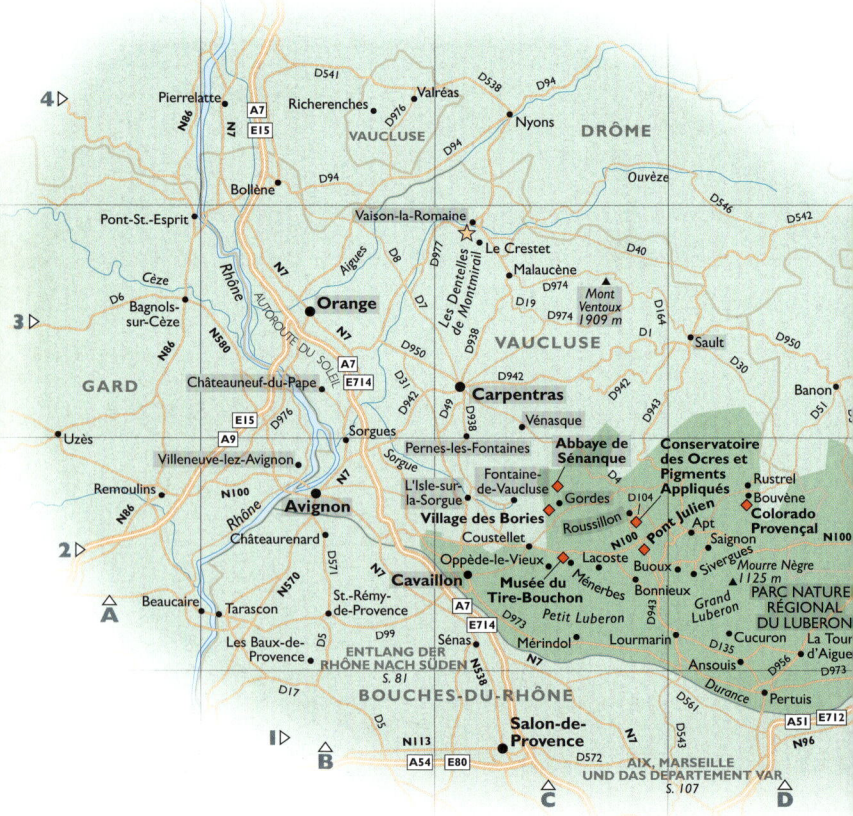

Die parzellierten Felder der Provence sind Überbleibsel aus der Römerzeit (siehe S. 79)

besuchen. Das dortige Schloss trägt den Beinamen „Villa Medici der Provence", weil hier schon viele Künstler lebten und arbeiteten. Rund um Roussillon leuchten Ockerfelsen in allen Rot- und Orangetönen. Ein kurzer Spazierweg führt hier durch die bizarren Formationen eines Ockersteinbruchs.

Gordes, ein typisches *village perché*, wird von einem im 16. Jahrhundert erbauten Renaissanceschloss überragt. In der Nähe befindet sich das Village des Bories, eine kleine Siedlung mit Trockensteinhäusern. Sie gehen auf Vorbilder aus der Jungsteinzeit zurück, stammen jedoch aus dem 17. Jh. Von Gordes ist es nicht weit zur 1148 gegründeten Abbaye de Sénanque.

Am Fluss Sorgue liegen die Orte Isle-sur-la-Sorgue und Fontaine-de-Vaucluse. Ersterer ist für seine Antiquitätenmärkte bekannt, Letzterer für die mächtige Quelle, die hier in beträchtlicher Tiefe entspringt und aus dem Fels sprudelt.

Die antike Siedlung Vaison-la-Romaine besteht heute aus einer Unter- und einer Oberstadt, die durch eine römische Brücke miteinander verbunden sind. Vaison eignet sich gut als Ausgangspunkt für eine Tour durch die Dentelles de Montmirail, auf der man die Reize des Côtes-du-Rhône-Gebietes kennenlernen kann. Weitere römische Überreste finden sich in Orange, darunter eines der besterhaltenen römischen Amphitheater überhaupt, in dem noch immer Aufführungen stattfinden. ■

Avignon

Im 14. Jahrhundert errichteten die Päpste in Avignon einen eindrucksvollen Gebäudekomplex, von dem aus sie die katholische Kirche lenkten. Heute zieht die quirlige Universitätsstadt vor allem Touristen und – alljährlich während des großen Festivals – auch Schauspieler und Theaterfreunde aus aller Welt an.

Avignons Zeit als Vatikanstadt des Nordens begann 1309, als Clemens V. vor politischen Unruhen aus Rom flüchtete. Sein Nachfolger, Johannes XXII., beschloss in Südfrankreich zu bleiben. Der dritte Exilpapst, Benedikt XII., begann mit dem Bau des prächtigen Palastes. Im Laufe der nächsten Jahrzehnte hielten die Oberhäupter der Kirche hier Hof, feierten, förderten die Kultur und ließen den Palast ausgestalten. In Scharen zogen nun Pilger, Diplomaten, Kleriker und Höflinge nach Avignon. Der Dichter Petrarca verbrachte seine Kindheit in der Stadt, und der aus Siena stammende Maler Simone Martini leistete dem Papst gute Dienste. Zusammen mit seinem Gehilfen, Matteo Giovanetti, verzierte er den Palast und die Kathedrale mit eleganten Fresken in einem Stil, der

Opernhaus. Ganzjährig finden hier Opern- und Theateraufführungen statt, und im August gehört es während des internationalen Theaterfestivals zu den Hauptveranstaltungsorten. Von der Place sind es nur wenige Schritte bis zum Papstpalast.

Der Papstpalast

Der Palast ist Festung und Bühne zugleich, vor allem aber war er einst eine Luxusresidenz mit angeschlossenem Regierungssitz. Gemälde, Skulpturen und feines Silber füllten damals die Räume, die heute nur noch spärlich dekoriert sind. Eine Führung gibt aber jedem Besucher die Möglichkeit, sich in die Zeit des päpstlichen Exils in Avignon hineinzuversetzen.

Der Palais des Papes besteht eigentlich aus zwei Palästen. Benedikt XII. errichtete den Palais Vieux (Alter Palast) auf der Nord- und Ostseite des Geländes. Sein Nachfolger, Clemens VI., ließ den Palais Nouveau im gotischen Stil auf der Südwestseite anbauen. Beide sind durch die **Cour d'Honneur**, den Ehrenhof, miteinander verbunden, in der der Rundgang beginnt.

Vom Hof führt der Weg in die **Grande Trésorerie**, die große Schatzkammer. Hier befasste sich die Apostolische Kammer einst mit päpstlichen Finanzangelegenheiten. Gehen Sie nun die Treppe hinauf zur **Salle de Jésus** (Jesussaal), in der noch immer eine Schrift mit den Buchstaben I.H.S., der Abkürzung für „Jesus Hominum Salvator", die Wand ziert. Dieser Raum diente als Eingang zu den päpstlichen Privatgemächern.

Palais des Papes
- ✉ Place du Palais
- ☎ 04 90 27 50 74
- **www.palais-des-papes.com**
- 💲 €€€. Kombiticket mit Pont St.-Bénézet erhältlich: €€€. Führungen (in französischer Sprache)

als internationaler gotischer Stil bekannt wurde. Als Papst Gregor XI. 1376 nach Rom zurückkehrte, wurde in Avignon ein Gegenpapst gewählt. Damit begann das Große Abendländische Schisma, die Spaltung der katholischen Kirche, die erst 1417 ein Ende fand.

Mittelalterliche Mauern bilden einen Ring um Avignon. Die meisten Besucher betreten die Stadt durch die **Porte de la République**. Von dort aus führt der Cours Jean Jaurès (später Rue de la République) direkt zur **Place de l'Horloge**, dem belebten Stadtzentrum mit zahlreichen Cafés und Restaurants. Zu den schönsten Gebäuden am Platz gehört das 1847 vollendete

Grand Tinel

PAPSTPALAST

Weiter geht es in die **Chambre du Camérier**, den Raum des Kämmerers. Der große Saal zeichnet sich durch mehrere in den Boden eingelassene Fächer aus, in denen einst wertvolle Dokumente sicher aufbewahrt wurden. Der Kämmerer stand der Apostolischen Kammer vor und war im Mittelalter nach dem Papst der höchste Würdenträger.

Die Rhône fließt an Avignon vorbei – seit dem Mittelalter hat sich das Bild kaum verändert

Es folgt der reich verzierte **Vestiaire Pontifical**, das päpstliche Ankleidezimmer, in blassgrünem und goldenem Dekor mit Cherubim und Wappen.

Sie gelangen nun in die **Salle du Consistoire**, den Konsistoriumssaal, eine lange dunkle Halle mit vier hohen, schmalen

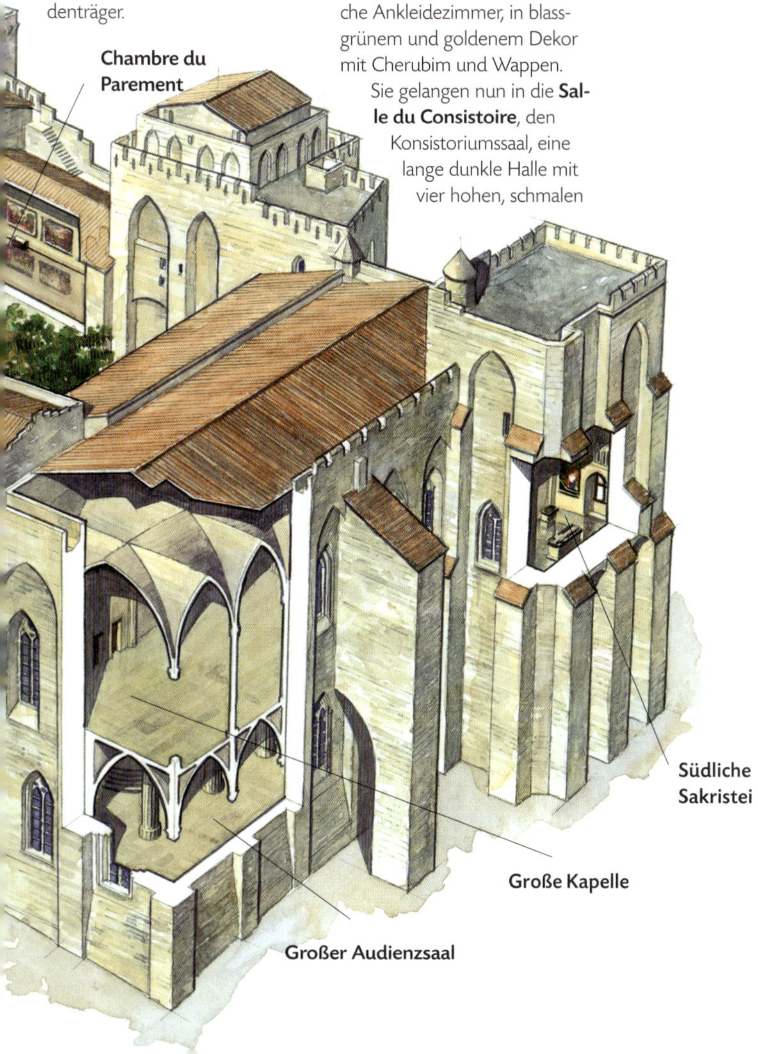

Chambre du Parement

Südliche Sakristei

Große Kapelle

Großer Audienzsaal

Cathédrale Notre-Dame des Doms

✉ Place du Palais

☎ 04 90 82 12 21

🕐 Schatzkammer: Geöffnet Juni–Sept. (Anmeldung erforderlich) www.cathedrale-avignon.fr

Fenstern an der Ostseite. Der Papst saß hier auf einem Podest an der Südwand, seine Berater nahmen auf Steinbänken Platz. Der Raum diente als Gerichts- und Audienzsaal, hier empfing der Heilige Vater Besucher und erörterte Fragen.

Werfen Sie unbedingt einen Blick in die kleine **Chapelle de**

Das barocke Hôtel des Monnaies

St-Jean, die Johanneskapelle, die Giovanetti 1346–1348 mit Fresken ausgestaltete. Dargestellt sind Szenen aus dem Leben Johannes des Täufers und des Evangelisten Johannes.

Im **Cloître de Benoît XII** (Kreuzgang Benedikts XII.) können Sie durchatmen, bevor Sie die Stufen zum **Grand Tinel** hinaufsteigen. Der Saal wurde für Bankette und andere festliche Gelegenheiten genutzt. Neben der Feuerstelle befindet sich der Durchgang zur **Grande Cuisine**.

Gehen Sie durch den Grand Tinel zurück und weiter zur **Chapelle St-Martial**. Giovanetti schmückte sie zwischen 1344 und 1346 mit Szenen aus dem Leben des hl. Martial aus. Nun kommen Sie zur **Chambre du**

Parement, dem Vorzimmer zum Schlafgemach. Die angrenzende **Studierstube** ist der einzige Raum des Palastes mit Fußboden aus dem 14. Jahrhundert. Grüne und braune Kacheln alternieren hier mit Mustern und Tierdarstellungen.

Die **Chambre du Pape**, das päpstliche Schlafzimmer, vermittelt mit ihrem Dekor – Weinranken und Eichenlaub vor blauem Hintergrund – einen Eindruck vom weltlichen Lebensstil der mittelalterlichen Päpste.

Sie verlassen nun den Alten Palast und betreten den unter Clemens VI. entstandenen Anbau. Die **Chambre du Cerf** (Hirschzimmer) vereinte Studierzimmer und Schlafgemach. Jagdszenen bedecken hier die Wände. Über einige Stufen gelangt man in die **Sacristie du Nord** (nördliche Sakristei). An den Rippengewölben und den steinernen Verzierungen an den Wänden erkennt man den Unterschied zum Alten Palast, der sich durch hölzernes Gebälk und schlichte Decken auszeichnet.

Einen Höhepunkt der Besichtigung bildet die **Große Kapelle** mit hoher Decke und lichtem Innenraum. 1348 gab Clemens VI. den Raum in Auftrag. Obgleich die Pest in der Region wütete, war die Kapelle in weniger als einem Jahr vollendet. Nur wenige der Fresken aus dem 16. und 17. Jahrhundert blieben erhalten. Nebenan befindet sich der **Vestiaire des Cardinaux**, das Ankleidezimmer der Kardinäle.

Im nächsten Raum wird der Film „Das andere Rom" in französischer Sprache gezeigt. Der Weg führt nun über eine Treppe zur **Terrasse des Grands Dignitaires** (Terrasse der großen Würdenträger). Von dort haben Sie einen wunderbaren Blick.

Weiter geht es zur **Loggia**. Von hier aus spendete der Heilige Vater der im Ehrenhof versammelten Menge den Segen. Über eine weitere Treppe gelangen sie hinunter in die **Grande Audience**, die zweischiffige Audienzhalle. Dort tagte früher der Apostolische Hof, gegen dessen Beschlüsse es keinerlei Einspruchsmöglichkeiten gab. 1352 verzierte Giovanetti die Wände mit Fresken von Propheten. Leider blieb nur eines der Bilder vollständig erhalten.

Rund um den Palast

Vom Papstpalast sind es nur wenige Schritte zur **Cathédrale Notre-Dame des Doms**. Sie entstand im 12. Jahrhundert auf dem Fundament einer frühchristlichen Basilika und wurde mehrfach umgebaut. Die Kirche birgt ein päpstliches Grabmal im Stil der Hochgotik.

Wenn Sie etwas weiter hügelan gehen, gelangen Sie zum **Petit Palais** am Nordende des großen Platzes. Er wurde zwischen 1318 und 1320 für Kardinal Bérenger Frédol erbaut und zeigt heute zwei Kunstsammlungen – die Bilder der Schule von Avignon aus dem Musée Calvet und italienische Gemälde aus dem 13. bis 16. Jahrhundert. Viele der Werke sind sehenswert, unbedingt anschauen sollten Sie sich aber die *Jungfrau mit Kind zwischen zwei Heiligen und zwei Stiftern* (Raum XVII, 1450–55) von Enguerrand Quarton, einem Mitbegründer der Schule

In den historischen Gebäuden sind Läden untergebracht

von Avignon. Es ist schlicht, besticht aber durch den für die Schule typischen Lichteinfall, der eine Brücke zwischen flämischem Realismus und dem abstrakteren Stil der italienischen Malerei schlug. Weitere interessante Arbeiten sind die Mariendarstellung eines unbekannten Meisters aus dem Jahre 1310, ein Altarstück italienischer Maler aus dem frühen 14. Jahrhundert (Raum III), außerdem die *Gnadenjungfrau* von Pietro di Domenico da Montepulciano (Raum VIII) und Botticellis anmutige *Jungfrau mit Kind* (Raum

Musée du Petit Palais
✉ Place du Palais
☎ 04 90 86 44 58
🕐 Geschl. Di
💲 €€

Vom berühmten „Pont d'Avignon" blieb nur ein Teil erhalten

Pont St.-Bénézet

✉ Rue Ferruce

☎ 04 90 27 51 16

💲 €. Kombiticket mit Palais des Papes: €€€

XI). Über eine steinerne Wendeltreppe gelangen Sie ins Obergeschoss, wo weitere Werke italienischer Künstler hängen.

Vom Platz aus führt eine Rampe hinauf zum **Jardin du Rocher des Doms**, einem im 19. Jahrhundert angelegten öffentlichen Park mit Springbrunnen, Statuen und einer Grotte. Vom Park aus blicken Sie über die Rhône. Der Felsvorsprung hatte bereits in der Jungsteinzeit strategische Bedeutung. Während des Papstexils war er den Kardinälen als Lustgarten vorbehalten. In einem Eck befand sich der private Weinberg des Papstes.

Gehen Sie die Treppe hinunter zur Rhône und zum **Pont Saint-Bénézet**, der Brücke, die Gegenstand des berühmten Liedes „Sur le pont d'Avignon, l'on y danse ..." ist. Niemand weiß, wer die Brücke erbaute, doch angeblich gaben himmlische Stimmen einem jungen Hirten den Auftrag dazu. Er konnte den Bischof

Papalines

Probieren Sie unbedingt *papalines*, **köstliche, mit Kräuterlikör vom Mont Ventoux gefüllte Schokoladentrüffeln.**

überzeugen, indem er aus eigener Kraft und mit Hilfe des Himmels allein einen schweren Felsblock bewegte. Dass überhaupt noch ein Teil der Brücke steht, grenzt an ein Wunder. Sie wurde zwischen 1177 und 1185 erbaut, 1226 während einer Belagerung der Stadt zerstört und wieder aufgebaut. 1660 riss das Rhône-Hochwasser die Hälfte der Brücke weg – heute stehen nur noch vier der ursprünglich 22 Bögen. Erhalten blieb auch die kleine **Brückenkapelle St-Nicolas**, in der bis zur Revolution die Gebeine des hl. Bénézet ruhten.

Avignons Museen

In der Rue de la République befindet sich in einer Jesuitenkapelle aus dem 16. Jahrhundert das **Musée Lapidaire**, die archäologische Abteilung des Musée Calvet. Es präsentiert Objekte aus vier Kulturen – Ägypten, Griechenland und Etrurien sowie Rom.

Unweit der Église St-Denis ist in einem Stadtpalais die **Fondation Angladon-Dubrujeaud** untergebracht. Sie zeigt die Kunstsammlung von Jacques Doucet, einem Modedesigner, der seinerzeit junge Künstler wie Picasso, Braque und Max Jacob förderte. Die Räumlichkeiten bringen Meisterwerke aus dem 19. und 20. Jahrhundert gut zur Geltung – unter anderem hängen hier Picassos *Arlequin* (1915) und die *Nature Morte à la Guitare* (1919), Modiglianis *La Blouse Rose* und die *Eisenbahnwaggons*, der einzige in der Provence verbliebene van Gogh, der 1888 in Arles entstand. Auch Arbeiten von Degas, Manet, Cézanne und Sisley finden sich hier.

In einem anderen Stadthaus in der winzigen Rue Joseph-Vernet ist das **Musée Calvet** untergebracht. Hier können Sie Gemälde und Skulpturen aus dem 15. bis 20. Jahrhundert, Kunsthandwerk und Kunstwerke aus Asien, Ozeanien und Afrika bewundern. Zu den berühmtesten Werken des Museums gehört Jean-Pierre Davids Skulptur *Barra* (19. Jh.). Sie zeigt einen Trommler, der während der Französischen Revolution sterben musste, weil er sich weigerte, «Vive la République» zu singen. Bekannte Werke aus dem 19. Jahrhundert sind ferner *Mazeppa und die Wölfe* des romantischen Malers Horace Vernet, Edouard Manets Bild

Stillleben mit spanischem Hut und ein italienisches Landschaftsbild von Jean-Baptiste-Camille Corot. Modernere Kunst ist durch Raoul Dufy und Maurice Utrillo vertreten. Mehrere Räume widmen sich asiatischer Kunst; so findet sich hier ein chinesischer Bodhisattva aus dem 14. Jahrhundert.

Einige Straßen weiter wartet das **Musée Louis Vouland** mit einer kleinen Kunsthandwerkssammlung auf, die der Geschäftsmann und Kunstsammler Louis Vouland (1883–1973) Lebens zusammengetragen hat. Fayencen aus Moustiers und Marseille stehen hier neben Porzellan aus Asien, Möbeln – z. B. vier mit Fabeln von La Fontaine verzierten Regency-Lehnstühlen –, Gobelins aus dem 18. Jahrhundert und Joos Van Cèves (1485–1540) *Enfant aux Cerises*. ∎

ERLEBNIS: Das Theaterfestival

Das berühmte Theaterfestival von Avignon findet alljährlich in der zweiten bis vierten Juliwoche statt. Es wurde 1947 vom Schauspieler und Regisseur Jean Vilar ins Leben gerufen. Die Stadt hatte ihn eingeladen, hier T. S. Eliots Stück „Murder in the Cathedral" zu inszenieren. Vilar lehnte ab, bot jedoch an, stattdessen andere Werke zu erarbeiten und Impulse für eine Erneuerung der französischen Theaterlandschaft zu geben.

Heute werden beim Festival etwa 40 neue französische und ausländische Produktionen (Theater und Tanztheater) vorgestellt, die mehr als 120 000 Besucher anziehen.

Musée Lapidaire

✉ 27, rue de la République

☎ 04 90 84 75 38

www.musee-lapidaire.org

🕐 Geschl. Mo

💲 €

Fondation Angladon-Dubrujeaud

✉ 5, rue Laboureur

☎ 04 90 82 29 03

www.angladon.com

🕐 Geschl. Mo u. vormittags Mitte März– Mitte Dez.; geschl. Mo–Di u. vormittags Mitte Dez.– Mitte März

💲 €€

Musée Calvet

✉ 65, rue Joseph-Vernet

☎ 04 90 82 29 03

www.musee-calvet.org

🕐 Geschl. Di

💲 €€

Musée Louis Vouland

✉ 17, rue Victor Hugo

☎ 04 90 86 30 79

www.vouland.com

🕐 Geschl. Mo u. vormittags geschl. Februar

💲 €€

Der Lubéron

Mittelalterliche Hügeldörfer, Bauernhöfe, Weinberge, Sonnenblumen und Lavendel, dazu Kirschen, Melonen und Ziegenkäse – der Lubéron entspricht dem klassischen Bild der Provence. Die Einheimischen sprechen die Region, in der sie leben, übrigens nicht „Lüberon", sondern eher „Lubouran" aus.

Der Lubéron
- 46 C2, 46 D1 &D2, 47 E2

Musée du Tire-Bouchon
- 46 C2
- Domaine de la Citadelle, Le Chataignier, Route de Cavaillon, Ménerbes
- ☎ 04 90 72 41 58
- Geschl. So
- €
- www.domaine-citadelle.com

Bonnieux
- 46 C2
- Besucherinformation
- ✉ 7, place Carnot
- ☎ 04 90 75 91 90

Musée de la Boulangerie
- ✉ 12, rue de la République, Bonnieux
- ☎ 04 90 75 88 34
- €

Maison du Parc Naturel Régional du Luberon / Musée de géologie
- ✉ 60, place Jean-Jaurès, Apt
- ☎ 04 90 04 42 00
- Geschl. So
- www.parcduluberon.fr

Der fruchtbare Landstrich dehnt sich von Cavaillon im Westen und Manosque im Osten bis nach Apt im Süden und zur Durance im Norden aus. Das Gebiet wird von der Montagne du Lubéron überragt, einem felsigen, von Eichenwäldern überzogenen Massiv, dem die Region ihren Namen verdankt. Nur an einer Stelle, an der Combe de Lourmarin, ist der Höhenzug unterbrochen. Östlich davon liegt der Grand Lubéron mit dem 1125 Meter hohen Mourre Nègre, westlich erstreckt sich der Petit Lubéron. Weite Teile des Gebietes gehören zum Parc Naturel Régional du Lubéron.

Die Hügelfestungen gehen auf eine Zeit zurück, als Ligurer, Römer und Sarazenen in der Region lebten. Für die Bevölkerung am schwierigsten gestaltete sich die Situation allerdings während der Religionskriege, als die Waldenser von den Katholiken verfolgt wurden und Schutz suchten. Viele Dörfer wurden damals dem Erdboden gleichgemacht.

Petit Lubéron

Im Schatten der Berge winden sich Sträßchen durch Weinberge und Lavendelfelder hinauf zu einigen der schönsten *villages perchés*. Suchen Sie sich ein hübsches Plätzchen, und genießen Sie die Landschaft.

Oppède-le-Vieux ist heute eine regelrechte Geisterstadt mit verlassenen Häusern und leeren Straßen. Der Name des Ortes erinnert aber noch daran, dass sich hier früher einmal ein bedeutender römischer Stützpunkt befand. Tatsächlich entdeckte

man römische Münzen, Fliesen und einen zu Ehren des Gottes Merkur errichteten Altar, der sich heute im Museum in Cavaillon befindet (siehe S. 78). 1545, während der Religionskriege, töteten Katholiken alle protestantischen Einwohner, die Übrigen verließen die Stadt und zogen in die umliegende Ebene.

Wenn Sie Oppède besichtigen möchten, müssen Sie Ihren Wagen am Ortseingang abstellen und dem Pfad zur Hügelkuppe folgen. Auf dem höchsten Punkt erhebt sich die **Collégiale Notre-Dame d'Alidon**. Die ursprünglich romanische Kirche wurde 1592 um einige gotische Elemente erweitert. Im schlichten Innenraum stechen die zum Teil restaurierten Fresken hervor. Über dem Altar hängt ein Gemälde von Reynaud dem Älteren aus dem 17. Jh. Oberhalb der Kirche liegen die Ruinen einer Burg, die Raymond VI von Toulouse im 13. Jahrhundert

Im Juli blüht überall im Lubéron der Lavendel

Die Église Neuve (neue Kirche) von Bonnieux

TRÜFFELMÄRKTE
(während der
Saison)
Apt
Sa Vormittag, place
de la Bouquerie
Carpentras
Fr Vormittag, vor
dem Hôtel Dieu

Richerenches
Sa Vormittag,
Hauptstraße

Valréas
Mi Vormittag, place
Cardinal Maury

erbauen ließ. Fahren Sie nach der Besichtigung fünf Kilometer weiter, vorbei an Kirsch- und Feigenbäumen, ins Städtchen **Ménerbes**. Auch zu dieser befestigten Hügelstadt gehört eine – nicht

zugängliche – Burg, die den Ort überragt. Sie galt als uneinnehmbar, doch während der Religionskriege gelang es Protestanten, mit Hilfe einer List einzudringen und sich dort länger als ein Jahr zu verschanzen. Die Katholiken eroberten die Festung auf ähnliche Weise zurück.

Im nahe gelegenen Tal befindet sich das **Musée du Tire-Bouchon** (Korkenziehermuseum), das der Regisseur Yves Rousset-Rouard eingerichtet hat.

Im Schloss **Lacoste** sechs Kilometer östlich von Ménerbes lebte im ausgehenden 18. Jahrhundert der berüchtigte Marquis de Sade, der hier zwischen seinen diversen Gefängnisaufenthalten Orgien feierte. Mit seinen sexuellen Neigungen und erotischen Schriften prägte er den Begriff „Sadismus". Sein bekanntestes Buch ist der Roman „Justine" von 1791. Der Modeschöpfer Pierre Cardin kaufte die Ruine und baute sie zu einem Freilichttheater um, in dem an Sommerabenden das Festival de Lacoste stattfindet *(Tel. 04 90 75 93 12)*. Der Ort wurde ebenfalls schön saniert, sodass sich jetzt malerische Kopfsteinpflastergassen hinauf zur Burg winden. Trinken Sie einen Aperitif im

Trüffeln

Die seltenen, erdigen schwarzen Wintertrüffeln sind die schwarzen Diamanten der Feinschmeckerszene. Unter Immergrünen Eichen auf trockenen Böden an den Südhängen des Lubéron gedeihen sie so gut wie sonst nur an wenigen Orten der Welt. Schon die Römer kannten und schätzten die Delikatesse, und bei den Päpsten kam sie häufig auf den Tisch. Trüffeln kosten mehrere hundert Euro pro Pfund. Während der Saison (von November bis März) stehen auf den Speisekarten mancher Restaurants ganze Trüffelmenüs.

Café de France, und genießen Sie den Blick über die Felder bis zum Hügelstädtchen **Bonnieux**.

Es ist das größte Dorf im Petit Lubéron und umfasst zahlreiche sandfarbene Gebäude, die sich hinauf bis zur **Haute Église** aus dem 12. Jahrhundert ziehen. Sie müssen insgesamt 86 Stufen steigen und schöne alte Häuser passieren, um zur leider häufig geschlossenen Kirche zu gelangen. Der Blick vom Kirchplatz über Weinberge, Lavendelfelder und Obstbäume bis hin zu den Monts de Vaucluse entschädigt aber für die Mühe. In einer ruhigen Straße befindet sich das **Musée de la Boulangerie** mit einem alten Brotofen. Am Fuß des Hügels steht die 1870 erbaute **Église Neuve**. An der D149 ganz in der Nähe blieb der dreibogige **Pont Julien** als einzige Brücke an der alten Römerstraße zwischen Norditalien und der Provence erhalten.

Grand Lubéron

Der Grand Lubéron ist der größere und wildere Bruder des Petit Lubéron, ein dicht bewaldeter Höhenzug mit tief eingeschnittenen Canyons und kleinen Dörfern, in denen die Zeit stillzustehen scheint. Lediglich der Hauptort **Apt** besitzt ein echtes Industriegebiet. Schön ist die Altstadt mit Arkaden und Brunnen. An Dienstagen und Samstagen kommen viele Besucher zum Markt auf der Place Lauze de Perret. Probieren Sie *fruits confits* (gelierte Früchte), eine lokale Spezialität. In einem Hof an der Rue des Marchands befindet sich die **Maison du Parc Naturel**

Régional du Lubéron. Sie können sich hier die naturgeschichtliche Sammlung anschauen. In einer Krypta aus dem 8. Jahrhundert entdeckte man angeblich die sterblichen Überreste der hl. Anna, der Mutter Marias. Im 11. Jahrhundert wurde den Reliquien zu Ehren die **Kathedrale Ste-Anne** gebaut. Der Schrein der

Das Priorat St-Symphorien in Buoux

Heiligen steht in der Schatzkammer. Das wichtigste Museum des Ortes, das **Musée Archéologique** *(27, rue de l'Amphithéâtre, Tel. 04 90 74 78 45, geschl. nachmittags und Di, €)*, birgt römische Artefakte.

Winzige Sträßchen führen südlich von Apt durch eine der unberührtesten Gegenden des Lubéron. Wälder dehnen sich aus, und in der Luft liegt ein Kräuterduft. Über die GR92 gelangen Sie ins schön sanierte **Saignon**. Boulespieler vertreiben sich hier ihre Nachmittage, und von den Ruinen des Schlosses aus blickt man weit über Felder, Berge und Dörfer.

Ganz in der Nähe liegen die friedlichen Weiler **Sivergues** –

Apt

🗺 46 D2

Besucherinformation

✉ Office de tourisme intercommunal Luberon-Pays d'Apt, 20, ave. Philippe de Girard

☎ 04 90 74 03 18

Ancienne Cathédrale Ste-Anne

✉ Rue de la Cathédrale

☎ 04 90 04 61 71

🕐 Besichtigung nur nach telefonischer Anfrage www.apt-cathedrale.com

---

Lourmarin

🗺 46 D2

Besucherinformation

✉ Place H. Barhelemy

☎ 04 90 68 10 77

www.lourmarin.com

Château de Lourmarin

☎ 04 90 68 15 23

Ⓢ €€

www.chateau-de-lourmarin.com

Ansouis

▲ 46 D2

Besucher-information

✉ Place du Château

☎ 04 90 09 86 98

www.ansouis.fr

Brunnen in Saignon

ein Ausgangspunkt für Wanderungen – und **Buoux** inmitten von Lavendelfeldern. Die Festung von Buoux, in der während der Religionskriege Waldenser Schutz suchten, wurde zerstört. Heute erinnern nur noch Teile der Mauer an ihre Existenz.

Die D943 führt Richtung Süden nach **Lourmarin**. Seit dem 16. Jahrhundert thront hier ein Renaissanceschloss hoch über der Stadt. Es wurde Anfang des 20. Jahrhunderts restauriert und hat seitdem viele Schriftsteller und Künstler beherbergt, weshalb man ihm den Beinamen „Villa Medici der Provence" verlieh. Im alten Dorf haben sich

schicke Restaurants und elegante Boutiquen angesiedelt. Der französische Schriftsteller Albert Camus (1913–60) lebte lange in Lourmarin, auf dem hiesigen Dorffriedhof wurde er auch neben seiner Frau begraben.

In **Ansouis**, südöstlich von Lourmarin an der D135, ragt eine weitere Burg zwischen Weinbergen empor. Wunderschön ist ihre Gartenanlage. In der Stadt können Sie im **Musée Extraordinaire** *(Rue du Vieux Moulin, Tel. 04 90 09 82 64, vormittags geschl., €)* eine originelle Sammlung lebensgroßer Skulpturen sowie Fossilien bestaunen oder sich im **Musée de la Vigne et du Vin** *(Château Turcan, rte. de Pertuis, Tel. 04 90 09 83 33, www.chateau-turcan.com, geschl. So)* über den Weinbau informieren.

Im friedlichen **Cucuron** folgen Sie der Stadtmauer aus dem 18. Jahrhundert bis zur **Église Notre-Dame-de-Beaulieu** mit einem barocken Altarstück und gotischen Seitenkapellen, und schauen Sie sich auch den mittelalterlichen *donjon* (Bergfried) von Saint-Michel an *(nicht für Besucher geöffnet)*. Im **Musée Marc-Deydier** hängen 3000 zwischen 1885 und 1917 aufgenommene Fotografien aus dem Lubéron.

Am Ostrand des Grand Lubéron liegt das Städtchen La Tour d'Aigues mit Überresten eines weiteren Renaissanceschlosses. Im ehemaligen Keller ist das **Musée des Faïences** untergebracht *(Château de la Tour d'Aigues, Tel. 04 90 07 50 33, www.chateaulatourdaigues.com, geschl. So und Mo, €€)*. In gesonderten Räumen finden Wechselausstellungen statt. ∎

Roussillon

Das Städtchen Roussillon liegt am Rand eines in herrlichen Rottönen gefärbten Canyons. Die roten und ockerfarbenen Häuser heben sich wunderbar gegen die dunkelgrünen Hügel ab. Der Ort liegt inmitten eines der größten Ockervorkommen der Welt, und einst wurden hier 17 verschiedene Gesteinsschattierungen von Gelb bis Violett bearbeitet.

Markttag
Do

Roussillon
🗺 46 C2

Besucher-
information

✉ Place de la Poste

☎ 04 90 05 60 25

Ockerfelsen im Abendlicht

Die Geschichte des Landstrichs begann vor 230 Millionen Jahren, als ein Urmeer die Provence bedeckte. Eisenhaltiger Sand oxidierte zu farbenprächtigem Ocker. Die Römer benutzten die Farbpigmente, um Tonwaren zu glasieren. Im 18. Jahrhundert fanden die Bewohner des Roussillon heraus, wie man das Pigment wasserresistent machte, und verkauften es als Farbe.

Sie können den alten Ockersteinbruch besichtigen, wenn Sie dem **Sentier des Ocres** (€€) etwa einen Kilometer weit durch einen Miniaturcanyon folgen, der in den herrlichsten Farb-schattierungen leuchtet. Weiße Kleidung sollten Sie dabei nicht tragen. Auch das Dorf lohnt einen Besuch. Winzige, schmale Straßen winden sich an blumenverzierten Häusern in typischen Ockertönen vorbei. Etwa einen Kilometer östlich des Ortes bietet der **Conservatoire des Ocres et de la Couleur** Führungen in einer Ockerfabrik an.

Ein weiterer alter Steinbruch, der **Colorado Provençal**, befindet sich in Rustrel. Sieben Pfade durchziehen das Areal. Der Sentier des Cheminées des Fées und der Sentier du Satard beginnen am Parkplatz in Bouvène. ∎

Conservatoire des Ocres et de la Couleur

✉ Usine Mathieu, D104

☎ 04 90 05 66 69

🕐 Geschl. Mo–Di Dez. u. Jan.

💲 €€

www.okhra.com

Colorado Provençal

✉ Südl. von D22 Richtung Rustrel von Apt aus

💲 €€ (Parken; Wanderkarte)

Das alte Gordes gehört zu den schönsten Städten der Provence

Markttag
Di

Gordes
🔼 46 C2
Besucher-
information
✉ Le Château
☎ 04 90 72 02 75
www.gordes-
village.com
🕐 Geschl. So

**Château de
Gordes/Musée
Pol Mara**
☎ 04 90 72 02 89
💲 €

Gordes & die Abbaye de Sénanque

Auf einem weißen Felsvorsprung hoch über den Feldern des Lubéron thront majestätisch das Dorf Gordes, das sich leider sehr dem Tourismus verschrieben hat. Im Frühling während der Kirschblüte oder im Herbst, wenn sich die Blätter färben, macht die Besichtigung mehr Spaß. Wer Ruhe sucht, sollte zur nahe gelegenen Abtei Sénanque fahren, die zu den drei Zisterzienserklöstern der Provence gehört.

Gordes

Aufgrund seiner strategisch günstigen Lage war der Ort bereits in prähistorischer Zeit besiedelt. Die Römer errichteten ein *oppidum*, und im Mittelalter suchten die Bewohner der umliegenden Ebene Zuflucht in der befestigten Stadt. Sie wurde niemals eingenommen, nicht einmal während der Religionskriege. Zu Beginn des 20. Jahrhunderts verließen jedoch immer mehr Einwohner Gordes, um Arbeit in den Fabriken größerer Städte zu suchen. Damals entdeckten jedoch Künstler die Gemeinde. Der kubistische Maler André Lhote kam 1938 erstmals hierher. Er machte Marc Chagall, Victor Vasarely und andere Maler auf das Städtchen aufmerksam. Leider zerstörten deutsche Truppen 1944 große Teile von Gordes, um Vergeltung für einen Anschlag der Widerstandsbewegung zu üben. Der zerstörte Ort wurde wieder aufgebaut. Trockensteinmauern säumen ein Labyrinth von Kopfsteinpflastergassen mit schönen Häusern, in denen sich heute viele Läden sowie Cafés befinden. An der höchsten Stelle thront ein **Schloss**, das während der Renaissance über den Fundamenten einer mittelalterlichen Burg erbaut wurde. Im größten Raum befindet sich ein wunderschöner Renaissancekamin. Um ihn zu bewundern, müssen Sie jedoch ein Ticket für das **Musée Pol-Mara** lösen.

In der Nähe erhebt sich die **Église Saint-Firmin** aus dem 18. Jahrhundert. Die Wandgemälde zeigen Marienbilder und Heilige, unter ihnen der hl. Firmin. Folgen Sie anschließend der Rue de l'Église bis zur **Rue du Belvédère** mit einem wunderbaren Ausblick über das Tal.

Village des Bories

Ein *borie* ist eine igluförmige Hütte, deren Steine ohne Mörtel zusammengefügt wurden. In der Bronzezeit bauten die Ligurer erstmals solche Hütten, die bis zum 18. Jahrhundert durchgehend benutzt wurden. Auf vielen Feldern in der Provence stehen noch einzelne *bories*. Vermutlich wurden sie als Behausung und Speicher verwendet. In dem Dorf bei Gordes stehen 20 restaurierte Hütten, die vom 16. bis zum 19. Jahrhundert als Wohnungen, Schafspferche und Weinzisternen gebraucht wurden.

Abbaye de Sénanque

1148 begann man mit dem Bau der Abtei, doch dauerte es Jahrhunderte, bis der Komplex vollendet war. Zum Kloster gehörten eine Mühle und große Ländereien überall in der Provence. Während der Religionskriege im 16. Jahrhundert nahm die Abtei Schaden, während der Französischen Revo-

Trockensteinhütten im village des bories

lution wurde sie aufgelöst. Erst 1854 zogen wieder Mönche ein, doch 1903 mussten sie das Kloster abermals verlassen. 1988 wagten Mönche einen neuen Versuch. Sie bauen heute Lavendel an und stellen Honig her.

Das Kloster können Sie im Rahmen von Führungen besichtigen. Die Tour führt durch fünf Teile der Abtei, die noch aus dem 12. Jahrhundert stammen: die Kirche, den Kreuzgang, das Dormitorium, den Kapitelsaal und den Wärmeraum. Im Juni und Juli kommen viele Touristen, dann blühen auch die umliegenden Lavendelfelder. ◼

Village des Bories

🅰 46 C2
✉ Les Savournins
☎ 04 90 72 03 48
💲 €€

Abbaye Notre-Dame-de-Sénanque

🅰 46 C2
✉ 3 km nördl. von Gordes an der D177
☎ 04 90 72 05 86

www.senanque.fr
💲 €€

Markttage
Do u. So; tägl. im
Sommer

L'Isle-sur-la-Sorgue
🅰 46 C2

**Besucher-
information**

✉ Office de Tou-
risme, place de
la Liberté

☎ 04 90 38 04 78

**www.ot-islesurla-
sorgue.fr**

**Collégiale Notre-
Dame-des-Anges**

✉ Place de la Li-
berté

🕐 Geschl. So

**Hôtel Donadéï
de Campredon/
Maison René
Char**

✉ 20, rue du
Docteur Taillet

☎ 04 90 38 17 41

🕐 Geschl. So

💲 €€

L'Isle-sur-la-Sorgue

Das mittelalterliche Mühlen-städtchen wurde auf Inseln er-baut, die fünf Arme des Flusses Sorgue voneinander trennen. Heute findet hier an Wochen-enden der zweitgrößte Anti-quitätenmarkt Frankreichs statt. Im Ort gibt es darüber hinaus sechs Straßen mit Anti-quitätenläden.

Im 12. Jahrhundert breiteten sich in der Region Sümpfe aus. Schon vor langer Zeit wurde der Fluss durch Kanäle ge-zähmt, die Kraft des Wassers nutzte man zur Herstellung und Verarbeitung von Seide, Wolle und Papier. Isle-sur-la-Sorgue stieg zur wichtigen Stadt auf. Mehrere Wasserrä-der in der Stadt sind noch in Betrieb. Die Sorgue windet sich durch die Altstadt. In ihrem

Wasser spiegeln sich alte Häu-ser, in denen heute überwie-gend Souvenirläden Platz ge-funden haben. Im Herzen des Ortes steht das älteste Gebäu-de, die **Tour Boutin** oder Tour d'Argent. Sie wurde im Mittel-alter unter der Herrschaft der Grafen von Toulouse erbaut. In der Nähe des Turms erhebt sich die Kirche **Notre-Dame-des-Anges** mit einem 1222 er-richteten Turm, dem im 17. Jahrhundert italienische Ele-mente zugefügt wurden. Er gehört deshalb heute zu den wenigen barocken Schmuck-stücken der Provence. Im In-nern fällt die „Himmelfahrt Mariens" von Reynaud dem Älteren (1630) ins Auge. Der Skulpturenschmuck stammt von Jean-Baptiste Peru. ∎

Fontaine-de-Vaucluse

**Fontaine-de-
Vaucluse**
🅰 46 C2

**Besucher-
information**

✉ Office de Tou-
risme, chemin
de la Fontaine

☎ 04 90 20 32 22

**www.oti.dela-
sorgue.fr**

In dem mittelalterlichen Wei-ler in einem abgeschiedenen Tal am Rand des Vaucluse-Pla-teaus spiegeln sich Platanen im flaschengrünen Wasser. Der hübsche Ort hat Schriftsteller vieler Jahrhunderte inspiriert, keinen jedoch so stark wie Francesco Petrarca. Ein Besuch des Städtchens lohnt sich vor allem, weil sich hier die Fontai-ne de Vaucluse, der Quelltopf der Sorgue, befindet.

Stellen Sie Ihren Wagen auf einem der Parkplätze ab, und spazieren Sie zu Fuß in den Ort. Der Fluss Sorgue bildet den Mit-telpunkt des Städtchens. An sei-

nem Ufer haben sich Restau-rants, Läden und eine Reihe von Museen angesiedelt, sodass ei-nem Kultur- und Einkaufsbum-mel nichts im Wege steht. Hoch über dem Ort liegen die Ruinen eines Schlosses. Es bot einst Pil-gern Schutz, die das Grab des hl. Véran – eines Drachenjägers aus dem 8. Jh. – besuchen wollten.

Folgen Sie dem von Souve-nirläden gesäumten Pfad am Fluss entlang bis zum Fuß eines Steilhanges, an dem sich ein tie-fes, smaragdgrünes Wasserbe-cken befindet – die **Fontaine de Vaucluse**. Es handelt sich um den Durchbruch eines einst mit Wasser gefüllten Höhlensystems. Taucher und Höhlenforscher haben bis heute vergeblich versucht herauszufinden, wie tief die Quelle ist. Selbst Jacques Cousteau und 1985 ein kleines U-Boot stießen nicht bis zum Grund vor. Die tiefste bis heute erreichte Stelle liegt bei 318 Me-

wartet mit einer hervorragend aufbereiteten Dokumentation über die französische Widerstandsbewegung auf. Die erste Abteilung gibt Auskunft über den Alltag der Franzosen während der deutschen Besatzung, authentisch eingerichtete Räume nehmen die Besucher mit hinein

Musée du Monde Souterrain de Norbert Casteret

✉ Chemin de la Fontaine
☎ 04 90 20 34 13
💲 €€

Die Fontaine de Vaucluse

ter. Bei höchstem Wasserstand sprudeln aus der Quelle 2,5 Millionen Kubikmeter Wasser – ungefähr so viel, wie innerhalb von 17 Minuten die Niagarafälle hinunterstürzen. Die Wassertemperatur liegt bei 12 bis 13° C. In der unterirdischen Welt von Norbert Casteret (**Le Monde Souterrain de Norbert Casteret**) mit einem Spazierweg am Fluss erfahren Sie dies alles und noch mehr.

Eine wirkliche Überraschung ist das historische Museum **Musée d'Histoire 1939–1945 – L'Appel de la Liberté**. Es liegt an dem Pfad zur Quelle und

in die Geschichte. Die zweite Abteilung informiert über die Männer und Frauen, die ihr Leben im Kampf gegen die deutschen Besatzer riskierten, während der dritte Teil Spionagetätigkeit behandelt. Nehmen Sie sich unbedingt genug Zeit für die bewegende Ausstellung.

Das **Musée Pétrarque** auf der linken Flussseite erinnert daran, dass der italienische Dichter Francesco Petrarca (1304–74) hier seinen Gedichtband „Canzoniere" schrieb. Lithografien und Aquarelle zeigen Petrarca und seine Muse Laura. ∎

Musée d'Histoire 1939–1945 – L'Appel de la Liberté

✉ Chemin de la Fontaine
🕐 Geschl. Di
💲 €

Musée Pétrarque

✉ Quai du Château Vieux
☎ 04 90 20 37 20
🕐 Geschl. Di u. Nov.–März
💲 €

Säulen (oben) und Statuen (unten) erinnern an Vaisons römische Vergangenheit

Vaison-la-Romaine

Überreste einer antiken römischen Stadt, schmale mittelalterliche Straßen und ein altes Schloss – in Vaison-la-Romaine hat die Geschichte Spuren hinterlassen. Darüber hinaus bietet das Städtchen dienstags den größten Markt der Provence und im Sommer Theater-, Musik- und Tanzfestivals.

Viele Jahrhunderte lang hieß der Ort schlicht Vaison. Den zweiten Namensteil erhielt er erst Anfang des 20. Jahrhunderts, als man unter den Straßen der Unterstadt antike Überreste entdeckte. Eine römische Stadt hatte hier einst ein 60 bis 70 Hektar großes Gebiet bedeckt. Nur wenige Hektar davon wurden bis heute freigelegt, der Rest liegt noch unter der modernen Stadt verborgen. Die Ausgrabungen sind besonders bemerkenswert, weil hier nicht wie in Arles oder Orange einzelne Wahrzeichen, sondern ganze Straßen mit Läden und Wohnhäusern zum Vorschein kamen. Sie vermitteln einen Eindruck vom Alltag in einer römischen Stadt. Zwei Viertel – die größte archäologische Stätte Frankreichs – stehen Besuchern offen: Puymin beginnt direkt am Touristenbüro, La Villasse liegt näher am Fluss.

Beginnen Sie Ihren Rundgang im schattigen **Quartier du Puymin**, wo Sie ein Ticket für beide Teile erwerben sollten. Wenden Sie sich nach rechts, und schauen Sie sich zunächst das **Haus des mit Lorbeer bekrönten Apoll** an, das nach einem hier aufgefundenen Apollonkopf benannt wurde. Auf dem Hügel zeigt das **Musée Théo Desplans** Skulpturen, Mosaiken und andere vor

Ort entdeckte Objekte. Das ebenfalls sehenswerte **Théâtre Antique** aus dem 1. Jahrhundert bot mit einem Durchmesser von 96 Metern Platz für 6000 Zuschauer. Von der Bühne blieb lediglich die Rückwand original erhalten. Am Fuß der Mauer sieht man noch die Stellen, an denen sich die drei Zugänge für die Schauspieler befanden. Seit den 1930er Jahren finden im Sommer in dem Theater Konzerte statt. In der Nähe des Theaters können Sie ferner Überreste eines Tempels, ein Handwerksviertel und eine Villa besichtigen.

Das **Quartier de La Villesse** umfasst die Rue des Boutiques (Ladenstraße). Sie war mit großen Kalksteinblöcken gepflastert, auf denen Pferdewagen gut vorankamen. Unter dem Pflaster verlief die Kanalisation. Das **Haus der Silberbüste** ist mit einer Grundfläche von 0,5 Hektar das größte bislang freigelegte Gebäude. Die angrenzenden Thermen stammen aus den Jahren 10 bis 20 v. Chr.

Mittelalterliches Vaison

Überqueren Sie die 2000 Jahre alte römische Brücke, die im Laufe der Zeit viele Hochwasser überdauert hat, und besichtigen Sie die wunderschön restaurierte **Oberstadt**. Im Mittelalter suchten die Bewohner von Vaison hier Schutz vor plündernden Horden und verschanzten sich hinter dicken Stadtmauern in einer Festung. Man betritt sie heute durch die *porte* mit Torturm aus dem 14. Jahrhundert. Schmale Kopfsteinpflastergassen ziehen sich den Hügel hinauf. Überall

Von der am Hang gelegenen Oberstadt blickt man auf die Unterstadt

lugen Blumen und Gärtchen hervor, was der Besichtigung einen zusätzlichen Reiz verleiht. Durch die Rue de l'Évêque zur Linken gelangt man zu den Ruinen der 1192 von Raymond V, dem Grafen von Toulouse, erbauten **Burg**. Sie können sie nur im Rahmen einer Führung besuchen. Vom Burghof blickt man über das Ouvèze-Tal.

Auch in der Unterstadt finden sich mittelalterliche Überreste. Die **Cathédrale Notre-Dame de Nazareth** *(wenn Sie vom Quartier de la Villasse zum Fluss gehen, liegt die Kirche auf der rechten Seite)* stand einst im Herzen eines seit langem verschwundenen Dorfes. Mit ihren Bögen und den aus Überresten römischer Häuser erbauten Mauern ist sie ein schönes Beispiel romanischer Architektur in der Provence. Beachten Sie den weißen Marmoraltar mit Blätterornat. Hinter der Kirche lädt ein kleiner Kreuzgang mit Olivenbaum und vier von Säulen getragenen Galerien mit Blattkapitellen aus dem 11. Jahrhundert zum Verweilen ein. ■

Markttag
Di

Vaison-la-Romaine
🅰 46 C3
Besucherinformation
✉ Place du Chanoine-Sautel
☎ 04 90 36 02 11
www.vaison-la-romaine.com

Quartiers du Puymin et de La Villasse
💲 €€€ (inkl. Eintritt in Kloster und Kathedrale)

Cathédrale Notre-Dame-de-Nazareth
✉ Place de la Cathédrale

Rundfahrt: Durch die Dentelles

Dentelles nennt man in Frankreich Klöppelspitzen. An sie erinnert der Kalkstein-höhenzug der Dentelles de Montmirail. Die Tour führt durch typische Landschaften der Provence: mit Weinfeldern und einsam gelegenen Hügeldörfern.

Verlassen Sie die Unterstadt von **Vaison-la-Romaine** ❶ (siehe S. 66f) über die römische Brücke, und biegen Sie links auf die D938 ab. Gleich hinter dem Weiler Crestet müssen Sie sich rechts halten und drei Kilometer auf der D76 zur Hügelstadt **Le Crestet** ❷ fahren. Parken Sie am Fuß der Stadt, und gehen Sie zu Fuß weiter. Die Kirche **St-Sauveur** aus dem 11. Jh. lohnt einen Besuch. Gleiches gilt für die Ruinen einer alten Burg aus dem 12. Jh. oben auf dem Hügel, in der einst die Bischöfe von Vaison residierten. Fahren Sie auf der D938 weiter nach Malaucène. Von dort führt die D90 ins neun Kilometer entfernte Suzette. Auf halber Strecke passieren Sie den **Col de la Chaîne**. Die Straße zieht sich nun hinauf in die Dentelles und gibt Blicke auf die fein gezackten Kalksteingipfel frei. Wegweiser zu *caveaux* und *dégustations* zeigen an, dass

NICHT VERSÄUMEN:

Blick von Le Creset • Gigondas • Séguret

Sie sich **Suzette** ❸ nähern. Das Dorf lohnt den Besuch vor allem wegen der großartigen Aussicht auf die Berge.

Die D90 führt nun durch das winzige Lafare nach **Beaumes-de-Venise** ❹. Das Städtchen ist für seinen Muscat berühmt, den man kühl zum Aperitif trinkt und den Sie in mehreren Weinkellern kosten können. Auch die **Vignerons de Beaumes de Venise** *(Quartier Ravel, Rte. de Carpentras, Tel. 04 90 12 41 00 228, www.beaumes-de-venise.com)* außerhalb der Stadt in Richtung Vacqueyras bieten Weinproben an. Erwähnung verdient die **Cathédrale Notre-Dame-d'Aubune** an der Straße zu den Vignerons. Die Kirche wurde im 8. Jh. erbaut,

Weingärten prägen die Landschaft der Dentelles

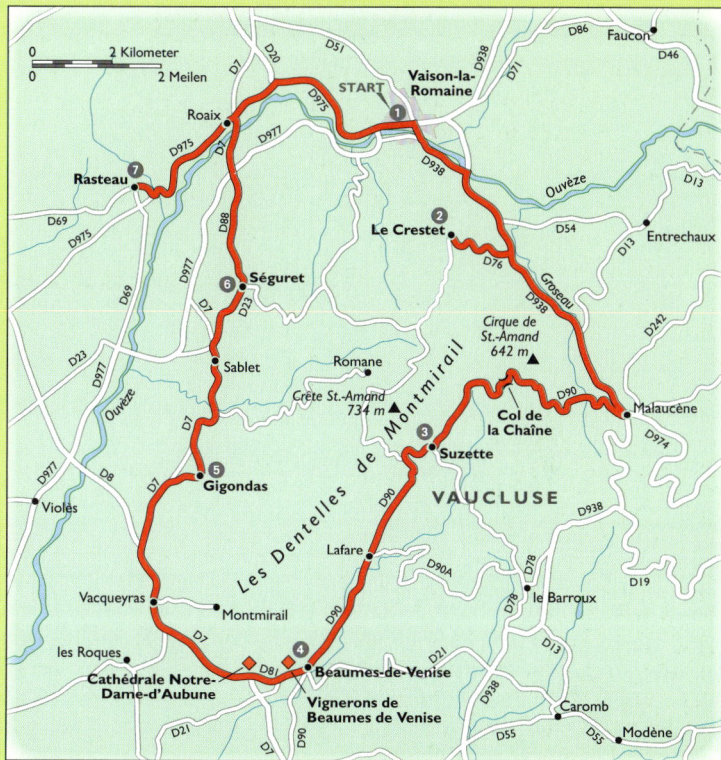

um den Sieg der Franzosen über die Mauren zu feiern. Der ungewöhnliche Turm kam im 13. Jahrhundert hinzu.

Die Tour führt weiter über die D81 und die D8 durch die Ebene. **Vacqueyras** wurde im 15. Jahrhundert befestigt. Kurze Zeit später gelangen Sie an die Abzweigung nach **Gigondas** ❺, wo ein weltberühmter kräftiger Wein gekeltert wird. Einige Cafés und die obligatorischen Weinstuben säumen die schattige **Place Gabriel Andéol** im Zentrum des Ortes. Stellen Sie Ihr Auto ab, und bummeln Sie zur Kirche Ste-Catherine mit einer Fassade aus dem 14. Jh.

Nach wenigen Kilometern gelangen Sie zum Hügelörtchen **Séguret** ❻, das mit Fug und Recht zu den schönsten Dörfern Frankreichs gezählt wird. Kopfsteinpflaster-

⛰	Siehe Karte S. 46
▶	Vaison-la-Romaine
↔	65 km
⊕	Ein halber Tag
▶	Vaison-la-Romaine

straßen ziehen sich an alten Häusern entlang, in denen heute Restaurants, Galerien und Weinstuben auf Besucher warten. Ein kleiner Abstecher über die D8, die D977 und die D60 führt nach **Rasteau** ❼. Das dortige **Musée du Vigneron** (Rte. Roaix, Tel. 04 90 83 71 79, geschl. Di und So , €) präsentiert über 2500 Winzergeräte. In der angrenzenden **Domaine de Beaurenard** können Sie noch ein letztes Mal Weine verkosten, bevor es zurück nach Vaison-la-Romaine geht.

Orange

Das besterhaltene römische Theater Europas ragt mitten in der Altstadt von Orange empor und erinnert an die bedeutende Kolonie, die die Römer hier 35 v. Chr. gründeten. Ein prächtiger Triumphbogen, Statuen, Mosaiken und Tongefäße zeugen von glanzvollen Zeiten in der Antike.

Unter der Herrschaft von Kaiser Augustus gründeten die Römer eine Kolonie und siedelten dort Veteranen aus der zweiten gallischen Legion an. Diese bebauten das Land und genossen das ruhige Leben. Die Colonia Firma Julia Secundanorum Arausio war nach dem üblichen Muster römischer Städte angelegt – den Mittelpunkt bildete ein Forum, es gab Tempel und ein Theater. Die Straßen folgten dem ebenfalls gängigen Schachbrettmuster.

Das antike Theater

Das römische Theater erhebt sich inmitten des alten Stadtkerns. Das Monument aus honigfarbenem Stein ist in gutem Zustand und umfasst eine 103 Meter lange Bühnenwand, Ränge für die Zuschauer sowie Lagerräume im Untergeschoss.

Mit dem Niedergang des Römischen Reiches im 4. Jahrhundert wurde das Theater geschlossen. Im Mittelalter nutzte man es als Verteidigungsposten und während der Religionskriege im 16. Jahrhundert war es ein Zufluchtsort. Unter der Leitung des Direktors für historische Denkmäler wurde im 19. Jahrhundert mit der umfangreichen Restauration des Bauwerks begonnen, sodass es heute wieder im alten Glanz erstrahlt.

Leihen Sie sich einen Audioführer aus, und begeben Sie sich

zum Fuß der Bühne. Die halb-
kreisförmig angeordneten Ränge
boten bis zu 10 000 Personen
Platz. Zur Zeit der Römer gliederte sich die Bühnenwand in
mehrere Ebenen, teils mit Marmor verkleidet. Der Schall wurde
vom Hügel hinter den Rängen
reflektiert – an der perfekten
Akustik hat sich bis heute nichts
geändert. Säulen, Steinquader
und Nischen für Statuen zieren
die Wand. Die einzige Original-
statue – ein Standbild des Augustus – steht in der zentralen
Nische. Natürlich können Sie die
Ränge hinaufsteigen und den
Blick auf die Stadt genießen.

Musée Municipal und Altstadt

Das städtische Museum ist in
einem *hôtel particulier* aus dem
17. Jahrhundert untergebracht,
das einst einem holländischen
Adligen gehörte. Es dokumentiert die Geschichte der Stadt.

Besonders interessant sind
die Marmortafeln mit Kataster-
angaben, die wertvolle Informationen über die römische Land-
vergabepraxis liefern – man weiß
heute, dass die Veteranen das
fruchtbare Land erhielten, während die Einheimischen sich mit
dem Rest begnügen mussten.

Das Obergeschoss ist der
neueren Geschichte der Stadt
gewidmet. Eine Abteilung beschäftigt sich mit Wilhelm I. von
Oranien (1533–84). 1544 erbte
Wilhelm, der später den Frei-
heitskampf der Niederlande gegen Spanien anführte, das südfranzösische Fürstentum Orange
(Oranien). Wilhelm ist ein Ahne
Wilhelms III. von England, aber
auch der heutigen niederländi-

Indiennes

Die typischen Baumwollstoffe
der Provence kommen
ursprünglich gar nicht aus der
Gegend. Holländer und Portu-
giesen führten sie im 17. Jahrhundert aus Indien ein (daher
die Bezeichnung *indiennes*).
Die Stoffe waren bald in ganz
Frankreich und sogar am Hof
des Sonnenkönigs beliebt. Um
1770 begann man in heimi-
schen Manufakturen selbst
Baumwollstoffe herzustellen
und bedruckte sie mit für Südfrankreich typischen Motiven
wie Sonnenblumen, Mohn und
Oliven. Die Stoffe wurden
handgefertigt und mit Natur-
farben aus Pflanzen und Mine-
ralien gefärbt. Heute stammen
sie aus industrieller Fertigung,
sind aber dennoch sehr schön.

Im 17. Jahrhundert
kamen bunt be-
druckte Baumwoll-
stoffe aus Indien in
die Provence

schen Königsfamilie. In einem der interessantesten Säle des Museums hängen fünf Gemälde von 1764, die einst die Maison Wetter in Orange zierten. Sie zeigen die Geschichte und Herstellung von *indiennes*, den typischen provenzalischen Stoffen, die heute jeder kennt (siehe S. 71).

Versäumen Sie nicht, den **Hügel St-Eutrope** hinter dem Theater hinaufzusteigen, um den Ausblick zu genießen. Hier liegen auch die Ruinen des Schlosses, das die

RÖMISCHES THEATER

Orchestra

Zuschauerraum (bis zu 10 000 Plätze)

Seit Jahrhunderten wird die Bühne des antiken Theaters für Aufführungen genutzt

Familie von Oranien-Nassau einst erbaute. Gehen Sie dann die Rue Victor Hugo hinauf, deren Verlauf einer alten römischen Straße folgt, und bewundern Sie den **Triumphbogen**, der um 20 v. Chr. erbaut wurde, um die Siege der 2. gallischen Legion zu feiern. Leider herrscht rund um den Bogen meist viel Verkehr.

Rund um die Kirche

Orange bietet natürlich noch mehr als römische Ruinen. Die restaurierte **Église Notre-Dame-de-Nazareth** aus dem Jahr 519 wurde im 12. Jahrhundert im typisch romanischen Stil erneuert. Schlendern Sie von der Kirche aus durch kleine Straßen wie die Rue de la République oder die Rue St-Martin mit alten Stadthäusern in Pastellfarben, in denen heute Restaurants, Cafés und kleine Läden untergebracht sind. ∎

Église Notre-Dame-de-Nazareth

✉ Rue Notre-Dame

Bühnenwand

...sstatue

Hölzerne Bühne

Basiliken

Römische Alltagskultur

Die Römer hinterließen in der Provence zahlreiche Bauwerke, die einen Eindruck davon vermitteln, wie sich das Leben vor 2000 Jahren gestaltete. Heute wissen wir recht gut, wie die Wohnungen der Römer aussahen, welche Kleider sie trugen und was sie aßen und tranken.

Villen

Die solide gebauten Landhäuser der Oberschicht blieben weitaus häufiger erhalten als die Wohnviertel der einfachen Leute. Sie bestanden aus einem Komplex von Räumen und offenen Bereichen, in denen Brunnen sprudelten, Statuen den Weg säumten und Wandbehänge einzelne Abschnitte voneinander trennten. Portiken und Kolonnaden gehörten zum äußeren Dekor, während das Innere reich mit Teppichen, Wandschmuck, Möbeln und Kunstobjekten

ausgestattet war. Die Küche befand sich oft auf der kühleren Nordseite des Hauses. Fließendes Wasser im Haus war ein Luxus, den nur wenige Römer sich leisten konnten. Das Abwasser floss durch eine Rinne in die Kloake der Stadt.

Essen & Trinken

Gelage, wie wir sie aus Filmen über die Römerzeit kennen, konnten sich damals nur wenige Menschen leisten. In der Regel nahm man ein leichtes Frühstück (*ientaculum*) und Mittagessen (*prandium*) mit Brot und Beilagen zu sich. Die Hauptmahlzeit des Tages (*cena*) fand am Spätnachmittag statt. Sie bestand aus meist kalten Speisen wie Salat, Bohnen, Linsen, Oliven und Käse, dazu gab es Brot. Zu besonderen Anlässen servierte man Schweinezitzen oder mit Wurst gefüllte Lammkaldaunen.

Bäder

Der tägliche Gang ins öffentliche Bad brachte im meist heißen Klima des Südens nicht nur Abkühlung, sondern diente auch als Anlass, sich zu treffen. Zuerst badeten stets die Frauen, anschließend die Männer. Dabei zog man sich zunächst aus und machte im Hof gymnastische Übungen. Dann schwamm man in einem mit kühlem Wasser gefüllten Becken (*natatio*). Es folgte das *tepidarium* (Wärmeraum), in dem die Badenden sich aufwärmten. Im *caldarium*, dem heißen Bad, wärmte man sich anschließend weiter auf, um dann im *laconicum* tüchtig zu schwitzen, einem Raum mit Marmorboden, in dem starke trockene Hitze herrschte. Der Schweiß wurde mit bronzenen Schabern abgewischt, dann folgte die Abkühlung im *frigidarium*, damit sich die Poren wieder schlossen. Man rieb sich mit Öl ein, und wer es sich leisten konnte, gönnte sich noch eine Massage.

Mode

Die Kleidung der Römer sollte stets Rückschlüsse auf die soziale Zugehörigkeit erlauben. Sklaven und Arbeiter trugen schlichte Tuniken. Generäle trugen eine besondere Tracht. Nur Männer, die römische Bürger waren, durften eine Toga tragen – ein halbkreisförmiges Stück Stoff, das man über den Schultern drapierte. Eine gewöhnliche Toga bestand aus weißem Wollstoff. In den Tagen der Republik bleichten Männer, die gewählt werden wollten, häufig ihre Togen, daher die Bezeichnung *candidatus*, was eigentlich „besonders weiß" bedeutet. Eine purpurrote Toga mit goldener Borte zeichnete den Kaiser aus. Frauen zogen über die Tunika eine *stola*, die sie mit Broschen befestigten.

Ruinen eines römischen Bades in Glanum bei St-Rémy-de-Provence

Bei Winzerfesten
huldigt man dem
Wein, der die Region
berühmt gemacht
hat

Markttag
Fr

Châteauneuf-du-Pape

Nördlich von Avignon dehnt sich am Ostufer der Rhône das 2800 Hektar große Weinbaugebiet des Châteauneuf-du-Pape aus. Die edlen, körperreichen Rotweine sind in der ganzen Welt berühmt. Das gleichnamige Hügeldorf im Zentrum der Region mit seinen mittelalterlichen Häusern ist ein typischer Winzerort.

Châteauneuf-du-Pape

🗺 46 B3

Besucher-information

✉ Place du Portail
☎ 04 90 83 71 08
🕐 Geschl. So u. Mi

www.ccpro.fr

1308 ließ Papst Clemens V. hier die ersten Weinstöcke pflanzen. Zum Weinbaugebiet entwickelte sich die Region, als Johannes XXII. zwischen 1318 und 1333 hier seine Sommerresidenz errichtete und auf den Feldern Wein anzubauen begann. Vermutlich war sich Johannes gar nicht im Klaren darüber, welch günstige geologische Voraussetzungen dort für den Weinbau herrschten. Die Erde besteht aus rostroten Kieseln auf cremefarbenem Grund. Die Steine absorbieren tagsüber Wärme und geben sie noch lange ab. Dadurch reifen die Trauben besonders gleichmäßig und gut und ergeben den berühmten kräftigen und körperreichen Wein.

Die Lese *(vendange)* findet alljährlich im September statt

Qualitätskontrollen

Châteauneuf-du-Pape erhielt als erste Weinregion eine eigene appellation d'origine contrôlée, ein Label, das in Frankreich strikten Qualitätskontrollen unterliegt. Baron Le Roy de Boiseaumarié, ein bekannter Winzer vor Ort, schlug dafür eine klare geographische Begrenzung und Minimalstandards vor, die alle Châteauneuf-du-Pape-Weine erfüllen müssen. 1929 erhielten die Winzer des Gebietes das Exklusivrecht, ihre Côtes-du-Rhône-Weine unter diesem Label zu vermarkten. Daraus entwickelte sich das heutige Bewertungssystem für Qualitätsweine.

Weinproben

Wenn Sie ein ganz bestimmtes Weingut besuchen wollen, sollten Sie unbedingt vorher telefonisch einen Termin vereinbaren. Die örtlichen Touristenbüros informieren über das Angebot in ihrer Region.

Châteauneuf-du-Pape besteht aus einem Verschnitt von maximal 13 Traubensorten, doch nur wenige Winzer schöpfen diese Fülle aus.

Der Ort

In dem gut erhaltenen mittelalterlichen Städtchen laden zahlreiche Weinkeller zu Proben ein. Beginnen Sie Ihren Rundgang an der Place de la Fontaine. Sie können auch eine Pause bei **Vinadéa** einlegen, einem Großhändler, der 80 Weingüter vertritt *(8, rue Maréchal Foch, Tel. 04 90 83 70 69, www.vinadea.com)*. Schmale Straßen führen hinauf zum päpstlichen Schloss, dem

Château du Pape. Viel ist nicht mehr erhalten, denn bereits 1562, während der Religionskriege, fielen protestantische Truppen dort plündernd ein. Die Ruine ragt malerisch über den Weinbergen. Es gibt nur ein kleines Museum in der Stadt, das **Musée des Outils de Vignerons** *(Le clos, Tel. 04 90 83 70 07, www.brotte.com)*, das Werkzeuge der Weinbauern und Keltern zeigt. ∎

Musée des Outils de Vignerons

✉ Le clos
☎ 04 90 83 70 07

www.brotte.com

Weitere Sehenswürdigkeiten

Carpentras

Im quirligen Carpentras lohnt sich ein Besuch des mittelalterlichen Stadtkerns. Interessant ist die älteste **Synagoge** Frankreichs aus dem 14. Jahrhundert am Rathausplatz. Von außen wirkt sie eher nüchtern, innen ist jedoch vor allem der Gebetsraum reich mit Vergoldun-

Markttag in Carpentras

gen, jadegrünem Gebälk und einer nachtblauen Decke mit goldenen Sternen verziert. Jedes Jahr am 27. November beginnt die Trüffelsaison. Und auf dem Place Aristide Briand wird jeden Freitag einer der größten Märkte der Provence abgehalten.
46 C2 Office de Tourisme ⊠ 97 Place du 25 Août 1944 ☎ 04 90 63 00 78, www.carpentras-ventoux.com

Cavaillon

Das lebendige Städtchen ist berühmt für Cantaloupe-Melonen, die Charles VIII hier erstmals während der Italienkriege anbauen ließ. Frische Melonen gibt es zwischen Mai und September, und bei einem Fest Mitte Juli dreht sich alles um die süße Frucht. Vor langer Zeit war Cavaillon einmal ein bedeutender römischer Stützpunkt. Man entdeckte hier Münzen und einen Altar zu Ehren Merkurs. Die Fundstücke kann man heute im **Archäologischen Museum** bewundern *(Hôtel Dieu Porte d'Avignon, Tel. 04 90 76 00 34, www.musee-archeologique.org, geschl. Nov.–April, €, Kombiticket mit dem Jüdischen Museum)*. An der Place François Tourel vor dem Touristenbüro steht noch ein römischer Bogen. Hier befinden sich auch die **Cathédrale St-Véran** aus dem 12. Jahrhundert sowie eine schöne Synagoge (1772–74) mit dem angeschlossenen **Musée Juif Comtadin** *(Jüdisches Musem, Rue Hébraïque, Tel. 04 90 76 00 34, www.cavaillon.org, geschl. Di u. Nov.-April So, €)*. 46 C2 **Office de Tourisme de Cavaillon** ⊠ Place François Tourel ☎ 04 90 71 32 01, www.cavaillon-luberon.com

Mont Ventoux

Der italienische Dichter Francesco Petrarca bestieg 1336 den Mont Ventoux. Als er oben ankam, blieb er nach eigenen Aussagen «stumm und starr stehen, betört von der außergewöhnlich klaren Luft und dem phantastischen Ausblick». Heutzutage windet sich eine schmale, kurvenreiche Straße zum Gipfel empor, die zu den Standardetappen der Tour de France gehört. Unten dehnen sich Weinberge und Lavendelfelder aus, dann folgen Buchen- und Zedernwälder, die wiederum Kiefern weichen. Der 1909 Meter hohe Gipfel ist kahl und liegt mindestens sechs Monate im Jahr

WEITERE SEHENSWÜRDIGKEITEN

unter einer Schneedecke. Fast immer weht hier ein scharfer Wind. 1990 erklärte die Unesco einen Großteil des Berges zum Biosphärenreservat. Die Hauptstrecke zum Gipfel (D974) führt über **Malaucène**. In dem Städtchen mit einer Kirche aus dem 14. Jahrhundert und einem historischen Kern ist immer viel los. Sie können aber auch südlich von Malaucène vor Le Barroux auf die kleinere und reizvollere D19 abbiegen.

Musée de la Lavande

Polierte Destillierapparate aus Kupfer, Flakons und alte Werbeschilder gehören zum Inventar des Lavendelmuseums in Coustellet. Ein Video mit englischen Untertiteln informiert über An- und Abbau der Pflanze. Mit Unterstützung einer Audioführung können Sie anschließend die Schaukästen studieren. Ganz zum Schluss können Sie im Souvenirladen Mitbringsel erstehen.
46 C2 ✉ Rte. de Gordes, Coustellet ☎ 04 90 76 91 23, www.museedelalavande. com 💲 €€

Pernes-les-Fontaines

Das friedliche mittelalterliche Städtchen war einst ein Hauptort des Comtat-Venaissin. Allenthalben stößt man auf Brunnen: Insgesamt 36 Stück blieben aus dem 18. Jahrhundert erhalten. Unweit der Kapelle Notre-Dame-des-Grâces steht die in die Stadtmauer integrierte, barocke **Fontaine du Cormoran**. Ihr Name bezieht sich auf die Brunnenskulptur, einen Kormoran. Aufpassen sollten Sie bei der Fontaine de la Lune – angeblich wird man verrückt, wenn man von ihrem Wasser trinkt. 46 C3 **Office de Tourisme** ✉ Place Gabriel Moutte ☎ 04 90 61 31 04, www.tourisme.pernes.fr

Sault

Sault liegt im Herzen der Region und bietet in den Sommermonaten eine Vielzahl an Aktivitäten, die mit dem Lavendel zu tun haben. In der **Ferme aux Lavandes** (*Rte. du Mont Ventoux, Tel. 04 90 64 00 24, www.la-ferme-aux-lavandes. com, nur mit Führung*) erfahren Sie alles

Landaufteilung in der Provence

Die Verteilung der Felder gestaltete sich in der Provence unter dem Einfluss der Römer ganz anders als in Nordfrankreich. Während dort in der Regel Hecken oder Steinmauern die Felder begrenzen oder aber große, offene Flächen nebeneinander liegen, sind die Parzellen in der Provence meistens klein und wirken wie ein bunter Flickenteppich.

Die Römer teilten die Provence in Parzellen, so genannte centuriae, und schufen damit – genau wie mit der für sie typischen Straßenverteilung in den Städten – bleibende Muster. Da nach römischem Erbrecht jeder Sohn den gleichen Anteil des Landes erbte, wurden die Felder im Laufe der Zeit immer kleiner.

Auch das Ackergerät trug zum typischen Landschaftsbild der Region bei. Seit der Römerzeit bearbeitete man die Felder im Sü-

den mit dem kleinen, leichten aratrum (Pflug), der eine Furche in den Boden zog, ohne diesen umzugraben. Diese Bearbeitungsweise eignete sich besonders für sandige, steinige Böden. Ein Zugtier reichte aus – auch dies war ein Vorteil auf kleinen Feldern, die oft an Hügeln lagen.

Begrenzungsmauern waren nicht nötig, da das Gesetz die Regeln klar vorschrieb und die Römer auch für ihre Einhaltung sorgten.

Schließlich fällt noch auf, dass in der Provence auf vielen Feldern Bäume wachsen. Die Römer pflanzten Oliven- und Obstbäume in Gruppen mitten auf den Feldern und sorgten so für einen schattigen Ort, an dem man sich bei großer Hitze ausruhen oder Wasservorräte lagern konnte. Die Oliven- und Zypressenhaine der Provence inspirieren seit Jahrhunderten Künstler.

Auf dem Blumenmarkt von Sault kann man Lavendel und andere Trockenblumen kaufen

über die Pflanze und ihren Anbau.
 46 D3 **Office de Tourisme** ✉ Ave.
de la Promenade ☎ 04 90 64 01 21,
www.saultenprovence.com

Vénasque

Das ruhige Hügelstädtchen auf einem
Felsvorsprung herrschte einst über die
Region. Während der Sarazeneneinfälle
im Mittelalter zogen sich die Bischöfe
von Carpentras in den strategisch wichtigen Ort zurück. Dies erklärt die außergewöhnliche Häufung mittelalterlicher
und sakraler Gebäude. Halten Sie Ausschau nach der Kirche **Notre-Dame** *(am
nördlichsten Punkt des Felsvorsprungs).* Das
gut erhaltene Baptisterium aus dem 6.
Jh. gehört zu den ältesten Sakralbauten
Frankreichs.  46 C3 **Office de Tourisme** ✉ Grand Rue ☎ 04 90 66 11
66www.tourisme-venasque.com

Villeneuve-lez-Avignon

Im Jahre 1307 ließ König Philippe Le Bel
eine Burg an der Rhône dem Papstpalast
gegenüber errichten, um die bald eine
neue Stadt *(ville neuve)* entstand. Nicht
nur der Einfluss der Päpste wuchs, son-

dern auch der Wachturm des Königs,
die **Tour Philippe Le Bel** *(Rue Montée de
la Tour, Tel. 04 32 70 08 57, geschl. Mo u.
Dez. bis Feb., €)*. Im Stadtzentrum sollten
Sie den Kreuzgang der **Église de Notre-
Dame** aus dem 14. Jahrhundert anschauen. Das **Musée Pierre de Luxem-
bourg** *(2, rue de la République, Tel. 04 90
27 49 66, geschl. Mo , €)* befindet sich
ganz in der Nähe. Auf vier Stockwerken
können Sie hier Kunstwerke besichtigen.
In der gleichen Straße befindet sich auch
die **Chartreuse du Val de Bénédiction**
*(Rue de la République, Tel. 04 90 15 24 24,
€€)*, einst die größte Kartause Frankreichs. Hoch über dem Ort ragt die Festung Fort St-André *(Rue Montée du Fort,
Festung: Tel. 0490 25 45 35, www.abbaye-
saint-andre.com, geschl. Okt.–März u. Mo,
Turm €€; Abtei: Tel. 04 90 25 55 95, Besichtigung auf Anfrage, €€)*. Von ihr hat
man einen wunderbaren Blick auf Avignon. Im Innern liegen die Überreste der
Abbaye St-André. Erhalten blieb eine
winzige romanische Kapelle inmitten ei-
nes Gartens.  46 B2 Office de Tourisme ✉ Place Charles David ☎ 04 90 25
61 33, www.villeneuvelezavignon.fr

Kalksteinberge, wogende Kornfelder, Strände, mittelalterliche Städte und die vogelreichen Marschen der Camargue machen den landschaftlichen Reiz dieser in ihrer Vielfalt typischen Gegend der Provence aus

Entlang der Rhône nach Süden

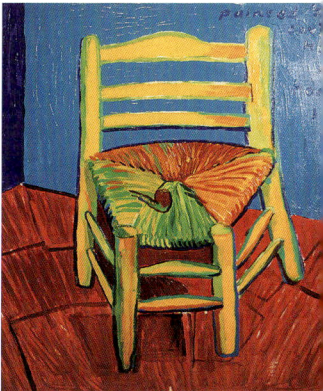

Van Goghs berühmter Stuhl

Entlang der Rhône nach Süden

Südlich von Avignon wird die Rhône immer breiter, je näher sie dem Mittelmeer kommt. Die Region zeichnet sich durch eine abwechslungsreiche Landschaft und eine lange Besiedlungsgeschichte aus. Bereits vor über einer Million Jahren lebten an den Ufern des Flusses Menschen. Später ließen sich die Römer hier nieder und bauten die Keimzellen der heutigen Städte Nîmes, Arles und St-Rémy. Weltweit bekannt wurde die Gegend aber erst durch Vincent van Gogh.

In Nîmes stehen einige hervorragend erhaltene Überreste aus der Römerzeit, etwa das Amphitheater und die Maison Carrée, ein wunderschöner Tempel, der sich einst zwischen anderen wichtigen Gebäuden am Forum erhob. Heute sorgen in der südfranzösischen Stadt Stierkämpfe und Flamencomusik für spanisches Flair. In der Nähe befindet sich der römische Aquädukt Pont du Gard.

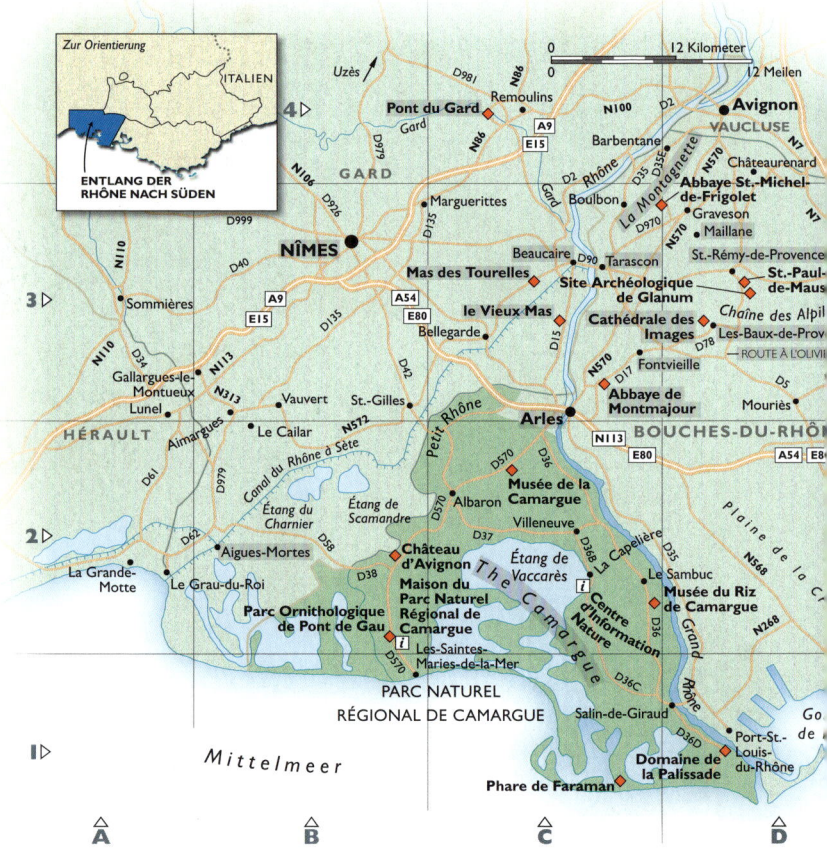

NICHT VERSÄUMEN:

Die alte Römerstadt Nîmes wartet mit historischen Monumenten und reizvollen Straßencafés auf

Südlich von Nîmes wird das Land im Rhônedelta sumpfig. Hier dehnen sich die Marschen der Camargue aus, auf denen französische Viehhirten (*gardians*) Wildpferde und Stiere hüten. Für Vogelliebhaber ist die Camargue ein Paradies, denn hier nisten Millionen von Vögeln, unter anderem Rosaflamingos.

Arles zählt mit seinen mittelalterlichen Straßen zu den schönsten Städten der Provence. Einst lebten hier Römer, und die von ihnen errichteten Monumente überdauerten die Zeiten, vor allem die Arena. Nördlich von Arles liegt Les Baux, ein Stützpunkt mittelalterlicher Potentaten und eine der heutigen Hauptattraktionen der Provence. Von den Überresten der Festung, die strategisch günstig hoch oben auf einem Felssporn thronte, blickt man weit über Felder und Berge.

Weniger bekannt und daher touristisch auch kaum erschlossen ist die Montagnette („kleines Gebirge") nördlich von Tarascon. Hier kann man durch Wälder wandern, mittelalterliche Städte und eine Abtei besichtigen.

In der nahe gelegenen Ebene liegt das Städtchen St-Rémy, wo Vincent van Gogh in der Nervenheilanstalt einsaß und zahlreiche Meisterwerke schuf. Bekannt war der Ort bereits bei den Römern, die in Glanum Thermen hinterließen. Heute laden in dem reizvollen Marktflecken St-Rémy zahlreiche in historischen Gebäuden untergebrachte Läden zum Bummeln ein. ■

Nîmes

Markttag
Tägl.

Nîmes
🅰 82 B3
**Besucher-
information**
✉ Office de Tou-
risme, 6, rue
Auguste
☎ 04 66 58 38 00
www.ot-nimes.fr

**Musée Archéo-
logique**
✉ 13 bis, blvd.
Amiral Courbet
☎ 04 66 76 74 80
🕐 Geschl. Mo

Les Arènes
✉ Place des
Arènes
💲 €€

Mit dem Kombi-
ticket Nîmes Ro-
maine (€€) ver-
günstigter Eintritt
zu den Arènes, der
Maison Carée und
dem großen Rund-
gang (Tour Magne)

Die meisten Besucher kommen nach Nîmes, um Monumente aus der Römerzeit zu besichtigen, doch die Altstadt bietet weitaus mehr. Im Jahre 30 v. Chr. gründeten die Römer hier eine Kolonie, die sie auf den Namen des Flussgottes Nemausus tauften. Unter Kaiser Augustus war der Ort ein bedeutendes Handelszentrum. Viele Bauwerke erinnern noch an diese Blütezeit, vor allem das am besten erhaltene Amphitheater der Welt, die Maison Carrée.

Nîmes gehört zur Provinz Languedoc-Roussillon, die Atmosphäre der Stadt mit farbenfrohen Terrassencafés ist jedoch typisch provenzalisch. Dazu kommt ein wenig spanisches Feuer, vor allem, wenn während der Stierkampfsaison im Amphitheater die *corridas* stattfinden. Der historische Kern liegt in einem von den Boulevards Gambetta, Victor Hugo und Libération / Amiral Courbet begrenzten Dreieck.

Nur an wenigen Stätten gibt es Erläuterungen zum historischen Kontext. Deshalb lohnt sich ein Abstecher ins **Musée Archéologique**, das über die Vergangenheit informiert und vor Ort gefundene Statuen, Sarkophage, Münzen, Mosaiken und Tongefäße präsentiert.

Die meisten Besucher gehen zunächst zu den mächtigen **Arènes**, die sich am Südrand des Zentrums erheben. In dem Amphitheater aus dem 1. Jahrhundert fanden Gladiatorenkämpfe und andere Spiele statt. Der Boden war mit Sand (lat. *arena*, daher die Bezeichnung) gestreut, der das Blut der Getöteten aufsaugen sollte. Aus Käfigen unter der Tribüne brachte man Bären, Stiere und Tiger mit mechanischen Aufzügen zur Kampfbahn.

Die ohne Mörtel erbaute Arena von Nîmes ist in so gutem Zustand, dass hier nach wie vor Konzerte, Sportveranstaltungen und natürlich Stierkämpfe statt-

finden, Letztere in Form der spanischen *corrida*, bei der der Stier getötet wird, und als unblutige *course camarguaise* (siehe S. 90f).

Die Fassade gliedert sich in zwei Ebenen mit jeweils 60 Bögen und ein zusätzliches Attikageschoss, von dem jedoch nur wenig erhalten blieb. Ein ausgeklügeltes System von Gängen und Treppen sorgte dafür, dass die gesamte Arena mit 34 Sitzreihen, die 24 000 Zuschauern Platz boten, sich innerhalb weniger Minuten leeren konnte. Steigen Sie ganz nach oben, dorthin, wo früher Angehörige niederer Schichten saßen, und genießen Sie den Ausblick.

Nur wenige hundert Meter entfernt, befindet sich am Ende der Rue de l'Horloge die elegante **Maison Carrée**, das „viereckige Haus". Es wurde zwischen 3 und 5 n. Chr. aus Kalkstein nach dem Vorbild eines bei Rom gelegenen Apollotempels erbaut und blieb als einziges Gebäude

Maison Carrée

✉ Place de la
Maison Carrée

💲 €

Die Maison Carrée stand einst zwischen anderen wichtigen Gebäuden am Forum von Nîmes

**Carré d'Art –
Musée d'Art
Contemporain**

✉ Place de la
Maison Carrée

☎ 04 66 76 35 70

🕒 Geschl. Mo

💲 €€

**Jardin de la
Fontaine**

✉ Quai de la
Fontaine

**Cathédrale
Notre-Dame
et St-Castor**

✉ Place aux
Herbes

**Musée du Vieux
Nîmes**

✉ Place aux Her-
bes

☎ 04 66 76 73 70

🕒 Geschl. Mo
Führungen Sa
15 Uhr (in
französischer
Sprache)

Jeans aus Nîmes

Denim, der uramerikanische Jeansstoff, stammt eigentlich aus Frankreich, genauer gesagt aus Nîmes. Darauf weist schon der Name De-Nîmes – Denim – hin. Im 18. Jahrhundert lebte in der Stadt eine protestantische Mittelschicht, die sich auf Handel und Manufakturwesen verlegte. Unter anderem stellte man in Nîmes derbes Sackleinen (serge) her, das bei Arbeitern und Fischern sehr beliebt war. Irgendwann gelangte der Stoff über den Atlantik und wurde in Amerika für Kleidung von Sklaven verwendet. Als der bayerische Auswanderer Levi Strauss Mitte des 19. Jahrhunderts in San Francisco einen Laden mit Ausrüstungsgegenständen für Goldsucher eröffnete, kam er auf die Idee, aus dem strapazierfähigen Baumwollstoff robuste Hosen für die Digger schneidern zu lassen – die Denim-Jeans trat ihren Siegeszug an.

des ehemaligen Forums vollständig erhalten. Im Innern informieren Tafeln über die Geschichte des Tempels, außerdem können Sie ein Mosaik mit schwarzen Wellen aus dem 1. Jh. v. Chr. und römische Statuen bewundern.

Machen Sie einen Abstecher ins **Carré d'Art**, ein Museum für zeitgenössische Kunst, das oft als Centre Pompidou Südfrankreichs bezeichnet wird.

Die Römer bauten die Stadt rings um eine heilige Quelle, über die sie ein Heiligtum mit Tempel, Bädern und einem Theater errichteten. Überreste dieses Komplexes entdeckte man, als 1745 nordwestlich des histori-

schen Zentrums der **Jardin de la Fontaine** (Quellengarten) angelegt wurde. Hier können Sie zwischen Kiefern und Zedern an grünen Wasserbecken und Brunnen mit Marmornymphen entlangspazieren. Am Südende des Gartens steht der **Tempel der Diana**, der vermutlich auf das 2. Jahrhundert zurückgeht. Am Nordrand des Parks befindet sich auf dem Mont Cavalier das älteste römische Monument, die **Tour Magne** (€), die einst zur Stadtbefestigung gehörte.

Ebenfalls erhalten blieben zwei Stadttore, die **Porte de France**, an welcher der nach Spanien führende Teil der Via Domitia begann, und die **Porte d'Auguste** (*Blvd. Amiral Courbet*), die den Endpunkt der Via Domitia von Norden her bildete.

Die Altstadt

Die Altstadt umfasst ein malerisches Gewirr aus Fußgängerzonen, hübschen Plätzen, Brunnen und historischen Gebäuden mit Cafés, Restaurants und Läden. Folgen Sie der Grande Rue bis zur **Cathédrale Notre-Dame et St-Castor** (auch schlicht Cathédrale de Nîmes genannt). Papst Urban III. weihte die Kirche, die unterschiedliche Stilrichtungen vereint, im Jahre 1096.

Gleich nebenan befindet sich das kleine, aber feine **Musée du Vieux Nîmes**, das die Stadtgeschichte seit dem Mittelalter dokumentiert. Es hat seinen Sitz im früheren Bischofspalast aus dem späten 17. Jahrhundert und zeigt typische Interieurs alter Stadthäuser. Ein Raum widmet sich der Geschichte der Jeans. ■

Pont du Gard

Als die Römer Nîmes gründeten, gab es dort nicht genügend Wasser. Deshalb bauten sie ein 50 Kilometer langes Kanalsystem, über das Wasser aus Quellen bei Uzès floss. Eindrucksvollster Teil der Wasserleitung ist der bis heute erhaltene Pont du Gard. Die Römer selbst hielten den Aquädukt für ein Meisterwerk, das ihre kulturelle Überlegenheit anschaulich demonstrierte.

Der 275 Meter lange Pont du Gard umfasst drei Ebenen. Sechs Bögen spannen sich über den Fluss Gard, elf stützen die mittlere und 36 die obere Ebene, durch die das Wasser floss. Bis zu sechs Tonnen schwere Kalksteinblöcke wurden für den Bau zum Fluss transportiert, eine undankbare Arbeit, die Tausende von Soldaten und Sklaven leisteten. Errichtet wurde das Monumentalwerk um 19 v. Chr.

Stellen Sie Ihren Wagen auf dem Parkplatz am linken Ufer ab, und folgen Sie dem Weg zum Aquädukt. Sie können die Brücke auf der unteren Ebene überqueren. Am linken Ufer befindet sich auch ein **Informationszentrum**. Vor einiger Zeit wurde der Steinbruch freigegeben, aus dem die Quader für die Brücke stammen. Ein **Museum** *(€€)*, ein Kurzfilm *(€)* und eine Dokumentation für Kinder *(€€)* geben Einblicke ins Leben der Römer. Durch das bewaldete Ufer ziehen sich Pfade. An heißen Tagen können Sie im Fluss baden. ∎

Über den Pont du Gard flossen täglich 34,8 Millionen Liter Wasser in die römische Stadt. Heute spült er vor allem Geld in die Kassen, denn er gehört zu den Hauptattraktionen der Region

Hochwasser

Der Fluss Gardon, der im Sommer nicht sehr spektakulär wirkt, hat schon häufig schwere Hochwasserschäden angerichtet. 2002 zerstörte er das Museum, die Cafeteria und weite Uferbereiche. Der alte Aquädukt wurde allerdings noch nie dabei beschädigt.

Pont du Gard

🗺 82 C4

Besucherinformation

✉ Office de Tourisme du Pont du Gard, place des Grands Jours, Remoulins

☎ 04 66 37 22 34

Site du Pont du Gard

✉ Rte. du Pont du Gard

☎ 08 20 90 33 30 (0,12 Ct./Min.)

www.pontdugard.fr

💲 Parkplatz: €€

1892 wurde der Phare (Leuchtturm) de Faraman inmitten von Lagunen und Marschen erbaut

Die Camargue

Die Camargue
🅰 82 C1–C2
**Besucher-
information**
✉ Esplanade
   Charles de
   Gaulle, Arles
☎ 04 90 18 41 20
**www.tourisme.ville-
arles.fr**

Langhornrinder und weiße Pferde mit wehenden Mähnen galoppieren über die Wiesen der Camargue, eines Marschgebietes südlich der alten Stadt Arles. Die *gardians* (Viehhirten) der Camargue versehen ihren Dienst wie eh und je, treten aber auch bei Stierkämpfen auf. Die Camargue ist darüber hinaus ein Vogelparadies: Über 300 Arten leben hier, am berühmtesten sind die Rosaflamingos.

Bei Arles teilt sich die Rhône in zwei Arme. Der Grand Rhône fließt direkt zum Mittelmeer, der Petit Rhône dagegen schlängelt sich nach Westen. Zwischen beiden liegt das annähernd dreieckige Rhônedelta, die Camargue. Sie umfasst ausgedehnte Feuchtgebiete, Weiden, Dünen und Salzpfannen, deren Zentrum der Étang de Vaccarès bildet.

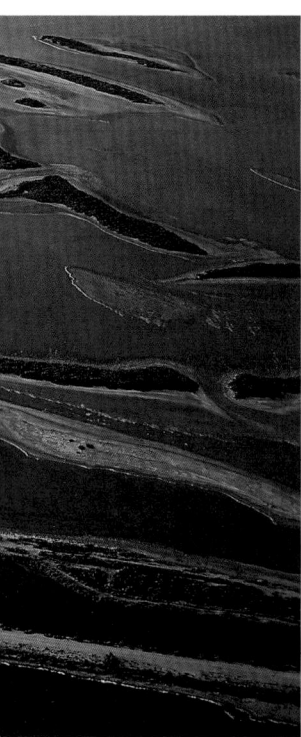

Unterwegs nach les Stes-Maries-de-la-Mer

Zehn Kilometer südlich von Arles liegt an der N570 das ausgezeichnete **Musée de la Camargue** *(Mas du Pont de Rousty, Albaron, Tel. 04 90 97 10 82, www.monum.fr, So–Di geschl., €€)*. Hier können Sie sich über die Geschichte und Kultur der Region informieren. Das Museum befindet sich im Schafstall des 1812 erbauten Mas du Pont de Rousty. Draußen führt ein 3,5 Kilometer langer Naturlehrpfad mitten durch die Landschaft der Camargue. Unterwegs sehen Sie mit Sicherheit Stiere und Vögel.

Das **Château d'Avignon** aus dem 18. Jahrhundert liegt weiter südlich an der D570. Es ist noch genauso eingerichtet wie 1890, als ein reicher Kaufmann es als Jagdschloss nutzte.

Noch weiter südlich erreichen Sie die **Maison du Parc Naturel Régional de Camargue**, einen bei Vogelbeobachtern sehr beliebten Park. Im Informationszentrum stehen ausgestopfte Vögel, die den weniger Kundigen helfen, die lebenden Tiere draußen am Étang de Ginès zu identifizieren. Hobbyornithologen lassen sich natürlich nicht den **Parc Ornithologique de Pont de Gau** entgehen. Nirgendwo sonst können Sie die berühmten frei lebenden *flamants roses* (Rosaflamingos) so gut aus nächster Nähe beobachten. An keinem anderen Ort in Europa brüten Flamingos regelmäßig – hier sogar 10 000 bis 13 000 Tiere pro Jahr. Ein 4,5 Kilometer langer Pfad führt durch das Gelände.

(Fortsetzung auf Seite 92)

Seit Jahrhunderten leben die Bewohner der Region in Einheit mit Fluss und Meer. Erst im 19. Jahrhundert gelang es, dauerhaft Deiche und Dämme zu errichten, sodass die Siedlungen kein Hochwasser mehr fürchten mussten.

Schon 1927 entstand hier ein Naturschutzgebiet; 1970 wurde der Parc Naturel Régional de Camargue gegründet. Er umfasst ein 85 000 Hektar großes Gebiet mit zahlreichen Wegen und Lehrpfaden, die über Flora und Fauna der Region informieren.

Château d'Avignon

✉ Domaine du Château d'Avignon, rte. d'Arles

☎ 04 90 97 58 58

🕐 Geschl. Di Dez. bis März, Sa–Do April–Nov.

💲 €

Maison du Parc Naturel Régional de Camargue

✉ Mas du Pont de Rousty/RD 570, Pont de Gau

☎ 04 90 97 86 32

www.parc-camargue.fr

Parc Ornithologique de Pont de Gau

✉ D570, 4 km nördlich von Les-Stes-Maries-de-la-Mer

☎ 04 90 97 82 62

www.parcornithologique.com

💲 €€

Les-Stes-Maries-de-la-Mer

🅰 82 B1

Besucherinformation

✉ Office de Tourisme, 5, ave. van Gogh

☎ 04 90 97 82 55

www.saintesmariesdelamer.com

Centre d'Information Nature, La Capelière

✉ D36B, Réserve Nationale de Camargue

☎ 04 90 97 00 97

🕐 Geschl. Di Mitte Okt.–Ostern

💲 €

Das wilde Land

Wenn Sie an einem Sommertag nach Les-Saintes-Maries-de-la-Mer kommen, kann es passieren, dass die Straßen plötzlich wie leer gefegt sind. Die Menschen halten gespannt Ausschau. Dann ertönt ein Ruf, und Jubel bricht los, wenn sechs schwarz gekleidete Männer auf weißen Pferden in Sicht kommen. Sie treiben den Grund für den *abrivado* vor sich her: sechs schwarze Stiere, die abends in der Arena kämpfen.

Die Camargue erinnert mit ihren weiten Marschen, den Langhornstieren, Pferden und *gardians* an den Wilden Westen. Bereits im 16. Jahrhundert errichteten *gardians* Häuser in der Camargue, so genannte *manades*, und züchteten hier einheimische Rinder und Pferde. Daraus entwickelte sich im Laufe der Zeit eine einzigartige Lebensweise, geprägt von harter Arbeit und Freiheitssinn.

Die kleinen, gelenkigen und klugen Pferde stammen direkt vom Urpferd ab. Sie ähneln auch durchaus noch den Pferden, die Menschen vor rund 15 000 Jahren auf die Wände prähistorischer Höhlen wie in Lascaux malten. Den größten Teil des Jahres bewegen sie sich relativ frei über die Marschen der Camargue, weiden im Schilf oder auf ausgedehnten Wiesen. Einmal pro Jahr treiben die *gardians* die Tiere zusammen. Die südfranzösischen Cowboys tragen keine Revolver, sondern dreizinkige *ficherouns*, mit denen sie die Stiere auf Abstand halten, und Lassos aus Pferdehaaren.

Niemand weiß genau, woher die wilden Stiere stammen. Einige vermuten, Hunnenkönig Attila hätte sie einst, aus Kleinasien kommend, in Südfrankreich eingeführt, wo sie sich mit spanischen Navarra-Stieren kreuzten. Die kleinen, rauhaarigen Stiere, die als besonders temperamentvoll, schlau und aufsässig gelten, eignen sich nicht zur Feldarbeit. Sie ziehen außerhalb der Stierkampfsaison frei über die Felder, dann werden auch sie zusammengetrieben.

Im Frühjahr findet die *ferrada* statt, bei der die Rinder traditionell gebrandmarkt werden. Früher wie heute versammeln sich dazu Familien aus den abgelegensten Winkeln der Camargue. Das größte und wichtigste Ereignis aber sind die Stierkämpfe.

Diese Spiele unterscheiden sich stark von den spanischen Stierkämpfen. Zunächst einmal bleibt der Stier am Leben. Er kann sehr wütend werden und schnaubt oder stampft, weil man ihn reizt, doch in Gefahr geraten bestenfalls die Stierkämpfer. Außerdem stehen nicht sie, sondern die Tiere im Mittelpunkt.

Bei einem typischen Kampf treten sechs Stiere eines Besitzers an, die stärksten Tiere kommen zum Schluss, wenn die *raseteurs* (Kämpfer) bereits müde sind. Es ertönt zunächst ein Fanfarenstoß, dann wird der Stier in die Arena gelassen, in der etwa 20 junge, weiß gekleidete *raseteurs* warten. Mit einem Stab oder Rechen versuchen sie, Accessoires wie Quasten oder Bänder von den Hörnern des Stiers zu pflücken. Dafür erhalten sie Punkte, während der Stier Punkte bekommt, wenn er ausweicht. Wird der Stier ernsthaft wütend, bringen sich die Männer hinter niedrigen Mauern in Sicherheit. Nach und nach werden die Kämpfer immer mutiger und reizen den Stier. Prallt er mit den Hörnern gegen die Absperrung, ertönt der Toreromarsch aus der Oper „Carmen". Gelingt es dem Stier, die Accessoires länger als 15 Minuten zu behalten, hat er den Kampf gewonnen.

Die Cocarde d'Or findet im Juli in Arles statt. Dort treffen die besten Stiere und *raseteurs* aufeinander. Weitere Kämpfe können Sie in Nîmes, Tarascon und Les-Saintes-Maries-de-la-Mer sehen.

Beim traditionellen *roussatalo* werden Camargue-Pferde durch die Straßen getrieben

Die Bergerie de Favouillane ist einer der letzten traditionellen Schafställe der Camargue

(Fortsetzung von Seite 89)

Fahren Sie vom Park aus weiter nach **Les-Saintes-Maries-de-la-Mer**. Mit seinen roten Ziegeldächern und Stierbildern an allen Ecken und Enden wirkt der Ort beinahe spanisch. Der Strand mit Promenade und Souvenirläden ist bei Touristen beliebt. Weithin sichtbar erhebt sich die romanische **Église des Stes-Maries** (Place de l'Église) über das flache Land. Die einschiffige Kirche wurde im 12. Jahrhundert erbaut und im 15. erweitert. Im düsteren Innenraum lohnt sich ein Blick in die Krypta hinter dem Altar, die mit Hunderten von Votivgaben gepflastert ist. Hier ruhen Reliquien der hl. Maria, der Maria Salome von Galiläa, Schwester der Mutter Jesu und Mutter der Apostel Johannes und Jakobus, und der Maria des Kleophas. Nach Jesu Kreuzigung fuhren sie einer frommen Legende zufolge gemeinsam mit Maria Magdalena, Lazarus und anderen biblischen Gestalten über das Meer und wurden schließlich an dem südfranzösischen Strand an Land getrieben. In der Krypta steht auch eine Statue ihrer ägyptischen Dienerin Sarah, die die Roma als Schutzheilige verehren. Alljährlich am 24. und 25. Mai pilgern Tausende von Roma zu dem Ort und huldigen Sarah und den drei Marien. Steigen Sie auch die schmale Wendeltreppe zur **Terrasse de l'Église** hinauf (€).

Wenn unweit des Strandes Lautsprecher ertönen, findet wahrscheinlich demnächst eine *course de taureaux* in der Arena unweit des Touristenbüros statt.

Jenseits des Étang de Vaccarès

Fahren Sie von Les-Saintes-Maries-de-la-Mer 23 Kilometer zurück nach Norden bis zur Abzweigung zur D37. In Villeneuve verläuft die D36B direkt am Ostufer der Lagune entlang. Hier stehen Ansitze, von

Domaine de la Palissade

✉ BP5, Salin-de-Giraud

☎ 04 42 86 81 28

🕐 Geschl. Mo–Di Mitte Nov.–April

💲 €

Musée du Riz de Camargue

✉ Rte. de Salin-de-Giraud, Le Sambuc

☎ 04 90 97 29 44

💲 €

denen aus Sie Vögel beobachten können. Das **Centre d'Information Nature** in La Capelière zeigt eine Ausstellung über Flora und Fauna der Region. Folgen Sie den Wegweisern nach **Salin-de-Giraud**. Seit dem 19. Jahrhundert wird in den Salzgärten das weiße Gold geerntet. An vielen Stellen türmen sich Salzpyramiden auf, die man besonders gut von einem Aussichtspunkt südlich der Stadt an der D36 sieht. Einige Kilometer weiter südlich liegt die **Domaine de la Palissade** an der D36, nur vier Kilometer von der Mündung des Grand Rhône entfernt. Als einziges Gebiet ist sie nicht durch das Deichsystem vor Überflutung geschützt. Spazieren Sie über einen der vier kurzen Pfade, um zu sehen, wie es im Delta früher überall aussah. Weiter nördlich können Sie sich im **Musée du Riz** (*auf Anfrage*) an der D36 über den Reisanbau in der Camargue informieren. ∎

Aktivitäten

In der Camargue können Sie reiten, Rad fahren, wandern und Vögel beobachten. Im Angebot sind auch Exkursionen auf dem Petit Rhône (promenade en bateau) oder Jeepfahrten, bei denen man Vögel, Stiere und Pferde zu Gesicht bekommt. Outdoorläden gibt es in Les-Saintes-Maries-de-la-Mer (siehe S. 232ff).

Alljährlich findet in Les-Saintes-Maries-de-la-Mer eine berühmte Prozession statt, bei der Zigeuner (Roma) zum Meer pilgern und ein Priester die Menge vom Boot aus segnet

Arles

Markttage

Sa: blvd. des Lices und blvd. Clemenceau

Mi: blvd. Émile Combes

Arles

  82 C3

Besucherinfo

✉ Esplanade Charles de Gaulle

☎ 04 90 18 41 20

www.tourisme.ville-arles.fr

Die Bewohner von Arles sind stolz auf ihre Monumente – das Theater, die Arena, die Thermen und die *cryptoportiques* stammen noch aus der Zeit der Römer. Arles war ab 46 v. Chr. römische Kolonie und wurde um 400 zum Sitz der römischen Verwaltung Galliens erhoben. Auch zu van Gogh hat Arles eine enge Beziehung, denn hier entstanden viele seiner Meisterwerke.

Die Mauer mit mehreren Toren umschließt die Stadt Arles. An ihr entlang verlaufen die Boulevards Émile Combes und des Lices, die Rue Gambetta und die Rhône. Beginnen Sie Ihren Rundgang am **Musée de l'Arles Antique**, einem modernen, hellen und luftigen Gebäude, das über die antike

Die Fête de Gardian – das Fest der Camargue-Hirten in Arles

Vergangenheit informiert, leider jedoch nur in französischer Sprache. Die Ausstellung beginnt mit der Vor- und Frühgeschichte, es folgen die Eisenzeit und schließlich die Epoche der Römer.

Das römische Arles

Das auffälligste Monument aus der Römerzeit sind **Les Arènes**, ein Amphitheater, in dem Gladiatorenkämpfe stattfanden. Der größte Teil des zweistöckigen Bauwerks mit jeweils 60 Bögen blieb erhalten.

Es bot 20 000 Zuschauern Platz, die über 180 Ausgänge das Theater innerhalb weniger Minuten verlassen konnten. 1830 veranstaltete man nach der Einnahme von Algier in der Arena den ersten Stierkampf. Nach wie vor beginnt heute im Frühsommer die Stierkampfsaison.

Erklimmen Sie einen der drei Türme, die im Mittelalter hinzugefügt wurden, als das Amphitheater als Festung diente. Damals standen Häuser in der Arena, die man zwischen 1826 und 1830 weitgehend entfernte.

Vom nahe gelegenen **Théâtre Antique**, dem römischen Theater, blieb weit weniger erhalten. Nur noch zwei korinthische Säulen und Ruinen erinnern daran, dass man hier Ende des 1. Jahrhunderts v. Chr. eines der ersten frei stehenden Theater mit Galerien und ausladenden Wänden errichtet hatte. Ursprünglich bot es 10 000 bis 15 000 Menschen Platz. 1651 entdeckte man die armlose und in drei Teile zerbrochene *Venus von Arles*, eine wunderschöne Skulptur, die einst die Bühnenwand geschmückt haben dürfte. Das Original befindet sich heute im Louvre, eine Kopie steht im Musée de l'Arles Antique.

Vom Forum, dem klassischen Zentrum römischer Städte mit öffentlichen Gebäuden und Tempeln, blieb in Arles nichts erhalten. Sie können aber einen ungewöhnlichen Einblick in die Strukturen nehmen, die sich einmal unter dem Forum befanden. Da es sich zum Fluss hinunterzog, benötigte man ein starkes, tragfähiges Fundament und bau-

Museumspass

Der Pass Monuments deckt den Eintritt für alle wichtigen Sehenswürdigkeiten ab (€€€€). Vor Ort und in den Besucherinformationen erhältlich.

Musée de l'Arles et de la Provence Antiques
- 🅰 Karte Seite 99
- ✉ Presqûíle du Cirque Romain/ BP205
- ☎ 04 90 18 88 88
- www.arles-antique. cg13.fr
- 💲 €€

Les Arènes Romaines
- 🅰 Karte Seite 99
- ✉ Rond-point des Arènes
- ☎ 04 90 96 03 70
- 💲 €€

Théâtre Antique
- 🅰 Karte Seite 99
- ✉ Rue de la Calade
- ☎ 04 90 49 36 74
- 💲 €

Cryptoportiques de Forum
- 🅰 Karte Seite 99
- ✉ Rue Balze
- ☎ 04 90 49 38 20
- 🕐 tgl. geöffnet

Thermes de Constantin
- 🅰 Karte Seite 99
- ✉ Rue Dominique Maïsto
- ☎ 04 90 49 36 36
- 💲 inkl. Eintritt zu den Arènes

Museon Arlaten

🗺 Karte Seite 99

✉ 29, rue de la République

☎ 04 90 93 58 11

🕐 Geschl. Mo Okt.–Juni

💲 €

Église St-Trophime

🗺 Karte Seite 98

✉ An der Ostseite der place de la République

☎ 04 90 96 07 38

Cloître St-Trophime

🗺 Karte Seite 98

✉ Place de la République

☎ 04 90 49 38 20

💲 €

Musée Réattu

🗺 Karte Seite 98

✉ 10, rue du Grand Prieuré

☎ 04 90 49 37 58

💲 €

Les Alyscamps

🗺 Karte Seite 98

✉ Rue Pierre-Rendudel bei ave. des Alyscamps

☎ 04 90 49 38 20

💲 €

te deshalb unterirdische Galerien, so genannte **cryptoportiques**. Um sie zu sehen, müssen Sie die alte Jesuitenkapelle in der Rue Balze aufsuchen und dort eine Treppe hinuntersteigen. Während des Zweiten Weltkrieges verbargen sich hier Mitglieder des Widerstandes.

Wenn Sie wieder ans Tageslicht gestiegen sind und der Rue de l'Hôpital de Ville folgen, gelangen Sie zu den **Thermes de Constantin**, der römischen Badanlage, von der noch Mauerreste existieren. Der Komplex aus dem 4. Jahrhundert gehörte einst zum Konstantinspalast mit der größten Badanlage der römischen Provincia.

Weitere Sehenswürdigkeiten

Wirklich umfassend können Sie sich im **Museon Arlaten** über die Stadt informieren. Es umfasst eine riesige Sammlung provenzalischer Artefakte. Die Räume quellen schier über von Trachten, Haushaltsgegenständen, Möbeln, *santons*, Orden und Werkzeugen unterschiedlicher Berufszweige. Unter anderem stehen hier Webstühle von Seidenwebern und Geräte zum Worfeln und Dreschen. 1896 gründete der provenzalische Dichter und Nobelpreisträger Frédéric Mistral (siehe S. 38) das Museum.

Auf der Ostseite der Place de la République erhebt sich die ehemalige **Église St-Trophime**, die nach einem Bischof von Arles aus dem 3. Jahrhundert benannt ist. Bereits im 5. Jahrhundert hatte der hl. Hilarius hier eine Kirche erbaut, und diese wurde im 11. und 15. Jahrhun-

dert erweitert. In dieser Kirche wurde der hl. Augustinus im Jahre 601 zum ersten Bischof von Canterbury ernannt. In der **Chapelle des Reliques** werden in Reliquiaren unter anderem Überreste des hl. Trophime und des hl. Stephanus, des ersten christlichen Märtyrers, aufbewahrt. Auf einem frühchristlichen Sarkophag in der Chapelle St-Genest ist Moses dargestellt, der das Wasser des Roten Meeres teilt. Beachten Sie die Gruppe des Jüngsten Gerichts aus dem 12. Jahrhundert am Tympanon des großen Westportals. Der **Kreuzgang** (€) gehört zu den schönsten der Provence. Um ihn zu besichtigen, müssen Sie die Kirche verlassen, sich nach links wenden und der Beschilderung folgen. Die elegante, zweigeschossige Struktur mit romanischen und gotischen Stilelementen geht auf die Meister von St-Gilles zurück.

In der Nähe befindet sich das kleine **Musée Réattu** mit einer ansehnlichen Kunstsammlung, darunter Werke des aus Arles stammenden Malers Jacques Réattu (1760–1833). Besonders gut vertreten sind moderne Künstler, unter anderem Picasso mit 57 Zeichnungen.

Schließlich verdienen noch **Les Alyscamps** im Südosten des historischen Stadtkerns Erwähnung. Die Römer gründeten diese Nekropole; sie wurde berühmt, nachdem man einen Sklaven wegen seines christlichen Glaubens enthauptet und dort begraben hatte und in der Folge mehrere Wunder geschahen. Jedermann wollte nun hier beigesetzt werden, Särge

Die berühmte Brücke Pont Van Gogh in Arles

ERLEBNIS: Van Goghs Arles

Im Februar 1888 traf Vincent van Gogh mitten in einem Schneesturm in Arles ein. Nachdem der Schnee geschmolzen war, erkundete der Maler die schäbige Stadt mit den typischen Merkmalen der beginnenden Industrialisierung – hohe Uferböschungen trennten die Häuser vom Fluss, eine neue Eisenbahnlinie entstand, und die belgischen Eisenbahnarbeiter lebten in elenden Quartieren. Dennoch blieb van Gogh in der Stadt. Er bezog ein Zimmer in einem kleinen Hotel am Bahnhof und begann zu malen. In Arles entstanden Meisterwerke wie das *Nachtcafé, Das gelbe Haus* und die *Brücke von Langlois*, um nur einige der bekanntesten zu nennen.

Van Gogh verewigte Arles in seinen Gemälden, doch viele seiner Motive existieren heute nicht mehr. Die berühmte Brücke, das gelbe Haus und das Café wurden zerstört. Das Hôtel-Dieu, ebenfalls ein Motiv van Goghs, wandelte man in ein Medienzentrum und eine Galerie um. In der Fondation Vincent van Gogh gegenüber dem Eingang zum Amphitheater zollen internationale Künstler wie Arman, Lichtenstein, Botero oder César van Gogh mit Wechselausstellungen Tribut. Das Touristenbüro hat eine Reihe von Tafeln mit Kopien großer Werke des Malers an Orten angebracht, an denen van Gogh gern mit seiner Staffelei malte.

fuhren die Rhône hinunter, und im 10. Jahrhundert kam das Gerücht auf, dass selbst die sterblichen Überreste der Helden von Ronceveaux, Roland und Oliver, hier ruhten. Im Mittelalter umfasste der Friedhof ein 2,5 Kilometer langes Areal mit 19 Kapellen und mehreren Tausend Gräbern, in denen

zum Teil bis zu fünf Verstorbene übereinander lagen. Heute wandern die meisten Besucher die schattige **Allée des Sarcophages** entlang, die an leeren Gräbern vorbeiführt. Die schönsten Sarkophage stehen in Kirchen und Museen der Stadt. Die Allee diente Gauguin und van Gogh als Motiv. ■

Éspace van Gogh
🅰 Karte Seite 98
✉ Place Félix Rey
☎ 04 90 49 39 39

Fondation Vincent van Gogh
🅰 Karte Seite 98
✉ Palais de Luppé, 24 bis, rond-point des Arènes
☎ 04 90 49 94 04
www.fondationvan gogh-arles.org
🕐 Geschl. Mo Okt.–März
💲 €€

Rundgang: Durch Arles

Dieser Stadtbummel führt mitten hinein ins Zentrum; die Museen und Monumente teilen sich dort den Platz mit Restaurants, Boutiquen und Souvenirläden.

Arles an der Rhône wirkt wie ein verkleinertes Abbild von Rom

NICHT VERSÄUMEN:

Place du Forum • Les Arènes • Museon Arlaten

Beginnen Sie Ihren Rundgang an der **Place du Forum ❶**. Einst befand sich an dieser Stelle das römische Forum, das politische Zentrum der Stadt. Das **Grand Hôtel Nord-Pinus** auf der Westseite des Platzes gehört zu den besten Unterkünften am Ort. Das gelbe **Café van Gogh** erinnert an das Café, das der Maler auf seinem weltberühmten Bild *Nachtcafé* darstellte. Das Original wurde während des Zweiten Weltkriegs zerstört. Mitten auf dem Platz

steht eine Statue des provenzalischen Dichters Frédéric Mistral. Gehen Sie nun die Rue des Arènes hinauf. Unter den eleganten Fassaden sticht das **Hôtel Quiqueran de Beaujeu** hervor, ein schönes *hôtel particulier* aus dem 18. Jahrhundert (*nicht für Besucher geöffnet*). Die Straße mündet auf den Vorplatz der **Arènes ❷** (siehe S. 95). Besichtigen Sie das Amphitheater und anschließend die **Fondation Vincent van Gogh** auf der Westseite der Arena. Hier finden regelmäßig Wechselausstellungen bedeutender Künstler statt (siehe S. 97).

Halten Sie sich nach dem Besuch der Kunsthalle rechts, und folgen Sie der Rue Diderot. Biegen Sie an der nächsten Ecke links in die Rue de la Bastille (kein Straßenschild) ein. Das **Théâtre Antique ❸** (siehe S. 95) liegt nun direkt vor Ihnen.

Wenden Sie sich nach der Besichtigung des Theaters am Ausgang nach rechts, und spazieren Sie um die Place Henri de Bornier herum. Folgen Sie dann der Rue Porte de Laure, der belebten Straße, die unmittelbar vor Ihnen beginnt. Gehen Sie am **Jardin d'Été ❹** die Treppe hinunter, um zum Eingang des Parks zu gelangen. Rechts steht eine der zahlreichen Tafeln, die das Touristenbüro zu Ehren van Goghs in der Stadt aufgestellt hat. Hier malte der Künstler 1888 das Bild *Eingang zum Stadtpark*.

Auf der anderen Seite des Parks beginnt der Boulevard des Lices, der mit seinen Platanenreihen ebenfalls zu den beliebten Sujets des Künstlers gehörte. Passieren Sie eine Häuserzeile mit Cafés, und biegen Sie rechts auf den Cours Jean Jaurès ab. Sie kommen zur **Place de la République** ❺ mit einem Obelisken. Auf der Westseite des Platzes erhebt sich **Ste-Anne**. Die Kirche wurde im Mittelalter noch vor der großen Kathedrale **St-Trophime** (siehe S. 96) gleich gegenüber erbaut.

Begeben Sie sich nun zum **Hôtel de Ville** ❻ (Rathaus) auf der Nordseite des Platzes, das eine schöne Fassade im Stil von Versailles besitzt. Verlassen Sie das Rathaus auf der anderen Seite, und wenden Sie sich nach links zum **Plan de la Cour**. Der Weg führt geradeaus durch die Rue Balze zur **Chapelle des Jésuites** ❼. 1648 errichteten die Jesuiten ein Kolleg im Théâtre Antique, zogen später aber ins Palais Laval-Castellane um. Heute ist in dem

Gebäude das Museon Arlaten untergebracht. Über die Kapelle gelangen Sie zu den **cryptoportiques** (siehe S. 96; *Rue Balze, Tel. 04 90 49 38 20*).

Begeben Sie sich zur Ecke des Gebäudes in der Rue Balze, und biegen Sie an der ersten Straße (ohne Beschilderung) nach links und abermals links in die Rue de la République ab. Hier befindet sich der Eingang zum **Museon Arlaten** ❽ (siehe S. 96). Kehren Sie anschließend zur Place du Forum zurück, indem Sie zunächst rechts in eine nicht beschilderte Straße, dann rechts in die Rue Balze und links in eine weitere Straße einbiegen. Sie können noch auf der Rue de l'Hôtel de Ville zu den **Thermes de Constantin** spazieren und das **Musée Réattu** besichtigen.

Les Baux-de-Provence

Les Baux

82 D3

Besucher-
information

✉ Office de Tou-
risme, Maison
du Roy, Les
Baux

☎ 04 90 54 34 39

**www.lesbauxde-
provence.com**

**Musée des San-
tons des Baux**

✉ Place Louis
Jou

Auf einem hohen, windumtosten Felssporn liegen die Überreste einer mächtigen Zitadelle. Von hier aus herrschten im Mittelalter die Grafen von Les Baux. Heute gehört der Ort zu den touristischen Hauptattraktionen Frankreichs. Kommen Sie am besten früh, am Spätnachmittag oder außerhalb der Saison.

Im Mittelalter regierten hier die Grafen von Les Baux – ihre Festung geht vermutlich auf das 9. Jahrhundert zurück. Sie erkannten weder König noch Kaiser an, was sie sich dank ihrer imposanten Trutzburg hoch auf dem Berg auch lange Zeit leisten konnten. Nachdem

Raymond de Turenne, ein entfernter Verwandter, 1372 Einzug in die Burg gehalten hatte, ließ er überall in der Provence Menschen entführen. Wenn deren Familien das geforderte Lösegeld nicht entrichteten, zwang er die armen Opfer zum letzten Gang über den

Entfernte Verwandte der in Monaco heimischen Grimaldis herrschten einst über Les Baux

Rand des Felssporns. Schließlich gliederte man Les Baux in die Grafschaft Provence ein, die ihrerseits ab 1481 zu Frankreich gehörte. Die Bewohner lehnten sich jedoch gegen diese Zuordnung auf, weshalb Louis XIII im Jahre 1632 befahl, die Festung zu schleifen.

Les Baux besteht aus zwei Teilen, der bewohnten Unterstadt (nur zu Fuß zugänglich) und der *ville morte*, der „toten" Oberstadt mit Festungsruinen.

Die Unterstadt

Die Unterstadt wurde aufwendig saniert und präsentiert sich heute mit schönen Renaissancefassaden, Kirchen sowie *hôtels particuliers*, in denen Souvenirläden warten. Dazwischen gibt es einige Sehenswürdigkeiten, darunter das **Musée des Santons**, das tönerne Krippenfiguren zeigt. In der gleichen Straße befindet sich die **Porte d'Eyguières**, bis ins 18. Jahrhundert der einzige Zugang zur Stadt. Die **Église St-Vincent** umfasst drei Kapellen aus dem 10. Jahrhundert mit Buntglasfenstern von Max Ingrand. Ebenfalls am Kirchplatz zeigt das **Musée Yves Brayer** eine Auswahl der Arbeiten des regional bekannten Künstlers.

Die Oberstadt

Auf dem Felsplateau mit phantastischem Ausblick bläst meistens ein scharfer Wind. Sie können am Ticketschalter einen Audioführer ausleihen und damit die interessantesten Teile der Ruinen besichtigen.

Auf dem Plateau stehen mehrere Kopien mittelalterlicher Kriegsmaschinen, z. B. ein Katapult und ein Rammbock. Am eindrucksvollsten sind aber die Ruinen mit verfallenen Türmen und Mauern, die auf dem kahlen Felsen besonders gut zur Geltung kommen. Erhalten blieb nur der *donjon* (Bergfried), von dem aus man tief hinunter ins Tal schaut. Auf dem Weg zum Ausgang sollten Sie einen Blick in die **Chapelle St-Blaise** aus dem 12. Jahrhundert werfen, die bis zum 18. Jahrhundert von der Gilde der Wollkämmer und Weber genutzt wurde. Ein Film informiert über die Stadt als Motiv namhafter Künstler. ∎

Musée Yves Brayer

✉ Hôtel des Porcelet, place de l'Église

☎ 04 90 54 36 99

www.yvesbrayer.com

🕐 Geschl. Di Okt. bis März u. Jan.–Mitte Feb.

💲 €

Musée d'Histoire des Baux

✉ Château des Baux de Provence

☎ 04 90 54 55 56

www.chateau-baux-provence.com

💲 €€

La Montagnette
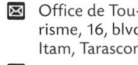 82 C2–D3

**Besucher-
information**

✉ Office de Tou-
risme, 16, blvd.
Itam, Tarascon

☎ 04 90 91 03 52

www.tarascon.org

La Montagnette

Im „kleinen Gebirge" nördlich von Tarascon und südlich von Avignon duftet es verführerisch nach Thymian und Rosmarin. Das Paradies für Wanderer und Pilzsucher ist touristisch kaum erschlossen, dabei gibt es sogar eine Abtei und eine Burg zu sehen.

Die Überreste einer Burg aus dem 12. Jahrhundert ragen hoch über **Boulbon** empor. Beginnen Sie Ihren Rundgang an der Place de la Mairie am Ortseingang, und passieren Sie die befestigte **Porte Loriol**, um die **Grand'rue** hinaufzu-

gehen. Unweit der Burg steht **Église Ste-Anne** von 1626.

Fahren Sie nach der Besichtigung auf der D35 weiter bis ins 6,5 Kilometer entfernte **Barbentane** mit seinen Gemüsefeldern direkt am Ufer der Rhône. Im eleganten, im klassischen Stil erbauten **Schloss** aus dem 17. Jahrhundert residieren seit 1674 die Marquis von Barbentane *(1, rue du Château, Tel. 04 90 95 51 07, Mitte April–Juni Mi geschl., Okt.–Mitte April geschl., €€)*. Hinter den mittelalterlichen Toren der Stadt liegen kleine Sträßchen mit alten Häusern, darunter die **Maison des Chevaliers**, ein herrschaftliches Haus aus dem 12. Jahrhundert. Oben auf dem Hügel steht die ebenfalls mittelalterliche **Tour Anglica**, gekrönt von einem Rundturm (1385). Biegen Sie von der D35 auf die D35E ab, und fahren Sie durch einen duftenden Wald zur **Abbaye Saint-Michel-de-Frigolet** *(Tel. 04 90 95 70 07, Okt.–März Di und Mi geschl.)* von 1133. Ihr Name leitet sich von dem provenzalischen Wort *ferigoulo* (Ort, an dem Thymian wächst) ab. Die Mönche stellen bis heute ein Thymianelixir her, dem heilende Kräfte zugeschrieben werden. Sie können einige der Gebäude besichtigen. Das Restaurant sorgt für das leibliche Wohl und die Hôtellerie St-Michel *(Tel. 04 90 90 52 70)* vermietet Zimmer. ■

Im *carreto ramado* in Boulbon fahren bunt geschmückte Pferdewagen durch die Straßen

St-Rémy-de-Provence

Am Fuß der Alpilles liegt der Marktflecken St-Rémy inmitten von Weizen- und Mohnfeldern. Hinter Überresten einer alten Stadtmauer verbergen sich malerische Straßen. 1503 wurde Nostradamus in St-Rémy geboren, und 1922 entdeckten Gertrude Stein und Alice B. Toklas den Ort. Doch der Name St-Rémy verbindet sich vor allem mit dem Maler Vincent van Gogh. Nachdem er 1888 sein Ohr abgeschnitten hatte, ließ sich der Künstler in die Nervenheilanstalt von St-Rémy einweisen.

Die Römer bauten schon früh eine Stadt an der Via Domitia, der Straße, die Italien und Spanien miteinander verband. Die Ruinen von Glanum südlich von St-Rémy an der D5 wurden von Archäologen freigelegt. Sie stehen Besuchern offen. Der **Site Archéologique de Glanum** besteht aus zwei durch eine Straße getrennten Teilen, den Antiques und Glanum. Zu den besonders sehenswerten *antiques* gehört der **Arc de Triomphe** (Triumphbogen), der unter der Herrschaft von Augustus um 10 v. Chr. entstand. Er ist mit Reliefs verziert, die Cäsars Gallienfeldzug illustrieren.

Das elegante, dreigeschossige **Mausolée de Jules** (30–20 v. Chr.) ist das am besten erhaltene Mausoleum der römischen Welt. Eine bedeutende römische Familie ließ es errichten.

Auf der gegenüberliegenden Straßenseite liegt **Glanum**. Die Römer teilten die Stadt nach dem üblichen Muster in eine Unterstadt mit Thermalbädern und schönen Villen, ein Zentrum mit Basilika und Tempeln und eine kleine Oberstadt mit Mau-

Markttag
Mi

St-Rémy-de-Provence
🅰 82 D3
Besucherinformation
✉ Office de Tourisme, place Jean Jaurès
☎ 04 90 92 05 22
www.saintremy-deprovence.com

**Site Archéolo-
gique de Glanum**

🅰 82 D3

✉ Rte. des Baux-
de-Provence

☎ 04 90 92 23 79

www.monum.fr

🕐 Geschl. Mo u.
Sept.–März

💲 Les Antiques:
frei. Glanum: €

**St-Paul-de-
Mausole**

✉ Rte. des Baux-
de-Provence/
Ave. Van Gogh

☎ 04 90 92 77 00

💲 €

**Musée Archéo-
logique/Hôtel
de Sade**

✉ 1, rue du Para-
ge

☎ 04 90 92 64 04

www.monum.fr

💲 €. Kombinierte
Eintrittskarte
für Glanum/
Hôtel de Sade:
€€

**Musée des
Alpilles**

✉ Hôtel Mistral
de Mondragon,
1, place Favier

☎ 04 90 92 34 72

🕐 Geschl. Mo u.
Jan.–März

💲 €

ern und dem Stadttor. Zu den Überresten gehören im 3. Jahrhundert aufgegebene Häuser an beiden Seiten der Thermenstraße, ferner ein Brunnen, ein Gymnastikplatz *(palestra)* und ein Schwimmbecken *(piscina)*. Außerdem sind Reste des Abflusssystems, des Forums und eines Nymphäums zu sehen.

Wenn Sie der Straße folgen, gelangen Sie zur hübschen romanischen Kirche und Kapelle **St-Paul-de-Mausole**, die ihre Berühmtheit van Gogh verdankt. Zwischen Mai 1889 und Mai 1890 zog sich der Maler in die angeschlossene Nervenheilanstalt zurück, nachdem er sich im Affekt ein Ohr abgeschnitten hatte. Das Jahr in St-Rémy war sein fruchtbarstes – in jener Zeit entstanden Meisterwerke wie *Nuit Étoilée* oder *Les Blés Jaunes*.

St-Paul wurde im 10. Jahrhundert erbaut und im 11./12. Jahrhundert umgebaut. Die romanische Kirche und der Kreuzgang blieben dabei erhalten. 1810 begann man, die Klostergebäude als Hospital zu nutzen, noch immer ist hier eine Heilanstalt untergebracht. Van Goghs Zimmer kann allerdings besichtigt werden.

Spazieren Sie durch den Kreuzgang und die Treppe hinauf zu van Goghs Zimmer. In dem winzigen Raum stehen ein Bett aus grünem Metall, einige Stühle und ein kleiner hölzerner Schreibtisch. Durch das Fenster blickt man auf blühende Felder und eine Steinmauer, die auf mehreren Gemälden van Goghs auftaucht. Während des Zweiten Weltkriegs lebte in der gleichen Zelle ein internierter Deutscher – Albert Schweitzer.

In der Touristeninformation gibt es eine Broschüre, die einen Spaziergang zu Schauplätzen, die mit van Gogh zu tun haben, vorschlägt – vom Eingang nach Glanum bis ins Herz von St-Rémy. Unterwegs zeigen 21 Tafeln Reproduktionen der Arbeiten, die an den Orten entstanden.

Das Stadtzentrum

Platanen spenden im Stadtzentrum mit seinen schönen Läden, alten Brunnen und hübschen Plätzen Schatten. Tafeln geben Aufschluss über historische Stätten, z. B. über den Geburtsort von Nostradamus *(Rue Hoche)*. In der Rue du Parage steht das **Hôtel de Sade**, ein sehenswertes Gebäude aus dem 15. Jahrhundert. Es wurde auf dem Fundament eines galloromanischen Monumentes errichtet und birgt heute das archäologische Museum der Stadt mit Skulpturen, Gefäßen, Münzen und Schmuck aus Glanum.

In der Nähe befindet sich im Hôtel Mistral das **Musée des Alpilles**, ein Heimatmuseum. Es gibt Auskunft über die Landschaft der Alpilles und ihre Veränderung durch die Menschen, über Flora und Fauna der Region, über jahrhundertealte Techniken des Anbaus von Olivenöl und Wein, über Schafzucht sowie Trachten und Feste.

Das **Centre d'Art Présence Vincent van Gogh** im Hôtel Estrine inszeniert Themen, die im Zusammenhang mit dem Maler oder seinem Werk stehen. Im Obergeschoss stellen zeitgenössische Künstler ihre Arbeiten aus. ∎

Weitere Sehenswürdigkeiten

Die Stadt Beaucaire mit dem friedlichen Hafen ist vor allem für die Überreste einer Burg aus dem 11. Jahrhundert bekannt

Abbaye de Montmajour

Der Mont Majour („großer Berg") ragt über den Marschen empor. Ganz oben liegen die Überreste einer einst mächtigen Abtei. Benediktinermönche gründeten sie im Jahre 948 und lebten hier bis 1790. Der Komplex steht heute leer, man kann ihn jedoch mit einem Faltblatt durchstreifen.  82 C3 ✉ Rte. de Fontvieille ☎ 04 90 54 64 17, www.monum. fr 🕐 Geschl. Mo in Okt.–März 💲 €€

Aigues-Mortes

Das Tor zur Camargue ist vor allem historisch interessant. 1248 brach Louis IX (hl. Ludwig) hier mit 1500 Schiffen zum Kreuzzug auf. Sein Nachfolger, Philippe III, errichtete die Stadtmauern. Ab dem 13. Jahrhundert war Aigues-Mortes der einzige französische Mittelmeerhafen. Später versandete der Hafen jedoch. Auf dem Wehrgang der Stadtmauer kann man spazieren. Die **Tour de Constance** *(Tel. 04 66 53 61 55, €)* lohnt ebenso einen Besuch wie die Kirche.

🅰 82 B2 **Office de Tourisme** ✉ Porte de la Gardette ☎ 04 66 53 73 00, www.ot-aiguesmortes.fr

Cathédrale des Images

Von 48 Stellen werden Bilder auf die 20 Meter hohen Wände des stillgelegten Bauxitsteinbruchs projiziert. Regelmäßig stellen Fotografen neue Bilderschauen zusammen. 🅰 82 D3 B Rte. de Maillane, Val d'Enfer (0,5 km nördlich von Les Baux) ☎ 04 90 54 38 65, www.cathedrale-images.com 💲 €€

Fontvieille

Das Dorf ist berühmt, weil hier die Windmühle steht, die Alphonse Daudet 1869 zu seiner Kurzgeschichtensammlung „Briefe aus meiner Mühle" inspirierte. Der **Moulin de Daudet** *(Allée des Pins, Tel. 04 90 54 60 78, Jan. geschl., €)* beherbergt zwar ein kleines Museum, das an den Schriftsteller erinnert, doch handelt es sich nicht um die Originalwindmühle. Um diese zu sehen, müssen

Sie eine Wanderung unternehmen, die über den **Moulin Tissot-Avon** zum **Château de Montauban** führt. Daudet lebte hier bei seinen Vettern, wenn er in der Stadt war. ⚑ 82 C3 **Office de Tourisme** ☎ 04 90 54 67 49

Maillane

1830 wurde der Dichter Frédéric Mistral im Mas du Juge, einem Bauernhaus am Rand von Maillane, geboren. Nach dem Tod seines Vaters zog er mit seiner Mutter in die kleine Stadt, die er auch nicht verließ, als er mit 46 Jahren heiratete. In seinem Haus heute ist das **Musée Frédéric Mistral** untergebracht.

⚑ 82 D3 **Musée Frédéric Mistral** ✉ Ave. Lamartine ☎ 04 90 95 84 19 🕐 Geschl. Mo 💲 €

Mas des Tourelles und Le Vieux Mas

Auf dem rekonstruierten Mas des Tourelles erfahren Sie, wie die Römer einst Wein herstellten. Zur Besichtigung gehören ein Film, eine Ausstellung und eine Verkostung der nach 2000 Jahre alten Rezepten gekelterten Weine, die unter anderem mit Zimt, Honig und Meerwasser aromatisiert wurden. Der nahe gelegene Vieux Mas wurde ebenfalls nachgebaut und zeigt ein Gehöft aus dem frühen 20. Jahrhundert.

Mas des Tourelles ⚑ 4 km südwestlich von Beaucaire an der D38 ☎ 04 66 59 19 72, www.tourelles.com 🕐 Geöffnet tägl. April bis Okt., Sa nachm. Nov.–März. Geschl. Jan. 💲 €€
Le Vieux Mas ⚑ Route de Fourques (D15), 6 km südlich von Beaucaire ☎ 04 66 59 60 13 🕐 Tägl. April–Sept., Mi, Sa–So Okt.–März. Geschl. Jan.

Route à l'Olivier

Die reizvolle Gegend südlich von St-Rémy gehört zu den besten Olivenanbaugebieten der Provence. Von St-Rémy führt die D5 ins Herz dieser Region. Gehöfte und Ölmühlen säumen vor allem

die D78 und die D17. Einen Besuch lohnen die Mühlen des **Château d'Estoublon** *(Rte. de Maussane à Fontvieille, Tel. 04 90 54 64 00, www.estoublon.com)* und **Moulin Jean-Marie Cornille** *(13520 Maussane les Alpilles, Tel. 04 90 54 32 37).*

Burgen von Tarascon und Beaucaire

Im 15. Jahrhundert ließ Louis II am Ostufer der Rhône die Burg von Tarascon als Grenzbastion errichten. Die Bilderbuchfestung war innen luxuriös ausgestattet, denn Ludwigs Sohn, der gute König René, liebte die angenehmen Seiten des Lebens. Heute steht die Burg leer, lediglich zehn Tapisserien aus dem 17. Jahrhundert kann man dort noch besichtigen. Zwischen 1754 und 1778 diente die Festung als Gefängnis.

Auf der anderen Seite des Flusses wurde während der Herrschaft von Louis le Saint in Beaucaire eine mächtige Zitadelle erbaut. Seit dem 11. Jahrhundert überragte sie die Stadt, heute sind jedoch nur noch der Turm und die Kapelle erhalten. Die Burg öffnet einmal im Jahr, wenn Falkner einen Wettkampf austragen. ✉ 82 C3 **Château de Tarascon** ✉ Blvd. du Roi René, Tarascon ☎ 04 90 91 01 93 🕐 Geschl. Mo in Okt.–März 💲 €€ **Château de Beaucaire** ✉ Place du Château, Beaucaire ☎ 04 66 59 26 72, www.aigles-de-beaucaire.com 💲 €€

Grillengesang

Sobald das Thermometer über 22 °C klettert, erfüllt ein fast pausenloses Zirpen die Luft in der Provence. Dann kündigen die cigales (Grillen) den nahenden Sommer an. Man entdeckt sie nur schwer, doch stößt man allenthalben auf Darstellungen des Insekts. Seit dem 19. Jahrhundert sind Tonmodelle, die Glück bringen sollen, an Eingangstüren oder in Küchen beliebt. Sie zieren aber auch typische Provence-Accessoires wie Geschirr, Stoffe, Seife oder Kerzen.

In dieser wunderschönen waldreichen Region zwischen Land und Meer liegen das altehrwürdige Aix, die quirlige Metropole Marseille, das Nobelseebad St-Tropez und dazwischen malerisch-zerklüftete Berglandschaften

Aix, Marseille & das Departement Var

Der tägliche Markt auf der Place Richelme in Aix präsentiert ein buntes Angebot

Aix, Marseille & das Departement Var

In der abwechslungsreichen Region rund um Marseille, Aix-en-Provence und St-Tropez präsentiert sich die Provence modern und elegant. Weiter landeinwärts bietet die dicht bewaldete Vallée Interieure ein ruhigeres, ländliches Idyll.

Das repräsentative Flair von Aix-en-Provence, der alten Hauptstadt, geht auf das 17. Jahrhundert zurück, als vornehme Familien hier herrschaftliche Residenzen errichteten. Heute gilt der Cours Mirabeau mit seinen hohen Platanen, distinguierten Cafés und malerischen Brunnen als einer der elegantesten Boulevards von ganz Frankreich. Cézanne, 1830 hier geboren, machte die nahe gelegene Montagne Ste-Victoire in mehr als hundert Bildern weltbekannt.

Marseille erlebt derzeit einen Boom wie seit 2500 Jahren nicht mehr, als die Phokäer (Griechen aus Kleinasien) hier eine erste Siedlung gründeten. Im Rahmen des Euromediterrannée-Projekts fließen Millionen Euro in die Kassen der Stadt. Wichtige Museen sind unter anderem das Musée d'Archéologie Méditerranéenne

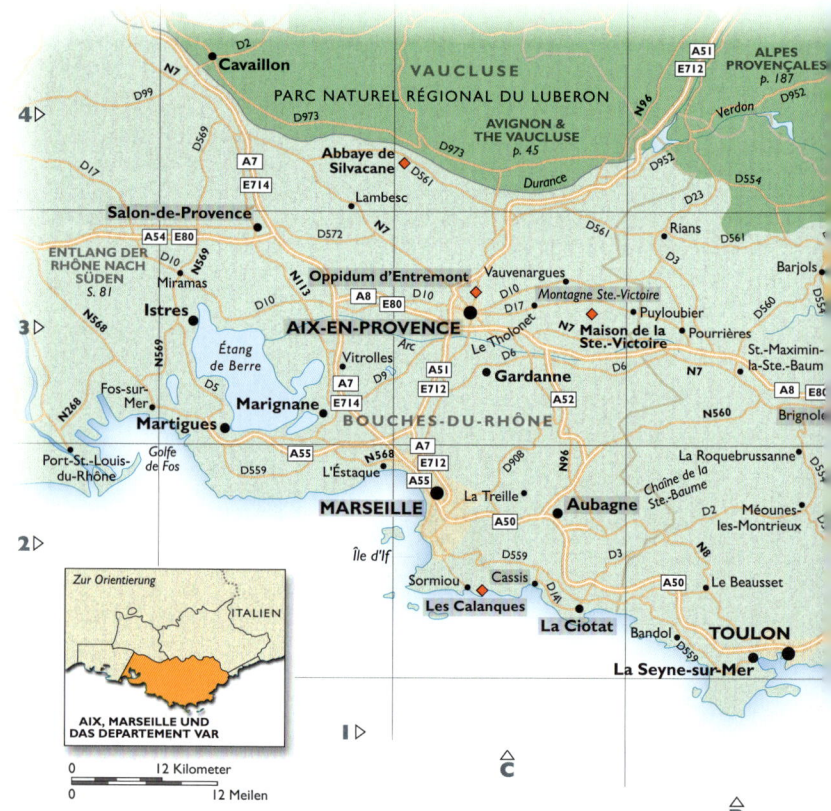

und das Musée Cantini mit Kunstwerken des 20. Jahrhunderts. Nichts jedoch reicht an das Gefühl heran, in einem der Cafés am Hafen eine Bouillabaisse zu löffeln.

Östlich von Marseille fallen die Kalksteinklippen der Calanques ins Meer ab. Als Ausgangsort bietet sich das Fischerdorf Cassis an. Hyères ist ein elegantes Städtchen, vorgelagert sind die Îles d'Hyères mit der Eukalyptusinsel Porquerolles.

Weiter östlich eilt der mondäne Ruf von St-Tropez dem Ort voraus. Wer nicht reich und berühmt ist, kann die Luxusyachten im Hafen bestaunen. Abseits der Küste winden sich schmale Straßen vorbei an Weinbergen, mittelalterlichen Ortschaften und einer der drei Zisterzienserabteien der Provence. ■

NICHT VERSÄUMEN:

Der Mistral

Dieser kalte und trockene Nordwind bläst an bis zu hundert Tagen im Jahr und gilt als Rache des Nordens am Klima des Südens. Vom Rhône-Tal ausgehend, erreicht er über 90 km/h und trifft vorwiegend Avignon und Arles, ist aber fast überall in der Provence spürbar. Angeblich dauert er jeweils drei, sechs oder neun Tage – lange genug jedenfalls, um sich kräftig auf die Stimmung auszuwirken.

Die kleine kopf-
steingepflasterte
Place d'Albertas
wurde zwischen
1740 und 1750 an-
gelegt

Aix-en-Provence

Wenn in der Dämmerung goldenes Licht die honigfarbenen Häuser dieser malerischen Stadt des Midi aufleuchten lässt, nippen Einwohner auf einem der platanenbeschatteten Plätze der Stadt an ihrem Aperitif. Das aristokratische Aix zählt zu den schönsten Orten Südfrankreichs.

Markttage
Di, Do u. Sa

Aix-en-Provence
🅰 108 C3
**Besucher-
information**
✉ Office de Tou-
risme d'Aix, 2,
place du Géné-
ral de Gaulle
☎ 04 42 16 11 61

**www.aixenpro
vencetourism.com**

Vor über 2000 Jahren errichtete der keltoligurische Stamm der Saluvier auf der strategisch günstig gelegenen Höhe von Entremont (siehe S. 134), unmittelbar nördlich des heutigen Aix, eine befestigte Siedlung. Die Römer eroberten diese 123 v. Chr., und Konsul Sextius gründete rund um eine (noch heute aktive) Thermalquelle eine eigene Stadt, die er Aquae Sextiae nannte – die erste römische Siedlung auf gallischem Boden. Nach dem Niedergang des Römischen Reiches zerstörten die Westgoten einen Großteil der Stadt. Anders als in vielen anderen

Ortschaften der Provence ist daher nur wenig von der römischen Siedlung erhalten. Ein Haupttor wurde im 16. Jahrhundert zum Wachturm umgewandelt (heute an der Place de l'Hôtel de Ville), und die **Thermes Sextius** (*55, cours Sextius*) liegen gleich neben dem modernen Kurhaus.

Im Mittelalter wurde Aix Sitz der provenzalischen Grafen, deren berühmtester der gute König René (1409–80) war. Der Kunstmäzen begründete viele Feste und machte Aix zu einem namhaften Kulturzentrum. 1486 erfolgte der Anschluss an Frankreich, doch blieb die Provence bis 1790 relativ autonom. Als Hauptstadt der Provence wurde Aix ab 1501 Sitz des Obersten Gerichtshofes. Das Goldene Zeitalter der Stadt begann, als mehr als 160 Familien hier *hôtels particuliers* im Stil des italienischen Barock erbauten. Vor allem diesen Gebäuden verdankt Aix bis heute seinen Charme. Während der Revolution flohen die Adligen und überließen die Stadt ihrem Schicksal – bis dann die Künstler kamen ...

Besuch in Aix

Der von Platanen beschattete **Cours Mirabeau** wurde 1650 als Hauptverkehrsader von Aix angelegt und war schon bald eine Flaniermeile. Gesäumt von eleganten *hôtels particuliers* und mit Brunnen geschmückt, dürfte der Cours heute die wohl schönste Prachtstraße Südfrankreichs sein. Das vermutlich berühmteste Straßencafé ist **Les Deux Garçons** (*53,* cours Mirabeau, Tel. 04 42 26 00 51), einst Treffpunkt der Intellektuellen, dessen spektakuläre Einrichtung aus dem Jahr 1792 datiert.

Als 1720 die Pest die Stadt heimsuchte, wurden viele neue Brunnen angelegt, um sauberes Wasser zu liefern – was Aix den Beinamen „Stadt der Tausend Brunnen" einbrachte. Vier der schönsten zieren den Cours. Den Anfang bildet die spektakuläre **Fontaine de la Rotonde** an der Place du Général de Gaulle. 1860 vom Ingenieur Napoléons III. entworfen, symbolisieren die drei Marmorstatuen an der ehemaligen Porte Royale – jahrhundertelang der Eingang zur Stadt

– die Gerechtigkeit, die Schönen Künste und die Landwirtschaft.

Die im 17. Jahrhundert geschaffene **Fontaine des Neuf Canons** ersetzt eine alte Schafstränke. Ein Stück weiter den Cours hinauf, wird die **Fontaine Moussue** von warmen Quellen gespeist, deren Wasser unterirdische Kanäle von der **Fontaine des Bagniers** (*Place de Chapeliers*) heranführen. Am Ende des Cours steht der im 19. Jahrhundert errichtete **Brunnen des Roi René**, der, weil er Muskatellerreben in die Provence einführte, eine Traube in der Hand hält.

Bourg Saint-Sauveur

Nördlich vom Cours Mirabeau liegt das alte Dorf Saint-Sauveur. In seinem Herzen erhebt sich die **Cathédrale St-Sauveur** (*Place de l'Université*), eine kuriose Mischung unterschiedlichster Stilrichtungen der Sakralarchitektur: römische Grundmauern aus der frühesten Zeit des Christentums, ein merowingisches Baptisterium aus dem 5. Jahrhundert, romanisches Hauptschiff und gotisches Seitenschiff. Im Inneren erwarten Sie diverse Kunstwerke; am berühmtesten ist *Der brennende Dornbusch*, ein Nicolas Froment zugeschriebenes Triptychon. Die kunstvoll geschnitzten Türflügel am Westportal, eine 1508 bis 1510 geschaffene Arbeit des aus Toulon stammenden Künstlers Jean Guiramand, zeigen vier alttestamentarische Propheten und die zwölf Sibyllen.

Der kleine lichtdurchflutete **Kreuzgang** aus dem 12. Jahrhundert ist nur im Rahmen einer

Cathédrale St-Sauveur

🄼 Karte S. 115

✉ 34, place de l'Université

www.monum.fr

Cloître St-Sauveur

🄼 Karte S. 115

✉ 34, place de l'Université

☎ 04 42 23 45 65

🕐 Geschl. So

Musée des Tapisseries

🅐 Karte S. 115

✉ Palais de l'Archevêché, 28, place des Martyrs de la Résistance

☎ 04 42 23 09 91

🕐 Geschl. Di

💲 €

Musée du Vieil Aix

🅐 Karte S. 115

✉ Hôtel Éstienne de St-Jean, 17, rue Gaston de Saporta

☎ 04 42 21 43 55

🕐 Geschl. Mo

💲 €

Pavillon Vendôme

🅐 Karte S. 115

✉ 32, rue Célony

☎ 04 42 21 05 78

🕐 Geschl. Di u. Nov. bis Mitte April vormittags

💲 €

Musée Paul Arbaud

🅐 Karte S. 115

✉ 2a, rue du 4 Septembre

☎ 04 42 38 38 95

musee.arbaud. free.fr

🕐 Geschl. So

💲 €

Musée Granet

🅐 Karte S. 115

✉ Place St-Jean-de-Malte

☎ 04 42 52 88 32

www.museegranet-aixenprovence.fr

🕐 Geschl. So–Mo vormittags

Führung zu besichtigen. Seine Galerien repräsentieren das Alte Testament, das Leben Christi, Jüngstes Gericht und die Natur.

Unweit davon findet man an der Place des Martyrs das schmucke **Musée des Tapisseries**, das im Ancien Archevêché, dem ehemaligen erzbischöflichen Palais (1650–1730), untergebracht ist. Die kleine Sammlung umfasst Gobelins aus Beauvaise. Dazu kommen kostbare Möbelstücke aus dem 17. und 18. Jahrhundert.

Das im 17. Jahrhundert errichtete und mit hohen Pilastern, korinthischen Kapitellen und kunstvollen Portalen geschmückte noble Hôtel de St-Jean in der Rue Gaston de Saporta beherbergt das kleine **Musée du Vieil Aix**. Hier sind Stücke aus der Geschichte der Stadt zu sehen, Kunstobjekte, Möbel, Trachten, Heiligenfiguren und Fayencen. Es gibt eine sehenswerte Sammlung von Masken zur örtlichen Fête Dieu, die König René 1462 begründete und die eine große Prozession einschließt. Versäumen Sie nicht die „sprechende" Krippe, ein Marionettentheater.

Quartier Mazarin

Südlich vom Cours Mirabeau gelegen, umfasst das Mazarin-Viertel eine Reihe vornehmer Stadtpalais aus dem 17. Jahrhundert, die während der Regierungszeit Louis' XIV an parallel verlaufenden Straßen errichtet wurden. Zu den attraktivsten zählen die Rue Mazarin und die Place des Quatre Dauphins mit einem Brunnen mit vier Delphinen. Das **Musée Paul Arbaud** im Hôtel

d'Arbaud (18. Jh.) besitzt eine bemerkenswerte Sammlung provenzalischer Fayencen.

Das **Musée Granet** beherbergt eine Vielzahl von Gemälden, Kunstgegenständen und Objekte von archäologischen Ausgrabungen der Umgebung. Herzstück ist die ständige Sammlung des Museums, die italienische Arbeiten aus dem 17. und 18. Jahrhundert (darunter ein *modello* von Guercino für sein *Begräbnis der hl. Petronilla* im Vatikan) ebenso umfasst wie flämische Gemälde (unter anderem eine Campin zugeschriebene *Thronende Muttergottes* und mehrere schöne Porträts von Rubens), herausragende niederländische Werke (insbesondere ein um 1665 entstandenes Selbstbildnis von Rembrandt) und französische Malerei vom 16. bis zum 20. Jahrhundert (unter anderem Porträts von Hyacinthe Rigaud und Jean Van Loo). Auch eines von Ingres' Hauptwerken ist hier zu sehen: sein Bildnis des provenzalischen Malers François Marius Granet (1775–1849) vor der Villa Medici in Rom. Granet, der vor allem mit düsteren, stimmungsvollen Darstellungen mönchischen Lebens berühmt wurde, gründete das Museum im 19. Jahrhundert, und die meisten seiner Arbeiten befinden sich hier. Obwohl ein früher Direktor des Museums erklärte, die Wände seines Hauses «dürften niemals durch einen Cézanne verunstaltet» werden, besitzt das Haus auch acht seiner Gemälde (wenngleich kein bedeutendes) und präsentierte zur Wiedereröffnung sogar eine Ausstellung mit 150 Arbeiten des Meisters. Zur archäologischen Abteilung des Museums gehören Artefakte aus dem alten Aix, darunter keltoligurische Kunstwerke aus Oppidum Entremont.

Farbtöpfen, Flaschen, Tellern, Kleidungsstücken und Obst (das freilich täglich oder wöchentlich erneuert wird). Führer erklären Kopien seiner Werke. Cézannes Mantel und

Auf dem Cours Mirabeau, dem Hauptboulevard von Aix

Atelier Cézanne

Cézanne kaufte dieses Häuschen mit zauberhaftem Garten im Jahr 1901 und verbrachte hier die letzten Jahre seines Lebens. Der völlig zurückgezogen lebende Künstler war zugleich höchst gewissenhaft und nummerierte jedes seiner Besitztümer; sein Atelier erweckt den Eindruck, als habe er es gerade erst verlassen: das Obergeschoss mit seinen graublauen Wänden, den lichtdurchfluteten Arbeitsraum mit

Mütze hängen am Kleiderhaken, und eine Staffelei mit einem unvollendeten Gemälde scheint nur darauf zu warten, dass der Meister zurückkommt. Das berühmteste hier entstandene Bild ist *Les Grandes Baigneuses*. Weil Cézanne nicht bedachte, dass die riesige Leinwand nicht durch das Treppenhaus passen würde, ließ er neben dem Fenster eine Öffnung in die Wand schlagen. Das behelfsmäßig geflickte Loch ist noch immer sichtbar. ■

Atelier Cézanne
- Karte S. 115
- 9, ave. Paul Cézanne
- ☎ 04 42 21 06 53
- €€

www.ateliercezanne.com

Oben: Die Kathedrale St-Sauveur. Unten: Türklopfer im Hôtel de Ville

Rundgang: Durch das alte Aix

Dieser unterhaltsame Rundgang führt durch einige der malerischsten – und ältesten – Straßen und Gassen im stimmungsvollen Labyrinth der Altstadt.

Ausgangspunkt ist **La Rotunde ❶**, der Brunnen bei dem einstigen Haupttor der Stadt am Anfang des eleganten **Cours Mirabeau**. Gehen Sie den Cours hinauf, und bestaunen Sie die herrschaftlichen Häuser, die Cafés und die Brunnen. Zwei der prächtigsten Palais sind das **Hôtel de Forbin** (17. Jh., Hausnummer 20) und das **Hôtel du Chevalier Hancy** (18. Jh., Nummer 28).

Bei der **Fontaine des Neuf Canons ❷** geht es links in die Rue Nazareth, bei der Rue Esparriat rechts, vorbei an der Rue Aude zur **Place d'Albertas ❸**, die echte Pariser Eleganz atmet. Rokokofassaden säumen drei Seiten des Platzes. Manchmal finden hier Open-Air-Konzerte statt. Gehen Sie zurück zur Rue Aude und dort nach

rechts. An der Kreuzung geradeaus durch die Rue Maréchal Foch zur **Place de l'Hôtel de Ville**, die von der **Tour de l'Horloge** dominiert wird. Der Glockenturm besitzt zwei Zifferblätter, ein übliches und eine astronomische Uhr aus dem Jahr 1661. Auf Letzterer erscheinen abwechselnd Allegorien der vier Jahreszeiten. Das angrenzende **Hôtel de Ville** (Rathaus) ❹ mit einer Fassade im Stil des italienischen Barock wurde 1655 bis 1679 erbaut. An der Südseite des Platzes spiegelt die 1759 bis 1761 errichtete **Ancienne Halle aux Grains** (Getreidebörse) die Bedeutung, die einstmals dem Weizen zukam, wider. An der Nordfassade zeigt ein Tympanon die beiden bedeutenden Wasserquellen der Bauern: die stark und zu-

NICHT VERSÄUMEN:

Cours Mirabeau • Place de l'Hôtel de Ville • Cathédrale St-Sauveur

verlässig fließende Rhône, repräsentiert durch einen streng blickenden Mann, und die temperamentvolle Durance, verkörpert durch eine Frau. An der Ostseite schließt sich die **Place Richelme** an, Schauplatz eines Gemüsemarktes.

Gehen Sie durch den Glockenturm hindurch die Rue Gaston de Saporta hinauf. Der Weg führt vorbei am **Musée du Vieil Aix** linker Hand (siehe S. 112) und am **Hôtel de Chateaurenard ➎**. Dieses vornehme Palais, Mitte des 17. Jahrhunderts

von Pierre Pavillon entworfen, beherbergt heute ein Kulturzentrum. Werfen Sie einen Blick hinein auf die Trompe-l'oeil-Darstellung im Treppenhaus, geschaffen von dem Brüsseler Künstler Jean Daret.

Weiter geht es auf der Rue Gaston de Saporta; dort liegt am östlichen Ende das **Palais de l'Archevêché** (1650–1730), die ehemalige Residenz der Erzbischöfe. Inzwischen wird hier alljährlich im Juli das Festival International d'Art Lyrique et de Musique abgehalten. Zudem beherbergt das Gebäude das **Musée des Tapisseries**. Der Rundgang endet an der **Cathédrale St-Sauveur ➏** (siehe S. 111). Wer Cézannes Atelier besuchen will, folgt der Straße etwa 800 Meter über die Avenue Pasteur.

⛰	Siehe Karte S. 108
▶	La Rotonde
↔	800 Meter
⏱	Mindestens eine Stunde
▶	Cathédrale St-Sauveur

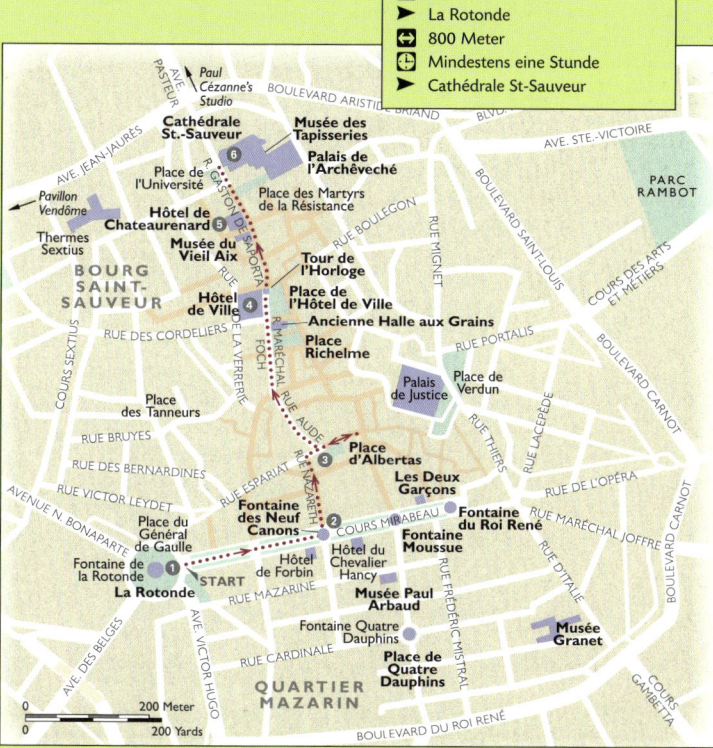

Montagne Ste-Victoire

Paul Cézanne war geradezu besessen davon, die Montagne Ste-Victoire abzubilden und deren Farben, Texturen und das Spiel des Lichts möglichst genau einzufangen. Sie können den Spuren des großen Künstlers folgen und den Berg umrunden. Entlang der Strecke liegen malerische Dörfer, Weinberge und Olivenhaine sowie ein berühmtes Schloss.

Der lang gestreckte Gebirgszug in der Nähe von Aix liefer-te Paul Cézanne ein ständig wechselndes Farb- und Formenspiel

Montagne Ste-Victoire
108 C3–C4

Von Aix führt die Route de Cézanne genannte D17 ostwärts. Obwohl sie teilweise von Bäumen verdeckt ist, erhascht man bereits auf der Fahrt zum Dorf **Le Tholonet**, wo Cézanne zwei Zimmer gemietet hatte, immer wieder einen Blick auf die Montagne Ste-Victoire. Zwischen 1888 und 1904 durchstreifte der Meister diese Gegend auf der Suche nach Motiven, die ihm auch in der Natur Zylinder-, Kreis- und Kegelformen boten.

Fündig wurde er beim **Château Noir** (von der D17 aus zu sehen) und beim Steinbruch von Bibémus. Kurz vor der Ortschaft markiert ein Schild den Beginn eines *sentier de découverte*, eines sieben Kilometer langen Wanderwegs zum **Zola-Staudamm**, der 1854 erbaut wurde. Der Pfad beginnt gegenüber dem senfgelben **Relais Cézanne**, einem Café-Restaurant, das Cézanne gut kannte. Vom Hügel aus bietet sich ein erstes Weitwin-

Cézannes Malertasche

kelpanorama des Gebirgszugs. Nicht ohne Grund war dies einer der Plätze, an denen der Maler bevorzugt seine Staffelei aufstellte. Im nahe gelegenen **Moulin de Cézanne** finden Wechselausstellungen statt.

Fährt man weiter, wirkt das Gebirge immer höher. In St-Antonin gibt es in der **Maison de la Ste-Victoire** Tipps zum Besteigen des Berges; mehrere Wanderwege haben hier ihren Ausgangspunkt. Weiter führt die D17 durch eine fruchtbare Ebene mit Weinfeldern und Olivenhainen. Die Kellerei **Domaine de St-Ser** gehört zu den bekannten Côtes-de-Provence-Weingütern. In der Nähe drängt sich das winzige Dorf **Puyloubier** an den Fuß des Berges.

Zur weiteren Umrundung der Montagne folgen Sie der D623 durch die Weinbauern-

stadt **Pourrières**. Die D23, D623 und D10 schlängeln sich den Berg hinauf, wobei sich in jeder Kurve neue spektakuläre Panoramen bieten. Schließlich kommen Sie zum **Col des Portes**, wo sich der Berg markant gegen den Himmel abhebt. Hier beginnen verschiedene Wanderwege.

Fahren Sie weiter nach **Vauvenargues**, das mit einer grandiosen Aussicht auf die Nordwand der Montagne aufwartet. Den schönsten Blick hat man von dem gleichnamigen Schloss aus, das zwischen dem 14. und 17. Jahrhundert erbaut wurde. Picasso, ein großer Bewunderer Cézannes, kaufte es 1958, um «das Original zu besitzen». Der katalanische Künstler ist in dem Park begraben. Gleich hinter dem Château beginnt einer der einfacheren Aufstiege zum Gipfel und der **Croix de Provence**, eine zweistündige Wanderung über den **Sentier des Venturies**. Verschiedene Parkplätze – einer in Vauvenargues, weitere an der Straße hinter der Ortschaft – bieten sich als Ausgangspunkte an. Von Vauvenargues ist man mit dem Auto rasch wieder zurück in Aix. ∎

Relais Cézanne
- 🗺 108 C3
- ✉ Rte. de Cézanne/D17, Le Tholonet
- ☎ 04 42 66 91 91

Moulin de Cézanne
- 🗺 108 C3
- ✉ Rte. de Cézanne/D17, Le Tholonet
- ☎ 04 42 66 90 41 (Stadthalle)
- 🕐 Geschl. Okt.– April

Maison de la Ste-Victoire
- 🗺 108 C3
- ✉ St-Antonin-sur-Bayon
- ☎ 04 42 66 84 40

Domaine de St-Ser
- 🗺 108 C3
- ✉ Mas de Bramefan/D17, Puyloubier
- ☎ 04 42 66 30 81

Marseille

⚓　108 C2

Besucher-
information

✉　4, La Canebière
☎　04 91 13 89 00

**www.marseille-
tourisme.com**

Marseille

Einst als Hochburg der Schmuggler und Diebe berühmt, hat die alte Hafenstadt inzwischen ihr rußverschmiertes Gesicht gereinigt und präsentiert sich in neuem Gewand. Heute säumen trendige Lokale den Vieux Port der quirligen Metropole.

Stadtgeschichte

Seit mehr als 2600 Jahren ist Marseille, um es in den Worten Alexandre Dumas' zu sagen, der «Treffpunkt der Welt». In der Tat flossen die Truhen der Stadt lange regelrecht über von den exotischen Schätzen des Handels – Baumwollstoffen, Seide, Gewürzen, Parfums, Lederwaren und Kaffee –, während sich Einwande-

Nach jahrhundertelangem Niedergang erstrahlt der alte Hafen von Marseille in neuem Glanz

rer zu jenem bunten Potpourri mischten, das Marseille ein ganz eigenes Flair verleiht.

An der Stelle des Vieux Port (alter Hafen) gründeten die Phokäer 600 v. Chr. einen Handelsstützpunkt, den sie Massalia nannten. Nach der Zerstörung Phokäas durch die Perser 540 v. Chr. übernahmen Athener Griechen die Stadt. Es folgte eine kulturelle Blüte, der Hafen galt als Wirtschaftszentrum. Auch nachdem Rom den Großteil der Provence erobert hatte,

konnten die Griechen Massalia als verbündete, aber unabhängige Republik halten. Alles lief glänzend, bis die Stadt im Bürgerkrieg des Jahres 49 v. Chr. die falsche Seite, also Pompeius und nicht Cäsar, unterstützte. Rachsüchtig beraubte Cäsar die Stadt all ihrer Schätze, Flotte und Handelsstützpunkt wurden verlegt. Dennoch blieb Massalia eine freie Stadt mit Universität. Nennenswerte Bedeutung erlangte es jedoch erst wieder im Zeitalter der Kreuzzüge, als die unab-

Markttage
Fischmarkt
tgl. vormittags
Hauptmarkt tgl.
Flohmärkte Di–So

Citypass
Im Office de Tourisme ist ein Citypass erhältlich, der für einen (€€€€) oder zwei (€€€€€) Tage freien Eintritt in sämtlichen städtischen Museen und die Benutzung der öffentlichen Verkehrsmittel erlaubt. Ebenfalls enthalten sind kostenlose Führungen, eine Bootsfahrt zur Île d'If und Fahrten mit der Touristenbahn.

Hôtel de Ville
🅰 Karte S. 121
✉ Quai du Port

Musée des Civilisations de l'Europe et de la Méditerranée
✉ Fort St.-Jean, Esplanade St.-Jean, 2e
☎ 04 96 13 80 96
🕐 Geschl. Di u. vormittags
💲 €
🚇 Metro: Vieux Port

Musée du Vieux Marseille
🅰 Karte S. 121
✉ 2, rue de la Prison, 2e
☎ 04 91 55 28 68
🕐 Geschl. Mo
💲 €
🚇 Metro: Vieux Port

Musée des Docks de Romains

- 🗺 Karte S. 121
- ✉ place du Vivaux, 2e
- ☎ 04 91 91 24 62
- 🕐 Geschl. Mo
- 💲 €
- 🚇 Metro: Vieux Port

hängige Republik Schiffe ausrüstete. Unter französischer Herrschaft wuchs der Reichtum weiter – an den Kais wurden Rohstoffe aus den Kolonien verarbeitet. Im Zweiten Weltkrieg zerstörten Bomben große Teile der Stadt.

Seinen Ruf als raue Hafenstadt trägt Marseille nicht zu Unrecht. Als die Polizei in den 1970er Jahren die Drogenszene aushob, kamen jede Menge organisiertes Verbrechen und Korruption ans Licht. Langsam jedoch wandelt sich der Charakter der Stadt. Im Rahmen des Euro-méditerrannée-Projekts, einer internationalen Wirtschaftsinitiative aller Mittelmeerländer, fließen Milliarden Euro in die Kassen, um aus Marseille ein boomendes Wirtschaftszentrum und ein Touristenziel zu machen.

Vieux Port und La Canebière

Angefangen hat alles mit dem u-förmigen alten Hafen von Marseille, wo seit 2600 Jahren Schiffe verkehren. Zwischen 1840 und 1850 wurden die Hafenanlagen nach La Joliette verlegt – heute ist der Vieux Port eher ein Vergnügungs- denn ein Wirtschaftshafen, und Privatboote belegen die mehr als 10 000 Liegeplätze. Fähren bringen Passagiere von einer Seite des Hafens zur anderen sowie zum nahe gelegenen Château d'If (siehe S. 125). Rund um den Hafen flicken Fischer ihre Netze, Matrosen lesen Zeitung, während gleich nebenan Restaurants Meeresfrüchte servieren.

Seit dem 17. Jahrhundert bewacht das **Fort St-Nicolas** die Einfahrt zum Hafen. Seine Kanonen sind in Richtung Stadt gerichtet, um die rebellische Bevölkerung in Schach zu halten. Direkt gegenüber steht das im 12. Jahrhundert errichtete **Fort St-Jean** mit dem **Musée des Civilisations de l'Europe et de la Méditerranée**.

Am Quai du Port, an der Nordseite des Hafens, erhebt sich das imposante **Hôtel de Ville** (Rathaus, 17. Jh.) mit einem Standbild von Louis XIV. Unweit

Enge Gassen sind typisch für Le Panier, ein langsam wieder in Mode kommendes Viertel von Marseille

Bassin de la Joliette

Ancienne Major

Hospice de la Vieille Charité

Pl. Francis Chirat

Place J. Guesde

RUE DE LA JOLIETTE

BOULEVARD DES DAMES

AVE. C. PELLETAN

Cathédrale de la Major

A.-V. R. SCHUMAN

Place de la Major

R. DU PETIT PUITS

R. ST-ANTOINE

LE PANIER

RUE DES PHOCÉENS

RUE DE LA RÉPUBLIQUE

les Carmes

RUE ST-BARBE

RUE D'AIX

Îles du Frioul & Château d'If, 3,5 km

Église St-Laurent

QUAI DE LA TOURETTE

ESPL. DE LA TOURETTE

Pl. de Lenche

R. DU PANIER R. BELLES ÉCUELLES

Pl. des Moulins

Clocher des Accoules

Hôtel Dieu

RUE COLBERT

Fort St.-Jean

RUE ST-LAURENT

MONTÉE DES ACCOULES

RUE CAISSERIE

AVE. DE ST-JEAN

Pl. Daviel

GRANDE RUE

St.-Cannat

Musée d'Histoire de Marseille

COURS BELSUNCE

Musée des Docks Romains

R. DU LACYDON

RUE DE LA

QUAI DU PORT

LOGE

Musée du Vieux Marseille

RUE COUTELL

Hôtel de Ville

Jardin des Vestiges Centre Bourse

RUE DE BIR-HAKEIM

Corniche John F. Kennedy

Fort St.-Nicolas

TUNNEL ST-LAURENT

RUE DE LA PRISON

St-Ferréol

Palais de la Bourse (Musée de la Marine)

LA CANEBIÈRE

Palais Longchamp, Musée Grobet-Labadié

BLVD. CHARLES LIVON

Vieux Port

Q. DES BELGES

Fähr- anleger

Office de Tourisme

Fort St.-Nicolas

QUAI DE RIVE NEUVE

Théâtre de la Criée

R. FORT NOTRE DAME

Pl. Thiars

CRS J. BALLARD

Pl. Reyer

Opéra

RUE PARADIS

RUE ST-FERRÉOL

RUE DE ROME

RAMPE ST-MAURICE

Abbaye St.-Victor

Musée du Santon

RUE NEUVE STE. CATHERINE

RUE SAINTE

AVE. DE LA CORSE

BLVD. DE LA CORDERIE

RUE SAINTE

RUE GRIGNAN

St.-Charles

Musée Cantini

0   200 Meter
0   200 Yards

JARDIN P. PUGET

Basilique Notre-Dame-de-la-Garde

Palais de Justice

davon liegt das frisch renovierte **Musée du Vieux Marseille**, das auf Initiative des Dichters Frédéric Mistral eingerichtet wurde. Zu den schier unüberschaubar vielen Exponaten zählen wunderschön geschnitzte Möbelstücke, traditionelle Trachten, Heiligenfiguren sowie Gemälde und Fotografien aus den letzten 400 Jahren. Aufmerksamkeit verdient die Sammlung hier gefertigter Spielkarten.

Für eine so geschichtsträchtige Stadt hat Marseille ungewöhnlich wenig aus seinen Anfängen behalten. Eine Ausnahme befindet sich ganz in der Nähe: das bescheidene **Musée des Docks Romains**. Hier sieht man

Reste der römischen Hafenanlagen, wo in Tongefäßen Öl und Wein gelagert wurden.

Es mag überraschen, die römischen Schätze des **Musée d'Histoire de Marseille** im Erdgeschoss eines Einkaufszentrums zu finden. Doch die zu bestaunenden Ruinen wurden zufällig beim Bau des Zentrums entdeckt. Zahlreiche archäologische Funde illustrieren die Geschichte von Marseille – von der keltoligurischen Zeit bis hinein ins 18. Jahrhundert, als die Hafenstadt florierte. Besonders faszinieren das erstaunlich gut erhaltene Wrack eines römischen Handelsschiffes. Die Eintrittskarte öffnet auch das Tor zum

Musée d'Histoire Naturelle

✉ Palais Longchamp, blvd. Philippon, 4e

☎ 04 91 14 59 50

🕐 Geschl. Mo

💲 €

🚇 Metro: Longchamp-Cinq Aves.

Musée de la Marine et de l'Économie de Marseille

✉ Palais de la Bourse, 9, La Canebière, 1er

☎ 04 91 39 33 33

🕐 Geschl. Mo

💲 €

🚇 Metro: Vieux Port

Musée d'Histoire Naturelle

✉ Palais Long-champ, blvd. Philippon, 4e

☎ 04 91 14 59 50

🕐 Geschl. Mo

💲 €

🚇 Metro: Long-champ-Cinq

Jardin des Vestiges, wo man die Überreste griechischer Mauern und römischer Kaianlagen bewundern kann.

Am Kopfende des Hafens liegt der **Quai des Belges**, wo frühmorgens der Fischmarkt stattfindet. Hier beginnt **La Ca-**

rine et de l'Économie de **Marseille**, eine Sammlung von Schiffsmodellen, Stichen und Gemälden, die das Wachstum der Stadt seit dem 17. Jahrhundert dokumentieren.

Direkt westlich von La Canebière liegt **Belsunce**, das nord-

Prozession vor der Cathédrale de la Major

Musée Grobet-Labadié

🅰 Karte S. 121

✉ 140, blvd. Longchamp

☎ 04 91 62 21 82

🕐 Geschl. Mo

💲 €

🚇 Metro: Long-champ-Cinq Aves.

nebière, die Hauptverkehrsader der Stadt, die Louis XIV 1666 zwischen dem Hafen und dem Viertel der Seiler anlegen ließ (das Wort *canèbe* ist provenzalisch für „Hanftau"). Seit dem Untergang des Kaiserreichs hat die einst prächtige Promenade an Glanz verloren.

Unweit vom Ende des Boulevards erhebt sich das mächtige **Palais de la Bourse**, die 1860 von Napoléon III errichtete älteste Börse Frankreichs. Sie beherbergt das **Musée de la Ma-**

afrikanische Viertel von Marseille, dessen Schaufenster eine Mischung aus Kronleuchtern, Süßigkeiten und Couscous-Gerichten präsentieren. Die Gegend um die **Rue du Bon Pasteur** und die **Rue d'Auburne** ist das Araber-Viertel, wo die **At-taqua-Moschee** die Gläubigen zum Gebet ruft. Hier gabelt sich La Canebière – der Boulevard Longchamp führt weiter zum imposanten **Palais Longchamp** mit seiner Ansammlung von Brunnen und Wasserfällen. Im

Nordflügel ist das **Musée des Beaux Arts** (Tel. 04 91 14 59 30) untergebracht, das vorwiegend „Beutekunst" enthält, die Napoléons Truppen mitbrachten – darunter Werke von italienischen und flämischen Meistern wie Perugino und Rubens sowie Corot, Millet und Ingres. Der Südflügel beherbergt das **Musée d'Histoire Naturelle**, in dem seit 1815 mehr als 200 000 Spezies gesammelt wurden. Auf der anderen Straßenseite liegt das **Musée Grobet-Labadié**. Unter den Exponaten finden sich Gemälde, Plastiken und Porzellan.

Südlich der Canebière säumen Boutiquen, Designerläden, Restaurants und Theater den **Cours Julien**. Weil hier 22 Buchhandlungen liegen, wird er auch Le Quartier du Livre, das „Bücherviertel", genannt.

Nicht weit davon liegt inmitten vieler Geschäfte an der Rue Grignan das **Musée Cantini**. Die recht kleine Ausstellungsfläche kann mit großen Namen aufwarten, etwa Raoul Dufy, Paul Signac, Joan Miró und Picasso. Im südlich des Vieux Port gelegenen Musée du Santon kann man eine Austellung von *santons* bewundern, kleine Terrakottafiguren aus der Zeit der Französischen Revolution. Westlich am Quai de Rive Neuve ragt die mittelalterliche **Abbaye St-Victor** aus der Hügellandschaft. Der festungsartige Bau geht auf eine Gründung von Jean Cassien im 5. Jahrhundert zurück und entstand an der Stelle einer Nekropole. Das ursprüngliche Gebäude wurde im 11. Jahrhundert von den Sarazenen zerstört, aber im 14. Jahr-

hundert wieder aufgebaut. Die Krypta mit den Sarkophagen verschiedener Märtyrer entging der Beschädigung durch die Sarazenen.

Le Panier

Das Viertel Le Panier (*panier* = Brotkorb) ist nach einem beliebten Cabaret benannt, das im 17. Jahrhundert hier stand; die kopfsteingepflasterten Straßen, die sich vom Quai du Port hügelaufwärts schlängeln, sind viel älter – sie datieren noch aus griechischer Zeit. Als einer der ältesten Stadtteile vermittelt Le Panier noch einen Eindruck davon, wie das Viertel aussah, bevor Hitler es im Zweiten Weltkrieg räumen ließ, um die Juden und Widerstandskämpfer zu verhaften, die hier Zuflucht gesucht hatten. Bis in die 1970er Jahre hinein war es das Zentrum des internationalen Drogenhandels. Heute umgibt eine gewisse Authentizität die alten Gebäude entlang der malerischen Nebenstraßen – Kinder spielen, Wäsche hängt vor den Hauswänden, Leute unterhalten sich mitten auf der Straße oder spielen Boule. Eine Reihe kleiner Geschäfte verkauft Gemälde, Töpferwaren und handgefertigte Seifen – ein traditioneller Handwerkszweig dieser Gegend.

Vom Quai du Port gelangt man über die Rue de la Prison oder die Rue de la Guilande zur Montée des Accoules; am oberen Ende der Treppe weisen Schilder den Weg zur **Église St-Laurent**. Von der Kirche aus bietet sich eine herrliche Aussicht über den

Musée Cantini
- Karte S. 121
- 19 rue Grignan, 6e
- 04 91 54 77 75
- Geschl. Mo
- €
- Metro: Estrangin-Préfecture

Taucheranzug aus dem 18. Jahrhundert im Musée de la Marine et de l'Économie

Musée du Santon
- Karte S. 121
- 47 rue Neuve Ste.-Catherine, 7e
- 04 91 54 26 58
- Geschl. Mo
- Metro: Vieux Port

Abbaye St-Victor
- Karte S. 121
- 3, rue de l'Abbaye, 7e
- 04 96 11 22 60
- Krypta: €
- Metro: Vieux Port

Église St-Laurent

- Karte S. 121
- Esplanade de la Tourette
- 04 91 90 52 87

Hospice de la Vieille Charité

- Karte S. 121
- 2, rue de la Vieille
- 04 91 14 58 80
- Geschl. Mo

Musée d'Archéologie Méditerranéenne

- 04 91 14 58 80
- €

Musée d'Arts Africains, Océaniens, et Amérindiens

- 04 91 14 58 38
- €

Basilique Notre-Dame-de-la-Garde

- Karte S. 121
- Place Colonel Edon, 6e
- 04 91 13 40 80
- Metro: Estrangin-Préfecture. Bus: Nr. 60 vom Hafen in Cours Jean Ballard, Touristenzug vom Hafen

ERLEBNIS:
Bouillabaisse

Die Bouillabaisse, Marseilles Beitrag zur kulinarischen Welt, war ursprünglich lediglich ein einfaches Fischergericht: Die besten Teile des Fangs wurden zum Verkauf aussortiert, die minderwertigeren aß man mit einer Rouille-Sauce und mit Knoblauch eingeriebenen Brotkrusten.

Heute gilt diese Suppe als die lokale Spezialität, und es gibt in Marseille eine ganze Reihe von soupes des pecheurs und bouillabaisses à notre façon. Um die Wahrung des Originalrezepts besorgte Restaurantbesitzer verfassten 1980 eine Marseille-Bouillabaisse-Charta.

Wenn Sie das Original probieren wollen, achten Sie also unbedingt darauf, ein Lokal zu besuchen, das diese Charta, eine Art Garantieerklärung, unterzeichnet hat. Mit Sicherheit echte Bouillabaisse servieren Le Miramar (12, quai du Port, Tel. 04 91 91 10 40) **und Le Caribou** (38, place Thiars, Tel. 04 91 33 22 63).

Hafen. Spazieren Sie entlang der Esplande de la Tourette zur dunkelgrün-weiß gestreiften **Cathédrale de la Major** (Place de la Major, 2e, Tel. 04 91 90 52 87). Die neobyzantinische Kathedrale wurde zwischen 1852 und 1893 erbaut – als Frankreichs größtes Gotteshaus seit dem Mittelalter (137 Meter lang, die Hauptkuppel fast 65 Meter hoch); sie schmückt sich mit Kuppeln und Türmchen, die eher türkisch anmuten als französisch. Zu den Schätzen der Kirche gehört eine Statue der hl. Veronika von Carli.

Folgen Sie den Wegweisern durch das Labyrinth malerischer Gassen zur Hauptattraktion des Panier-Viertels: dem **Hospice de la Vieille Charité**, das zwei hervorragende Museen beherbergt. Als Architekt des zwischen 1671 und 1745 als Armenhaus errichteten Gebäudes zeichnete Pierre Puget. Der Komplex besteht aus einem geschlossenen Innenhof, der auf allen vier Seiten von kolonnadengeschmückten Häusern umrahmt und liebevoll restauriert ist. Direkt hinter dem Eingang liegt die Kapelle, ein Kleinod reinen römischen Barocks mit eiförmiger Kuppel, das heute für Wechselausstellungen genutzt wird.

Die Charité selbst beherbergt in verschiedenen Räumen das **Musée d'Archéologie Méditerranéenne**. Die ägyptische Sammlung, in Frankreich nur von der des Louvre übertroffen, ist in Räumen präsentiert, die einem ägyptischen Grabmal nachempfunden sind. Sie zeigt sämtliche Aspekte des Lebens am Nil, von den ersten Hochkulturen bis zur Zeit der Kopten. Unter den sehenswerten Artefakten gibt es winzige Bronzeringe, mumifizierte Ibisse und riesige Sarkophage. Die prähistorische Sammlung umfasst frühe Artefakte aus der Provence, darunter einen kunstvollen Türstock mit vier Pferden aus dem um 125 v. Chr. aufgegebenen Heiligtum von Roquepertuse.

Das darüber liegende Geschoss wird vom **Musée d'Arts**

Africains, Océaniens, et Amérindiens eingenommen – dem einzigen Museum Frankreichs außerhalb von Paris, das sich mit Stammeskunst befasst. Das Spektrum der Ausstellungsstücke reicht von Vasen und Schmuck aus dem Vorderen Orient über Statuetten von der Elfenbeinküste bis hin zu Masken, Objekten aus Papiermaché und *nierikas* (Garnmalereien) aus Mexiko. Einer der bizarrsten Säle enthält die Sammlung Henri Gastauts, eines Hirnforschers mit Vorliebe für menschliche Schädel.

Halten Sie beim Bummeln durch Le Panier nach ein paar Sehenswürdigkeiten Ausschau: Das **Hôtel Dieu** (6, place Daviel), das ehemalige städtische Krankenhaus, datiert aus dem 18. Jahrhundert; die alte griechische *agora* (Marktplatz) befand sich an der Stelle der **Place de Lenche**; und am höchsten Punkt der Altstadt, der **Place des Moulins**, standen im 16. Jahrhundert 15 Getreidemühlen.

Etwas Ausserhalb

Von ihrem Standort 150 Meter hoch am Collin de la Garde überblickt die **Basilique Notre-Dame-de-la-Garde** nahezu jeden Winkel von Marseille. Der überkuppelte neobyzantinische Bau, ein Entwurf von Espérandieu, wurde 1853 bis 1864 an der Stelle einer Kapelle aus dem Jahr 1214 errichtet. Das Innere wirkt schon durch seine vergoldeten Mosaiken und Wandmalereien überladen; dazu kommen Sammlungen von Votivbildchen und anderen Kunstwerken, darunter

eine „Verkündigung" von Lucca della Robbia.

Die **Corniche John F. Kennedy** führt vom Vieux Port ostwärts, vorbei an Stränden und jahrhundertealten Villen, die zerklüftete, nichtsdestoweniger aber baulich voll erschlossene Küste entlang. Sie endet in **Plage du Prado**, einem viel besuchten Badeort. Nicht weit davon liegen von einem Park und botanischen Garten umgeben

Im berühmten Château d'If

das **Château Boreley**, wo Wechselausstellungen stattfinden, und das **Musée de la Faïence** (*Château Pastré, 157, ave. de Montredon, Tel. 04 91 72 43 47*) mit Stücken, die die historische Bedeutung von Marseille als Stadt der Porzellankunst unterstreichen.

Château d'If

Berühmtheit verdankt dieses Gefängnis aus dem 16. Jahrhundert dem Schriftsteller Alexandre Dumas. Dumas ließ seinen (fiktiven) „Graf von Monte Christo" unschuldig hinter diesen Kerkermauern schmoren. ∎

Château Borely

✉ 134, ave. Clot Bey

☎ 04 91 25 26 34

🕐 Geschl. wegen Renovierung

💲 €€

🚌 Bus: 19 zur ave. du Prado oder Bus 44 zur ave. Clot Bey

Château d'If

✉ Hafen von Marseille

☎ 04 91 59 02 30

🕐 Geschl. Mo Okt.–März

💲 €€

⚓ Bootsanleger im Vieux Port am Büro dert Groupement des Armateurs Côtiers Marseillais (GACM) (Tel. 04 91 55 50 09). Rundfahrt: €€€.

Die steil aufragenden Felswände der Calanque d'En-Vau sind ein beliebtes Ziel für Bergsteiger

Cassis und die Calanques

Cassis mit seinen pastellfarbenen Häusern, die malerisch am Steilhang über dem winzigen Hafen liegen, hat seine ruhigen Zeiten hinter sich. Wo einst nur Korallenfischer lebten und später die Fauvisten spektakuläre Motive suchten, tummeln sich heute jede Menge Touristen. Und die Calanques, die majestätischen weißen Klippen, die den Ort umgeben, sind in der Tat einen Besuch wert.

Markttage
Mi u. Fr

Cassis
⛰ 108 C2
Besucher-information
✉ Office Munici-pal de Tourisme de Cassis, quai des Moulins, Oustau Calen-dal
☎ 08 92 25 98 92
www.ot-cassis.fr

Hinweis: Mitte Juli bis Mitte September sind die Calanques wegen Waldbrand-gefahr nicht zu-gänglich. Auch bei Windgeschwindig-keiten über 130 km/h ist das Betre-ten des Gebietes verboten.

Nach einem Bummel durch die Boutiquen und einer leckeren Mahlzeit am Hafen kann man in Cassis selbst eigentlich nicht mehr viel unternehmen – au-ßer natürlich Sonnenbaden. Die **Plage de la Grande Mer** besitzt herrlich feinen Sand, die **Plage du Bestouan** liegt geschützt am westlichen Ende des Hafens. Schön ist auch ein Spaziergang auf der **Promena-de des Lombards**, die Grande Mer mit der Lourton-Bucht verbindet und an einer Burg vorbeiführt. Fahren Sie nicht weiter, bevor Sie nicht die Ca-lanques erkundet haben, sei es zu Lande oder zu Wasser. Die-se von tiefblauen Wassern um-spülten schroffen Kalkfelsen

sind im Laufe der Jahrtausende von Wind und Wetter geformt worden. Sie sind die Heimat einer artenreichen Flora und Fauna; von den rund 900 Pflanzenarten sind 50 als be-droht eingestuft. **Port-Miou** ist von der Stadt aus zugäng-lich, für **Sormiou** und **Mor-giou** benötigt man ein Auto. Wer Lust auf einen Spazier-gang hat, folgt der **Route des Calanques**, die hinter dem Weststrand beginnt und zur **Calanque d'En-Vau** führt, dem entferntesten der Felsrü-cken. Die meisten Calanques sind nur auf dem Wasserweg erreichbar. In dem kleinen Tou-ristenbüro am Hafen bekommt man Tickets für Bootstouren. ■

Hyères &
die Îles d'Hyères

Dem Städtchen Hyères vorgelagert liegen drei malerische Insel-chen. Der Legende zufolge waren diese drei Prinzessinnen, die Götter in Inseln verwandelten.

Markttag
Sa

Auf die Mönche von Lérins, die die Inseln im 5. Jahrhundert besiedelten, folgten 1160 die Sarazenen, und François I legte die ersten Befestigungen an. In der Renaissance wurden sie Îles d'Or genannt, weil die sonnenbestrahlenen Felsen oft goldglänzend schimmern.

Die größte und am besten erschlossene Insel ist die **Île de Porquerolles** mit zwei alten Festungen: dem **Fort du Petit Langoustier** und dem **Fort Ste-Agathe** (mit einer Unterwasser-Archäologie-Ausstellung). Der Hauptort **Porquerolles** gruppiert sich um die Place d'Armes.

Mehrere eukalyptusbeschattete Wanderwege laden dazu ein, die Schönheit der Insel zu erkunden. Sonnenanbeter können an der **Plage d'Argent** (im Westen) und der **Plage de la Courtade** (im Osten) ihrer Leidenschaft frönen. Beide sind vom Dorf aus in zehn bis 15 Minuten zu Fuß zu erreichen.

Ein Großteil der **Île de Port-Cros**, der naturbelassensten der drei Inseln, bildet den kleinsten Nationalpark Frankreichs. Beim Postamt im Hauptort beginnt ein Pfad, der das 30 Kilometer lange Wanderwegenetz der Insel erschließt. Vom Strand bei La Palud können Schnorchler entlang einem Unterwasserpfad Schwämme und Tintenfische beobachten.

Der malerische Hafen der Île de Port-Cros

90 Prozent der **Île du Levant**, der östlichsten Insel, nimmt ein Marinestützpunkt ein.

Hyères

Hyères, das ehrwürdigste Seebad der Côte d'Azur, war im 19. Jahrhundert beliebter Winterkurort für Persönlichkeiten wie Kaiserin Eugénie, Queen Victoria oder Edith Wharton. Eine Mischung aus Palmen und maurischer Architektur prägt die breiten Boulevards, und hinter dem mittelalterlichen Tor liegt eine idyllische Altstadt mit malerischen Gärten und zauberhaften Ausblicken aufs Meer. Die aus dem 12. Jahrhundert stammende **Tour St-Blaise** und die **Église de St-Paul** erinnern an den einstigen Nobelstatus der Stadt. ∎

Hyères
🗺 109 E2
Besucher-information
✉ 7, ave. Ambroise Thomas
☎ 04 94 01 84 50
www.ot-hyeres.fr

Fähren zu den Inseln

Transports Maritimes et Terrestres du Littoral Varois (Tel. 04 94 58 21 81, www.tlv-tvm.com) bietet ganzjährig die Möglichkeit zur Überfahrt von der Gare Maritime de la Tour Fondue bei Hyères zur Île de Porquerolles. Hin- und Rückfahrt: €€€€. Fähren zu den beiden anderen Inseln verkehren vom Port d'Hyères.

Aus der Entfernung nur ein malerischer Küstenort, sonnt sich St-Tropez im Rampenlicht vieler Stars

St-Tropez

Als im Gefolge Paul Signacs die ersten Postimpressionisten nach St-Tropez kamen und das herrlich klare Licht bestaunten, war diese einstige Fischersiedlung aus dem 15. Jahrhundert gewiss noch sehr beschaulich. Doch spätestens nachdem Brigitte Bardot 1955 hier im Film *Und Gott schuf das Weib* aufgetreten war, wurde die Stadt zum internationalen Symbol der Hautevolee. Das Lieblingsrefugium Picassos ist inzwischen ein Synonym für Glanz und Glamour. Nichtsdestotrotz gibt es auch heute noch mittelalterliche Gassen, ruhige Plätze und apricotgelb getünchte Häuser, die malerisch wie eh die azurblaue Bucht überblicken.

Markttage
Di u. Sa

St-Tropez
🅰 109 F2

Besucherinformation

✉ Quai Jean-Jaurès, ave. Général de Gaulle

☎ 08 92 68 48 28

www.ot-sainttropez.com

Am Fuße des mächtigen Massif des Maures liegt St-Tropez an einem der entlegensten Plätze der gesamten Côte d'Azur. Im Mittelalter wurde es von den Sarazenen zerstört, dann folgte im 15. Jahrhundert der Wiederaufschwung – dank einiger genuesischer Familien, die den Ort zu einer winzigen Republik machten. 1637 besiegten die Einwohner gar eine spanische Flotte, die die Küste bedrohte.

Allerdings entzog Louis XIV, über diese militärische Glanzleistung beunruhigt, der Stadt daraufhin sämtliche Privilegien. Trotzdem feiert man bis heute am 15. Juni diese Schlacht.

Erneut an Bedeutung gewann St-Tropez erst wieder 1892, als Paul Signac hier eine Villa errichtete, die zum beliebten Künstlertreff avancierte. Raoul Dufy, Henri Matisse und andere Fauvisten verbrachten hier gerne

ihre Zeit, schwelgten in der grandiosen Landschaft und schufen ein Meisterwerk nach dem anderen. Einige ihrer Arbeiten können Sie im **Musée de l'Annonciade** (Place Georges-Grammont, Tel. 04 94 97 04 01, Di und Nov. geschl., €) bewundern. Versäumen Sie nicht Signacs Saint-Tropez au Soleil Cochant (1896) und Saint-Tropez, leQuai (1899) sowie Albert Marquets Saint-Tropez, le Port (1905). Das Museum befindet sich in der einstigen Verkündigungskapelle (16. Jh.).

Manchmal liest man, die glanzvollen Zeiten von St-Tropez seien passé. Doch auch wenn der Jetset der 1960er Jahre längst der Vergangenheit angehört, hat sich das mondäne Flair der Stadt erhalten – schauen Sie nur zum **Vieux Port**, dem alten Hafen, mit all den weiß schimmernden Luxusyachten. Viele haben einen wöchentlichen Charterpreis von mehr als

100 000 Euro – sind aber praktisch ständig ausgebucht. Und während Eigner samt Gästen an Deck auf den malerischen Sonnenuntergang anstoßen, sitzen die Normalsterblichen in den Touristencafés, nippen einen Espresso und träumen davon, selber reich zu sein ...

Vom Hafen führen schmale, von Nobelboutiquen und -bistros gesäumte Gassen hinauf zu der Zitadelle aus dem 16. Jahrhundert. Dort warten ein prachtvoller Blick über den Hafen und, im **Musée Naval**, eine kleine historische Ausstellung.

Trotz seines mondänen Rufs sind Teile von St-Tropez bescheiden geblieben. Auf der von Platanen beschatteten **Place des Lices** spielen die Einheimischen seit mehr als hundert Jahren pétanque. Hier findet auch der Wochenmarkt statt – eine farbenprächtige Schau aus Obst, Gemüse, Honig, Wein und vielem mehr. Brigitte Bardot soll regelmäßig dort einkaufen. Zu den Lokalen, die den Platz säumen, gehört auch das **Le Café**, das die Nachfolge des legendären Café des Arts angetreten hat.

Einen richtigen eigenen Strand besitzt St-Tropez nicht. Die nächstgelegenen sind **Bouillabaisse** im Westen, **Les Graniers** in Baie des Cannebiers (hinter der Zitadelle) und **Les Salines** am Kap, rund fünf Kilometer entfernt. Der berühmteste ist die **Plage de Pampelonne** südlich von St-Tropez mit vielen Cafés und Restaurants, darunter der bekannte Club 55. Am Nordende liegt die **Plage de Tahiti**, Tummelplatz der Reichen und Schönen. ∎

Musée Naval

✉ Mont de la Citadelle

☎ 04 94 97 59 43

💲 €

Le Café

✉ Place des Lices

☎ 04 94 97 44 69

🕐 Wechselnde-Öffnungs-zeiten

Im Hinterland von St-Tropez

Gassin

🅰 109 F2

**Besucher-
information**

✉ Mairie (Rat-
haus)

☎ 04 94 56 62
00

Ramatuelle

🅰 109 F2

**Besucher-
information**

✉ Office de Tou-
risme,
place
d'Ormeau

☎ 04 98 12 64 00

**www.ramatuelle-
tourisme. com**

Weinberge nah und fern, Panoramablicke auf den azurblauen Golf von St-Tropez und eine Reihe mittelalterlicher Städtchen: All dies wartet jenseits des glamourösen Lebens von St-Tropez.

Südwestlich von St-Tropez gelangt man zur ersten der malerischen Ortschaften, dem ruhigen **Gassin**. Es thront auf einem Felsrücken und bietet grandiose Panoramen: eine Komposition aus blumenübersäten Wiesen, Waldland, Weinbergen und den glitzernden Wassern des Golfs von St-Tropez – ganz wie auf einem impressionistischen Gemälde. Erstmals schriftlich erwähnt wird Gassin im Jahre 1234, als in der heutigen Rue de las Tasco ein befestigtes *castrum* lag.

Entlang der **Lei-Barre-Promenade**, die dem Lauf des einstigen Schutzwalls folgt, geht man an vielen Lokalen vorbei. Am Ende reicht der Blick bis zur Baie de Cavalaire und den Îles d'Hyères. Spazieren Sie durch das Labyrinth der malerischen *ruelles* mit von Bougainvillea überrankten Pforten. Eine Straße, die **l'Androuno**, soll die schmalste der Welt sein: Hier haben keine zwei Leute nebeneinander Platz.

Auch die Geschichte von **Ramatuelle**, im Südwesten gele-

Das mittelalterliche Ramatuelle mit seinen Befestigungsanlagen

gen, reicht bis ins Mittelalter zurück. Die Place d'Ormeau im Herzen des Ortes richtet sich sehr an Touristen aus. Doch die umliegenden Straßen und Gassen haben nichts von ihrem Charme verloren. Der Glockenturm der **Église Notre-Dame** (17. Jh.) war einst ein Wachturm.

Gleich außerhalb der Stadt liegen an der RD89 die **Moulins de Paillas**, steinerne Windmühlen. 325 Meter ü. d. M. gelegen, bietet dieser Platz eine grandiose Aussicht. Unten am Meer liegt **Cavalaire-sur-Mer**, ein beliebter Ferienort für die ganze Familie, mit Boulespielern und einem Hafen, in dem neben Segelyachten auch noch viele echte Fischerboote dümpeln. Das **Casino du Golfe** an der Rue du Port ist das einzige Spielkasino der Halbinsel von St-Tropez. Verschiedene Strände laden zum

(Sonnen-)Baden ein, darunter die **Plage de Bonporteau**. Im August 1944 landeten die Streitkräfte der Alliierten an der Küste von Cavalaire, um im Rahmen der Befreiung eine strategisch wichtige Landzunge zu besetzen.

Cavalaire ist ein Mekka für Wassersportler: Hier können Sie segeln, windsurfen und nach versunkenen Schiffswracks tauchen.

Weiter nördlich ist schon von weitem **Grimaud** zu sehen, wo die Reste einer feudalen Burg eine Reihe von Steinhäusern überragen. Man wandert durch die restaurierten Gassen und lässt Torbögen, Steintreppen, und üppig bewachsene Blumentöpfe auf sich wirken. Die Ruinen der Festung, die nach der Französischen Revolution aufgegeben wurde, lohnen einen Besuch ebenso wie zwei Mühlen: der restaurierte **Moulin à Vent de Saint-Roch**, eine Mehlmühle aus dem 17. Jahrhundert, und die Überreste des **Moulin à Huile de l'Hôpital**, die größte Ölmühle der Stadt. Wer sich für die Geschichte der Region interessiert, sollte das **Musée des Arts et Traditions Populaires** aufsuchen.

Côtes de Provence

Die Weinberge im Hinterland von St-Tropez, die hauptsächlich Rosé hervorbringen, laufen unter der Bezeichnung Côtes de Provence, die edle Tropfen aus der Region zwischen Cannes und Marseille bis hinauf zur Haute-Var umfasst. Werbeschilder von *domaines* (Weingütern) sind allgegenwärtig, und die meisten bieten auch *dégustations* an. ∎

Cavalaire-sur-Mer

⏷ 109 F2

Besucherinformation

✉ Office de Tourisme, Maison de la Mer

☎ 04 94 01 92 10

Grimaud

⏷ 109 F2

Besucherinformation

✉ 1, blvd. des Aliziers

☎ 04 94 55 43 83www.grimaud-provence. com

Musée des Arts et Traditions Populaires

✉ 53, montée Hospice, Grimaud

☎ 04 94 43 39 29 (Office de Tourisme)

🕐 Geschl. So

Der Kreuzgang von Le Thoronet zeigt die klare und vornehme Architektur der Abtei

Côtes-de-Provence-Rundfahrt

Eine idyllische Landschaft mit mittelalterlichen Dörfern, Weinfeldern und reichlich Gelegenheiten, den edlen Tropfen der Region zu kosten, erwarten Sie auf der Rundfahrt durch die Vallée Intérieure des Var – eine der fünf Regionen der Côtes de Provence, deren Weine die Aufschrift *Appellation d'Origine Contrôlée* tragen dürfen.

Ausgangspunkt ist **Les Arcs** ❶ mit seinem mittelalterlichen Stadtkern. Sieben Kilometer östlich der Stadt an der D91 liegt das **Château Ste-Roseline** ❷ *(Tel. 04 94 99 50 30, www.sainte-roseline.com, Kapelle Mo geschl.)* inmitten von Weinbergen; kosten Sie einen *cru classé,* der hier seit dem 14. Jahrhundert gekeltert wird. Die angrenzende Kapelle birgt ein Mosaik (1975) von Marc Chagall sowie den Leichnam der hl. Rosaline (1263–1329). Rosaline kümmerte sich während der Sarazeneneinfälle um die Bauern.

Südlich der Stadt an der N7 können Sie in der **Maison des Vins** ❸ *(RN7, Tel. 04 94 99 50 20)* 16 verschiedene Côtes-de-Provence-Weine probieren und natürlich auch kaufen. Einheimische empfehlen auch das nahegelegene Restaurant La Vigne à Table. Weiter geht es über die N7 durch Vidauban und dann via D84 in Richtung Le Thoronet. Zuerst führt die Strecke durch reine Weinbaugebiete, dann durch abwechslungsreich bewaldetes Hügelland.

Nach etwa zwölf Kilometern biegen Sie rechts auf die D17 (anschließend D79), die Sie durch Le Thoronet zur **Notre-Dame-du-Thoronet** ❹ *(Tel. 04 94 60 43 90)* bringt, einem von drei Zisterzienserklöstern der Region. Zwischen 1160 und 1175 aus roséfarbenem Stein erbaut, gehört es zu den reinsten Beispielen romanischer Architektur in der Provence.

Von der Abtei aus folgen Sie der schmalen D279 und dann der D13 zum malerischen Dorf **Carcès.** Das hübsche **Cotignac** ❺, dessen mittelalterliche Häuser sich an einen Hang schmiegen, liegt acht Kilometer weiter an der D13. In den weichen Tuffstein oberhalb des Ortes wurden früher Höhlen gehauen und als Weinkeller und sogar Wohnraum genutzt. Von hier führt die D50 nach **Entrecasteaux**, einem mittelalterlichen Städtchen.

Auf dem Weg über die D31 nach **Salèrnes** ❻ wechselt die Szenerie zwischen Weinbergen und Hügeln. In der Nähe der Stadt sieht man Schilder mit der Aufschrift

NICHT VERSÄUMEN:

Notre-Dame-du-Thoronet • Tourtour

🏔	Siehe Karte S. 109
▶	Les Arcs
🔄	95 Kilometer
⊕	Ein ganzer Tag
▶	Les Arcs

---

terres cuites (gebrannte Erde), denn dieses Dorf ist seit dem 18. Jahrhundert für seine Kacheln berühmt. Nur fünf Kilometer weiter (auf der D51) liegt das hübsche **Villecroze**, dessen *vieux village* mit pittoresken Häusern aufwartet. Dahinter erheben sich Tuffklippen mit zahlreichen Höhlen.

Weiter fährt man über die D557 zur D51, einer kurvenreich ansteigenden Straße, die den Spitznamen des Zielortes **Tourtour** ❼ verständlich werden lässt: „Dorf im Himmel". Die Aussicht von hier ist grandios, das Dorf selbst ausgesprochen freundlich; die meisten Häuser sind aus hellem Sandstein erbaut. Außerdem gibt es einen restaurierten *moulin à huile* (17. Jh.), wo nach der Oli-

venernte Mitte Dezember Öl gepresst wird; den Rest des Jahres dient die Mühle als Kunstgalerie. Sehenswert sind auch die **Tour Grimaldi** (Wachturm) und zwei *châteaux*; in einem ist die *mairie* (Rathaus) untergebracht. Von hier aus geht es über die D77 wieder abwärts. An der D557 biegen Sie rechts Richtung Lorgues ab, dann links auf die D10. Kurz darauf führt ein Abstecher zum **Monastère Orthodoxe St-Michel du Var** ❽ *(1909, rte. Lorgues, Tel. 04 94 73 75 75)*, einem Kloster, das besichtigt werden kann. In **Lorgues** locken weitere Weinproben. Zurück nach Les Arcs gelangt man über die D10 und die D57.

Weitere Sehenswürdigkeiten

Aubagne

Der Dichter Marcel Pagnol wurde 1895 in diesem hübschen Städtchen geboren. Die Vororte haben im Namen des Fortschritts etwas gelitten, aber die baumbeschattete *vieille ville* konnte ihren Charme bewahren. 🅰 108 C2 **Maison du Tourisme d'Aubagne** ✉ Ave. Antide Boyer ☎ 04 42 03 49 98

Brignoles

Hinter dem industriell geprägten Umfeld dieser Kleinstadt verbirgt sich ein malerisches Herz. Früher war der Ort berühmt für die süßen Pflaumen. Die **Place Carami**, das Zentrum der Altstadt, ist noch heute Treffpunkt von Jung und Alt. Im **Musée du Pays Brignolais** *(Place des Comtes de Provence, Tel. 04 94 69 45 18, Mo und Di geschl.)* gibt es *santons*, Gemälde der hier heimischen Familie Parrocel und den Nachbau einer provenzalischen Küche zu sehen. 🅰 108 D2 Office de Tourisme ✉ Hôtel Claviers, 10, rue du Palais ☎ 04 94 69 27 51

La Ciotat

Hier fand im September 1895 die erste öffentliche Filmvorführung der Welt statt: das Werk der hiesigen Gebrüder Lumière. Im Theater ihres Vaters, dem **Théâtre Eden**, zeigten sie einen Zug, der in den Bahnhof einfährt. Heute wird Filmgeschichte im **Éspace Simon Lumière** lebendig *(20, rue du Marechal Foch, Tel. 04 42 71 61 70)*. Maler wie Georges Braques lockte der **Vieux Port**. 🅰 108 C2 Office de Tourisme ✉ Blvd. Anatole France ☎ 04 42 08 61 32, www.laciotat.com

La Garde-Freinet

Kastanien haben diesen mittelalterlichen Ort berühmt gemacht. Ein ausgeschilderter Rundweg führt Sie zu den alten Brunnen und Waschtrögen der Stadt. Ebenfalls lohnend ist der Spaziergang zum **Fort Freinet**, einem im 15. Jh. aus dem Fels gehauenen Kastell mit prachtvoller Aussicht. 🅰 109 F2 **Maison du Tourisme de La Garde-Freinet** ✉ 1, place Neuve ☎ 04 94 43 67 41

Oppidum d'Entremont

In strategisch günstiger Lage am Rand eines mehr als 350 Meter hohen Plateaus war Entremont die Hauptstadt des keltoligurischen Stammesverbundes, der im zweiten vorchristlichen Jahrhundert die Region kontrollierte. Ausgrabungen legten eine Siedlung mit Geschäften, Wohn- und Lagerhäusern frei. Heftige Spekulationen lösten die ebenfalls entdeckten enthaupteten Statuen aus: Hatten siegreiche Kriegsherren die Köpfe als Trophäen mitgenommen? Oder sind die *têtes coupées* Zeichen eines Ahnenkults? Viele der interessanten Funde kann man im **Musée Granet** in Aix-en-Provence (siehe S. 112) besichtigen. 🅰 108 C3 ✉ 3 Kilometer nördlich von Aix-en-Provence über ave. Solari (D14) ☎ 04 42 21 97 33, www.entremont. culture.gouv.fr 🕒 Geschl. Di

Salon-de-Provence

Eine Hauptattraktion dieser geschäftigen Stadt ist die **Maison de Nostradamus** *(13, rue Nostradamus, Tel. 04 90 56 64 31, €)*, das Häuschen unweit des Schlosses, wo der berühmte Astrologe von 1547 bis zu seinem Tod im Jahre 1566 lebte. Sein berühmtestes Werk ist eine Reihe düsterer Prophezeiungen. Aspekte seines Lebens sind anschaulich erklärt. Begraben ist Nostradamus in der nördlich vom Zentrum gelegenen **Église St-Laurent** (14. Jh.). 🅰 108 B3 Office de Tourisme de Salon ✉ 56, cours Gimon ☎ 04 90 56 27 60, www.visitsalondeprovence.com

Die fabelhafte Französische Riviera lebt fort in Cannes, wo berühmte Stars und traumhafte Landschaft jede Menge Besucher anlocken, während die umliegenden Ortschaften teils der Parfümherstellung, teils der zeitgenössischen Kunst huldigen

Côte d'Azur: Rund um Cannes

Armans Skulptur *To My Pretty* auf der Terrasse des Picasso-museums von Antibes

Das Musée Picasso in Antibes bietet neben Werken des Künstlers auch schöne Ausblicke

Côte d'Azur: Rund um Cannes

Subtropische Palmen, voll belegte Strände, warme Meeresbrisen und ein brillantblaues Meer: Hier schlägt das Herz der Französischen Riviera, die sich von Cannes bis Cagnes-sur-Mer erstreckt und landeinwärts bis Grasse und Vence reicht. Darüber hinaus hat diese Landschaft wesentliche Beiträge zur modernen Kunst (man denke nur an Picasso), zur Parfümindustrie und Festungsarchitektur geleistet.

In Cannes flaniert man La Croisette entlang, die weltberühmte Uferpromenade, und lässt den Blick über palastartige Grandhotels schweifen. Kaum weniger bekannt ist das Palais des Festivals et des Congrès, Schauplatz des Filmfestivals. Eine ganz andere Welt findet man im Viertel Le Suquet, wo ein mittelalterlicher Wachturm die Bucht überblickt. Draußen am Meer, auf der Île Ste-Marguerite, saß der mysteriöse „Mann mit der eisernen Maske" gefangen. Zusammen mit der Île St-Honorat bildet das Eiland die ruhigen Îles des Lérins.

Nach dem Zweiten Weltkrieg zog Picasso an die Côte d'Azur. Er setzte sich für den Erhalt der Töpferwerkstätten von Vallauris ein, und heute säumen viele Töpferläden die Hauptstraße. Eine Weile wohnte Picasso im wunderschön erhaltenen Städtchen Mougins, das seine Bekanntheit dem Spitzenrestaurant Moulin de Mougins verdankt. Grasse ist seit dem 16. Jahrhun-

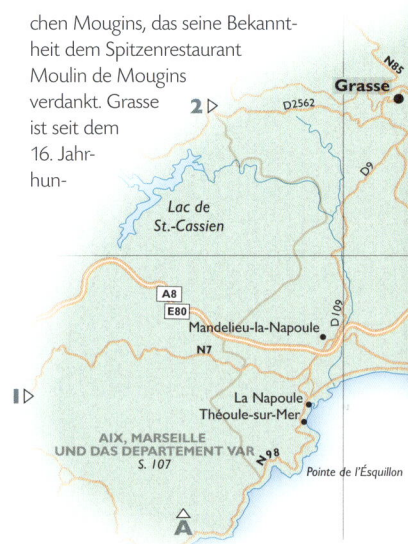

dert, als Katharina von Medici parfümierte Lederhandschuhe modern machte, die Welthauptstadt der edlen Düfte. Heute kann man in drei Parfümfabriken eine Führung mitmachen. Vence ist ein hübsches Städtchen, das die meisten Touristen nur wegen der kleinen Kapelle aufsuchen, die Henri Matisse um 1950 gestaltete.

Mehr moderne Kunst erwartet Sie im nahe gelegenen St-Paul-de-Vence. In den 1970er Jahren bauten die Maeghts hier ein Museum für ihre umfassende Sammlung von Kunst des 20. Jahrhunderts. Braque, Chagall und Matisse waren nur drei der namenlosen Künstler, die sich im Gasthof Colombe d'Or einmieteten und Gemälde gegen Unterhalt tauschten. So kam der Gastwirt Paul Roux mit der Zeit zu einer der bedeutendsten Privatsammlungen.

Picasso verbrachte einige Monate in Antibes, wo er im alten Grimaldi-Palast wohnte. Heute beherbergt das **Château** das Musée Picasso, eine der größten Sammlungen seiner Werke. Noch zwei weitere Orte hier verdienen einen Besuch: das winzige Biot, ein bedeutendes Glasbläserzentrum, und Cagnes-sur-Mer mit einem weiteren Grimaldi-Schloss, in dem Kunstsammlungen untergebracht sind, sowie dem letzten Wohnsitz von Auguste Renoir. ■

Cannes

Markttage
Di–So

Cannes
🅰 137 B1
Besucher-
information
✉ Palais des
Festivals
☎ 04 92 99 84 22
www.cannes.fr

Auf der Croisette, der weltberühmten Uferpromenade von Cannes, mischen sich Touristen, chanelbekleidete Damen, über ihre Leinwand gebeugte Künstler und vielleicht auch der eine oder andere Filmstar – genau kann man das nie sagen. Auf der einen Seite erstreckt sich blau schimmernd das Meer, auf der anderen ragen exklusive Hotelpaläste empor.

Als der englische Lordkanzler Lord Brougham 1834 in Cannes Station machen musste, um einer Choleraepidemie auszuweichen, war dem ruhigen Fischerdorf aus dem 10. Jahrhundert eine völlig neue Zukunft bestimmt. Brougham errichtete im heutigen Viertel Le Suquet eine Villa im palladianischen Stil, und viele Ausländer folgten seinem Beispiel und ließen sich prächtige Residenzen bauen. Seit dieser Zeit steht der Name Cannes für Luxusurlaub. Von den Grandhotels ist heute allerdings nur noch das Carlton erhalten.

Glanz und Glamour nahmen von Cannes endgültig Besitz, als das Seebad 1939 zum Austragungsort des Festival Internatio-

Der alte Hafen von Cannes mit Suquet im Hintergrund vermittelt ein anderes Bild der Stadt, die ansonsten für ihr Filmfestival berühmt ist

nal de Cinéma (siehe S. 44) erkoren wurde. Louis Lumière, der Erfinder des Kinos, hatte zugesagt, die Schirmherrschaft über das erste Festival zu übernehmen, als der Zweite Weltkrieg ausbrach. 1946 schließlich war es dann aber so weit, und Filme wie Jean Cocteaus *La Belle et La Bête* und Alfred Hitchcocks *Berüchtigt* fesselten im alten Palais des Festivals das elitäre Publikum. Cocteau beschrieb das Ereignis als «einen Kometen, der ein paar Tage auf La Croisette verweilte». Heute wird der rote Teppich vor dem **Palais des Festivals et des Congrès** ausgerollt, der 1982 auf der Landzunge zwischen der Baie des Cannes und dem Vieux Port errichtet wurde. Übers Jahr verteilt, finden hier mehr als 50 Festivals, Kongresse und Messen statt. Auf dem Pflaster davor haben Berühmtheiten einen Handabdruck hinterlassen.

Sehenswürdigkeiten

La Croisette, einer der schönsten Boulevards von ganz Frankreich, verläuft vom Palais des Festivals ostwärts zur Pointe de la Croisette. Leider sind die prächtigen Villen und Clubs, die einst die Uferpromenade säumten, längst durch Appartementblocks und Nobelboutiquen verdrängt worden. Aus der Zeit der Belle Époque hat nur das **Intercontinental Carlton Hôtel** überlebt, ein nach Plänen von Charles Dalmas entstandener palastartiger neubarocker Bau. Nach seiner Eröffnung 1912 zog das Carlton die *haute mon-*

Carlton Hôtel
✉ 58, La Croisette
☎ 04 93 06 40 06

Die beiden Eckkuppeln des Carlton Hôtel sind angeblich von den Brüsten von La Belle Otèro inspiriert, einer der Grandes Dames von Cannes. Sie „tröstete" Anfang des 20. Jahrhunderts reiche Wintergäste

de ganz Europas an, darunter viele gekrönte Häupter, die von Filmstars abgelöst wurden.

Alles in Cannes dreht sich ums Bräunen. Auslöser war Coco Chanel (1883–1971), die hier 1923 versehentlich zu viel Sonne abbekam, was Presse und Modewelt nach ihrer Rückkehr dahingehend auslegten, dass die Modezarin einen Trend begründet hatte. Und bis heute sind hier sonnenölglänzend goldene Körper in Minibikinis aktuell. Die meisten Strände sind Privatbesitz der gegenüber gelegenen Hotels. Wer keinen Schlüssel zu einem Zimmer der Nobelherbergen vorweisen kann, muss sich mit einem von zwei kleinen Badeständen am oberen bzw. unteren Ende der Croisette begnü-

gen. Öffentliche Strände findet man am Boulevard du Midi.

Am Abend steht Flanieren auf dem Programm. Ein beliebter Ort dafür ist die **Rue d'Antibes,** ein paar Querstraßen nördlich von La Croisette, wo Boutiquen locken. Die **Rue Meynadier,** eine Querstraße weiter, bietet etwas moderatere Preise und Gourmetgeschäfte hinter schönen Fassaden. Der überdachte **Marché Forville** am Westende der Straße ist der größte Obst-, Blumen- und Gemüsemarkt der Stadt *(geöffnet tägl. außer Mo).*

Über die idyllische **Rue St-Antoine** gelangt man hinauf zum ältesten Teil der Stadt, dem Viertel **Le Suquet,** das eine wunderschöne Aussicht über die Stadt, das Meer und den Vieux

Port mit den weißen Segelyachten bietet. Am höchsten Punkt stehen die **Église Notre-Dame d'Espérance** (17. Jh.), die Zisterzienser-**Chapelle de Ste-Anne** und eine Burg, die Lérins-Mönche im 11. und 12. Jahrhundert erbauten. Ste-Anne birgt eine Sammlung alter Musikinstrumente, während im Wehrturm der Burg das auf Stadtgeschichte spezialisierte **Musée de la Castre** untergebracht ist.

An der Ostseite der Stadt, im **Quartier de la Californie**, gibt es die **Chapelle Bellini** sowie die mit einer Kuppel geschmückte **Église Orthodoxe St-Michel-Archange** zu erkunden.

Eine 15-minütige Bootsfahrt bringt Sie vom Vieux Port zu den **Îles de Lérins**, wo im Fort der Mann mit der eisernen Maske gefangen gehalten wurde. ∎

Fort Royal, Île Ste-Marguerite

Der Mann mit der eisernen Maske

Der geheimnisumwitterte Mann mit der eisernen Maske kam im April 1687 auf der Île Ste-Marguerite an. Wer er war? Niemand weiß es genau. Voltaire hielt ihn für den älteren Bruder von Louis XIV – Vorlage für Alexandre Dumas' 1848–50 geschriebenen Roman „Le Vicomte de Bragelonne". Anderen Quellen zufolge war er der Zwillingsbruder von Louis XIV, der uneheliche Sohn Annas von Österreich (der Gemahlin Louis' XIII), ein illegitimer Sohn Louis' XIV, ein Sohn Karls II. von England oder möglicherweise sogar Graf Matteoli, der in den Kerker geworfen wurde, weil er Einzelheiten über die Verhandlungen zwischen Louis XIV und Karl III. von Mantua an die Spanier verraten hatte. Wer

auch immer er war, jedenfalls genoss der maskierte Häftling Privilegien, als flösse in seinen Adern tatsächlich blaues Blut. Unter anderem heißt es, die Frau, die ihn regelmäßig besuchte, hätte ihm einen Sohn geboren. Das Kind wurde nach Korsika gebracht und dort von einer Frau aufgezogen, die nichts über seine Herkunft wusste, dem Knaben aber die bestmögliche Behandlung angedeihen lassen sollte, weil er aus vornehmem Hause stamme (*de buoné-parté*). Seine Pflegemutter nannte den Jungen deshalb Buonaparte ... wie der künftige Napoléon? 1689 wurde der Mann mit der Maske in die Bastille verlegt, wo er 1703 starb. Er ist auf dem Friedhof von St-Paul unter dem Namen Marchiali beigesetzt.

Musée de la Castre

✉ Château de la Castre, place de la Castre

☎ 04 93 39 55 26

🕐 Geschl. Mo

💲 €

Vallauris

Die Töpferwerkstätten und -läden entlang der Avenue Georges Clemenceau, der Hauptstraße von Vallauris, erinnern daran, dass Picasso hier 1948 seine Liebe zu bemalten Keramiken entdeckte. Von hiesigen Töpfern inspiriert, produzierte der katalanische Künstler mehr als 2000 Stücke in einem Jahr. Heute locken das Musée National und weitere Sehenswürdigkeiten.

Picassos Wandgemälde *La Guerre et La Paix* (Der Krieg und der Frieden) in der Kapelle der Festung

Markttage
Di–So

Vallauris
137 B1
Information
✉ Place du 8 mai 1945
☎ 04 93 63 82 58
www.vallauris-golfe-juan.com
🕐 Geschl. So (Okt.–Mai)

Archäologische Funde weisen darauf hin, dass Vallauris seit seinen Anfängen eine Töpferstadt war; schon die Römer errichteten hier Werkstätten, in denen die Tonerde der Region verarbeitet wurde. Im Mittelalter unterstand der Ort den Äbten von Lérins, die ein Handelszentrum aufbauten, das bis zum 14. Jahrhundert florierte, als Plünderer die Stadt dem Erdboden gleichmachten. Im frühen 16. Jahrhundert zogen rund 400 Italiener in die Region und ließen das Töpferhandwerk aufleben.

Picasso besuchte Vallauris schon 1936, doch erst 1948, als er in Golfe-Juan lebte, kehrte er zurück und begeisterte sich für die Kunst der Keramik. Er lernte George und Suzanne Ramié kennen, die das **Atelier Madoura** führten und nach seinen Vorgaben Gefäße anfertigten. Ihr Atelier wird heute von deren Sohn geführt.

Bedeutendste Sehenswürdigkeit ist das **Musée National Picasso** in der Kapelle (12. Jh.) des Château de Vallauris. Ihr Inneres schmückte Picasso 1952 mit seinem berühmten *La Guerre et La Paix*, zwei monumentalen Wandbildern. Auf der linken Seite sind die Schrecken des Krieges abgebildet, mit einer Gestalt, die in einer Hand ein blutiges Schwert hält. Sie steht einem Friedenskämpfer gegenüber, der einen Schild mit einer Taube trägt. *Der Frieden* auf der gegenüberliegenden Wand zeigt eine Familie beim Beisammensein unter einem Orangenbaum und ein Kind, das mit einem Ross das Meer durchpflügt. Die Idee zu dem Bild soll mit einer Bemerkung seiner Lebensgefährtin Françoise Gilot zusammenhängen, die sagte: «Im Frieden ist alles möglich; ein Kind könnte das Meer durchpflügen.»

Ihre Eintrittskarte gilt noch für zwei andere Museen: das **Musée Magnelli**, eine Sammlung von Arbeiten des Pioniers der abstrakten Kunst, Alberto Magnelli, und das **Musée de la Céramique,** in dem Keramiken ausgestellt sind. Die Bronzeskulptur *Mann mit Schaf,* die heute auf der Place de la Libération steht, schenkte Picasso der Stadt Vallauris 1949. ∎

Musée National Picasso, Musée Magnelli, Musée de la Céramique

- ✉ Château de Vallauris, place de la Libération
- ☎ 04 93 64 16 05
- 🕐 Geschl. Di
- 💲 €

Mougins

Das bei der High Society beliebte *village perché* sieben Kilometer nördlich von Cannes präsentiert sich mit jeder Menge Boutiquen, Galerien und Restaurants – größte Attraktion aber ist das Sternerestaurant Le Moulin de Mougins. Im Mittelalter war Mougins größer als Cannes und verdankte seinen Wohlstand einer reichen Ernte an Oliven, Wein, Jasmin- und Rosenblüten. Picasso kam 1935 mit dem surrealistischen Fotografen Man Ray (1890–1976) hierher, später folgten Jean Cocteau und Paul Eluard. Zwischen 1961 und 1973 wohnte Picasso hin und wieder in einem *mas* südöstlich der Stadt gegenüber der **Chapelle Notre-Dame de Vie**.

Seinen heutigen Ruf verdankt Mougins in erster Linie den gastronomischen Künsten von **Le Moulin de Mougins**, einem bei Festivalbesuchern höchst beliebten Nobellokal. Es bietet untadelige mediterrane Küche.

Das **Musée de la Photographie** bei der Porte Sarassin (12. Jh.) besitzt eine interessante Sammlung mit Arbeiten von André Villers (der vor allem dadurch berühmt wurde, dass er Picasso fotografierte), von Robert Doisneau sowie von dem bekannten Rivierafotografen Jacques Henri Lartigue.

Liebhaber werden zudem das moderne **Musée de l'Automobiliste** besuchen wollen, das fünf Kilometer südlich von Mougins liegt und mit einer der europaweit schönsten Sammlungen von Oldtimern (seit 1894) und neuen Modellen aufwartet, darunter Bugatti, Rolls-Royce und Ferrari. ∎

Mougins

- 🗺 137 B1

Besucherinformation

- ✉ 18, bd Courteline
- ☎ 04 93 75 87 67
- 🕐 Geschl. Juli–Sept.
- www.mougins.fr

Chapelle Notre-Dame-de-Vie

- ✉ 1 km südöstlich der Stadt

Musée de la Photographie

- ✉ 67, rue de l'Église
- ☎ 04 93 75 85 67

Musée de l'Automobiliste

- ✉ 772, chemin de Font-de-Currault
- ☎ 04 93 69 27 80
- www.musauto.fr.st
- 💲 € €

Grasse

Grasse

🗺 136 B2

**Besucher-
information**

✉ 22, place du
Cours Honoré-
Cresp

☎ 04 93 36 66 66

www.grasse.fr

Museumswebsite

www.museesde-
grasse.com

**Musée Interna-
tional de la
Parfumerie**

✉ 2 bd du Jeu de
Ballon

☎ 04 93 36 80 20

🕐 Okt.–Mai Di
geschl u. Nov.

**Parfumerie
Galimard**

✉ 73, rte. de
Cannes

☎ 04 93 09 20 00

www.galimard.com

**Parfums
Molinard**

✉ 60, blvd. Vic-
tor Hugo

☎ 04 93 36 01 62

www.molinard.
com

**Musée Proven-
çal du Costume
et du Bijou**

✉ 2, rue Jean Os-
sola

☎ 04 93 36 44
65

🕐 Geschl. So
Nov.–Feb.

**Musée d'Art et
d'Histoire de
Provence**

✉ 2, rue Mira-
beau

☎ 04 97 05 58
00

🕐 Geschl. Okt.–
Mai Di. u. Nov.

Wunderbarer Blütenduft durchzieht die kopfsteingepflasterten Gassen der *vieille ville* von Grasse, wo im 16. Jahrhundert die Parfümherstellung erfunden und zu einer Kunst weiterentwickelt wurde. Ein Besuch dieser malerischen Ortschaft etwas nördlich von Cannes ist ein äußerst lehrreiches Vergnügen.

Von den Römern gegründet, war Grasse im Mittelalter eine blühende kleine Republik, die in erster Linie von Gerbereien lebte. Im 16. Jahrhundert erkannte Katharina von Medici, die den Ledergeruch von Handschuhen verabscheute, das Potenzial des milden Klimas und fruchtbaren Bodens der Region und regte den Anbau von Blumenfeldern an – Jasmin, Rosen und Tuberosen –, um damit ihre Handschuhe zu parfümieren. Die Handschuhmacher spalteten sich von den Gerbern ab, und als Parfüm im 18. Jahrhundert große Mode wurde, stand dem Erfolg nichts mehr im Wege. Die Industrielle Revolution des 19. Jahrhunderts verlieh auch der Parfümindustrie ein neues Gepräge, und in Grasse wurden dank neuer Destillationsmethoden herrliche Düfte kreiert. Heute konzentriert sich die Branche auf die Erzeugung von Aromen für Haushaltsprodukte, doch Düfte für namhafte Parfümeure gehören nach wie vor dazu.

Welt der Düfte

Fahren Sie durch die (kreis-) verkehrsreiche Ortschaft hinauf zur *vieille ville,* wo die meisten Sehenswürdigkeiten liegen. Am besten stellen Sie Ihr Auto möglichst bald ab, denn die Treppen und winzigen steilen Gassen der Altstadt erkundet man zu Fuß. Beginnen Sie Ihren Rundgang beim **Musée International de la Parfumerie,** das die Geschichte der Duftwässer erzählt. In einem Gewächshaus können Sie Jasmin, Iris und Co. sehen, die auf ihre aromatischen Eigenschaften hin ausgewählt wurden.

Grasse verfügt über fünf große Parfümfabriken, von denen drei besichtigt werden können: Fragonard, Galimard und Molinard. In der Altstadt selbst liegt nur **Fragonard** *(20, blvd. Fragonard, Tel. 04 93 36 44 65),* nach wie vor in den Räumen der alten Parfümfabrik aus dem Jahr 1782. Die Firma unterhält ein Parfümmuseum – mit Flakons, Seifen und weiteren Objekten aus aller Welt. Versäumen Sie nicht die Führung durch die kleine Fabrik. Eine zweite, modernere Fabrik der Firma Fragonard steht einige Kilometer außerhalb *(Les 4 chemins, rte. de cannes, Tel. 04 93 77 94 30).* Die beiden anderen Parfümhersteller, die kostenlose Touren anbieten – **Galimard** und **Molinard** –, liegen ebenfalls südlich der Stadt.

Andere Attraktionen

In der Altstadt gibt es mehrere kleine Museen, die einen Besuch lohnen. Das von Fragonard gesponserte **Musée Pro-**

Jean-Honoré Fragonards *Fortschritte der Liebe im Herzen eines Mädchens*

vençal du Costume et du **Bijou** zeigt provenzalische Trachten und Schmuck. Jedes präsentierte Kleidungsstück steht für einen Aspekt provenzalischer Kultur.

Ein Stück weiter die Straße hinunter findet man das **Musée d'Art et d'Histoire de Provence,** das in einem der elegantesten Häuser der ganzen Region untergebracht ist. Hier sehen Sie Möbelstücke, Gemälde und Kunstgegenstände aus dem 19. Jahrhundert, darunter Fayencen aus Moustiers, Töpferwaren aus Vallauris und provenzalische Krippen. Der 1967 von Viscount de Nouailles nach historischen Plänen angelegte Park lockt mit Rosen und Zitronenbäumen. Gegenüber vom Jardin Public liegt die **Villa-Musée Frago-**

nard. Der in Grasse geborene Maler Jean-Honoré Fragonard, dessen heitere Rokokoszenen und -porträts weltberühmt wurden, wohnte 1790/91 in diesem hübschen Haus aus dem 17. Jahrhundert. (Die Parfümfabrik hat sich nach ihm benannt.) An den Wänden hängen teils Originale, teils Kopien seiner Werke.

Tief im Herzen der Altstadt steht an der Place du Petit Puy Godeau die romanische **Cathédrale Notre-Dame-du-Puy,** die im 12. Jahrhundert gegründet und im 17. Jahrhundert wiederaufgebaut wurde. Im Inneren hängen drei frühe Arbeiten von Rubens (1601), darunter eine *Dornenkrönung Christi* und *Der Gekreuzigte*. Die Chapelle du Saint-Sacrement birgt Jean-Honoré Fragonards *Fußwaschung*. ∎

Musée de la Marine

✉ 23, bd. Fragonard

☎ 04 93 40 11 11

🕐 Geschl. Sa–So

Villa-Musée Jean-Honoré Fragonard

✉ 23, blvd. Fragonard

☎ 04 97 05 58 00

🕐 Geschl. Di Okt.–Mai u. Nov.

Die Kunst des Parfümeurs

Genau wie eine schöne Symphonie besteht ein feiner Duft aus einer komplexen Mischung von Rohstoffen, die zusammen eine harmonische Komposition ergeben. Und so wie ein Komponist die Noten verschiedener Instrumente zusammenfügt, nimmt der Parfümeur unterschiedliche Aromen – passenderweise ebenfalls Noten genannt –, um die gewünschte Wirkung zu erzielen. Es ist eine Wissenschaft, die zwar in einem Labor ausgeübt wird, aber sehr viel Phantasie, Kreativität und Hingabe verlangt. In erster Linie freilich muss der Parfümeur eine gute Nase haben.

Jeder Mensch hat dieselbe Zahl olfaktorischer Rezeptoren in der Nase und am Gaumen – runde fünf Millionen. Was einen Parfümeur von anderen Menschen unterscheidet, ist, dass er (oder sie) aufgrund jahrelanger Lehrzeit und ererbten Talents einen Duft in seine einzelnen Bestandteile zerlegen kann. Eine gute „Nase" kann mehr als 700 Gerüche unterscheiden (die meisten Menschen haben Glück, wenn sie sich an 50 erinnern). Parfümeure müssen in der Lage sein, Aromen in minimalen Konzentrationen herauszuschnuppern, und sie müssen diese im Gedächtnis behalten. Und das ist nur der Anfang. Denn dann gilt es auszutüfteln, wie man diese Aromen mit Erfolg mischt.

Einem Parfümeur stehen mehr als 4000 Duftstoffe zur Auswahl – Zitrone und Grapefruit sind frisch und klar, Balsam riecht holzig, aber fein, Pfefferminze und Basilikum sind durchdringend und würzigerfrischend, während Vanille süß und exotisch duftet. Keineswegs müssen die einzelnen Essenzen für sich genommen gut riechen – Cassis (Schwarze Johannisbeere) etwa stinkt wie Katzenurin, kann in Verbindung mit bestimmten anderen Aromen diese aber gut verankern. Und das hässliche ölig-weiße Amber bildet die silberweiße Basis von Chanel No. 19. Außerdem gibt es synthetische Noten, zum Beispiel chemische Aldehyde, die wie frisch gestärkte Wäsche riechen und Chanel No. 5 das gewisse Etwas verleihen.

Der erste Eindruck eines Duftes, seine Kopfnote, ist leicht und verflüchtigt sich rasch. Kopfnoten sind gewöhnlich fruchtig, dazu gehören neben Zitrusölen auch Gurke und Minze. Sobald die Kopfnote verflogen ist, zeigt sich die Herznote, die den Charakter des Parfüms ausmacht, der erkennbar wird, wenn der Duft ein paar Minuten lang auf der Haut ist. Sie besteht aus schwereren Essenzen – Geranium, Lavendel und Birne etwa –, die mehrere Stunden vorhalten. Die Basisnote schließlich entwickelt sich sehr langsam, oft erst nach Stunden. Basisnoten-Öle – Sandelholz, Weihrauch, Myrrhe, Patchouli – tragen intensive Aromen und bestimmen die am längsten anhaltenden Noten des Duftes.

Die Parfümindustrie

Einst gab es nur einen Weg in die Parfümindustrie: Man wurde hineingeboren. Heute gibt es Schulen, wo man nicht nur alles über die Rohstoffe lernt, sondern auch, wie man Düfte erkennt und zusammenstellt. Nach drei Jahren verfügen die Studenten über das nötige Fachwissen. Um ein echter Parfümeur zu werden, braucht man aber auch ein Gespür dafür, wie die einzelnen Aromen zusammenwirken. Manche Menschen besitzen den richtigen „Riecher" von Geburt an. Andere erlernen ihn in zehn oder 15 mühevollen Jahren. Und wieder andere schaffen es nie. Weltweit gibt es etwa 400 Parfümeure. Nur 20 Prozent befassen sich mit edlen Düften; alle anderen sind in der Haushaltswarenindustrie beschäftigt und kreieren Aromen für Waschpulver oder Müllbeutel ...

Oben: Duftender Jasmin – einer der kostbarsten Rohstoffe – wächst im Umland von Grasse in großen Mengen

Oben: Früher wurden die Essenzen in Kupferkesseln destilliert. Rechts: Ein geschliffener Flakon macht ein Parfüm noch edler. Der Brauch, für spezielle Düfte eigene Glasflaschen zu entwerfen, geht auf das 19. Jahrhundert zurück

Vence

Ein Troubadour des 12. Jahrhunderts nannte Vence «süße Räuberhöhle», während Nostradamus vier Jahrhunderte später vom «Wunder der Provence» sprach. Das von der Stadtmauer eng umgürtete mittelalterliche Herz von Vence erinnert auch heute noch an ein hübsches Dorf. Doch die meisten Besucher kommen nun wegen Matisses Chapelle du Rosaire.

Markttage
Di–So

Blumenmarkt an der Place du Grand Jardin

Vence
⧄ 137 C2

Besucherinformation
✉ Place du Grand-Jardin
☎ 04 93 58 06 38
www.vence.fr

Fondation Émile Hugues
✉ Château de Villeneuve, place de Frêne
☎ 04 93 58 15 78
🕐 Geschl. Mo
💲 €€

Chapelle du Rosaire
⧄ 137 C2
✉ 466, ave. Henri Matisse
☎ 04 93 58 03 26
🕐 Geschl. Fr und So sowie Mitte Nov. bis Mitte Dez.
💲 €

Vence war schon früh ein religiöses Zentrum. Seine berühmtesten Bischöfe waren im 5. Jahrhundert St. Véran, der die Stadt gegen westgotische Invasoren befestigte, und im 12. Jahrhundert St. Lambert, der die Rechte der Stadt gegen ihren neuen Landesfürsten verteidigte. In den Glaubenskriegen wurde die Stadt von den Hugenotten belagert, aber nie erobert, eine Leistung, die man zu Ostern mit einem Fest begeht.

Die malerische Lage lockte zahlreiche Künstler – Dufy, Matisse, Dubuffet und D. H. Lawrence sind nur vier der kreativen Köpfe, die im 20. Jahrhundert hier auftauchten. Marc Chagall wohnte zehn Jahre in Vence (er ist im nahe gelegenen St-Paul-de-Vence begraben).

Vence im Mittelalter

Durch die **Porte du Peyra,** das Haupttor des 13. Jahrhunderts, erblickt man die **Fontaine du Peyra,** die 1822 einen Vorgängerbau aus dem Jahr 1578 ersetzte. Das kristallklare Wasser kommt aus dem Fluss Foux. An der Westseite des Platzes erhebt sich das Château de Villeneuve samt dazugehörigem Wachturm (12. Jh.). Es beherbergt die **Fondation Émile**

Hugues mit einer sehenswerten Dauerausstellung.

Von hier geht es rechts in die von bunten Läden gesäumte Rue du Marché, dann links über die Rue Alsace-Lorraine zur Place Clemenceau. Dieser Platz wird von der *mairie* (Rathaus) und der Kathedrale beherrscht, die im 11. Jahrhundert entstand und zur Zeit des Barock renoviert wurde. Werfen Sie einen Blick auf Marc Chagalls *Moses*-Mosaiken im Baptisterium.

Chapelle du Rosaire

Ein 20-minütiger Spaziergang führt vom Stadtkern über den

Fluss Foux die Avenue Henri Matisse hinauf zu dieser kleinen, aber weltberühmten Kapelle. Nachdem er 1941 von Nizza nach Vence gezogen war, um den Bombenangriffen zu entkommen, erkrankte der damals fast 80-Jährige Matisse schwer und wurde von Dominikanerinnen wieder gesund gepflegt. Zum Dank entwarf er für sie die Rosenkranzkapelle.

Von außen wirkt die *chapelle* ganz traditionell. Zwei schlichte schwarz-weiße Keramiken von *Matisse*, darunter *Maria, Jesus und der hl. Dominikus* über dem Portal deuten jedoch bereits an, dass dies kein gewöhnliches Gotteshaus ist. Matisse selbst bezeichnete die zwischen 1948 und 1951 am Ende seines Lebens entstandene Kapelle als «Krönung eines arbeitsreichen Lebens». Man steigt die Stufen zum Innenraum hinab, einem

hellen, weißen Raum, der sich im Licht von drei Buntglasfenstern sonnt. Die beiden Südfenster zeigen gelbe und blaue Blätter auf grünem Grund, während das Fenster bei der Kanzel blaue Kakteen mit goldenen Blumen kombiniert. Schlichte schwarzlinige Zeichnungen auf weißer Keramik sind die einzigen weiteren Ornamente. Dazu kommt eine Krippenszene und beim Altar ein großer hl. Dominikus. Die Stationen des Kreuzwegs finden sich als Zeichnung auf einer Tafel. Matisse entwarf jedes noch so kleine Detail der Ausstattung, bis hin zu Kerzenhaltern, Kreuz und Messgewändern. Der Altar besteht aus einem Teilstück einer römischen Steinbrücke, die den Fluss Gard überspannte. In einem angrenzenden Raum sind Matisses Arbeitsskizzen sowie einige der von ihm entworfenen Messgewänder zu sehen. ■

Die Chapelle du Rosaire von Henri Matisse – perfekte Harmonie aus Licht, Raum und Farbe

St-Paul-de-Vence

St-Paul-de-Vence

🅰 137 C2

Besucher-information

✉ Maison de la Tour, 2, rue Grande

☎ 04 93 32 86 95

www.saint-paulde-vence.com

Dieses von einem alten Befestigungsring umschlossene hübsche mittelalterliche Städtchen nördlich von Cagnes-sur-Mer lockt mit Nobelboutiquen und Kunstgalerien. Außerdem verfügt es über eines der faszinierendsten Museen für Kunst des 20. Jahrhunderts – die Fondation Maeght.

Nicht zuletzt dank seiner Lage hoch auf einem Hügel florierte St-Paul-de-Vence im Mittelalter; man handelte mit Wein, Feigen, Oliven und Orangen. Im 16. Jahrhundert stattete François I den Ort mit einer Befestigungsanlage aus, um seine strategische Position mit Blick über Frankreich und Savoyen zu stärken. Viele der Anlagen sind erhalten.

Die Stadt erlebte dann einen allmählichen Niedergang, bis nach dem Ersten Weltkrieg immer häufiger führende Vertreter der Pariser Schule aus dem nahe gelegenen Cagnes anreisten und

hier Zeichenblock und Palette auspackten. Picasso, Braque, Matisse, Signac, Renoir, Dufy, Soutine und Chagall (der auf dem Dorffriedhof beigesetzt ist) sind nur die bekanntesten. Ihr Ziel war oft das Café Robinson. Inhaber war Paul Roux, der als Entgelt für Kost und Logis auch Gemälde akzeptierte – was ihm zu einer unschätzbaren Kunstsammlung verhalf. Heute heißt das Lokal **Colombe d'Or** (siehe S. 222), und einige Gemälde hängen an den Wänden.

Im Mittelalter

Die schönen Steinhäuser der Stadt, in denen im 17. Jahrhundert Weber, Schuhmacher und Sattler ihre Werkstätten hatten und die oftmals noch das Wappen ihres Erbauers tragen, beherbergen heute Boutiquen, Souvenirshops, Antiquitätengeschäfte und vor allem Kunstgalerien. Allein an der Rue Grande liegen 36 Galerien. Sieben Attraktionen können sich mit der Bezeichnung „Historisches Denkmal" schmücken.

Die interessanteste darunter dürfte die gotische **Église Collegiale** sein, die am höchsten Punkt der Stadt an der Place de la Mairie steht. Das ockergelbe Gotteshaus aus dem 12. Jahrhundert wurde des Öfteren umgebaut, sodass von dem ursprünglichen Bau nur der Chor

Die Église Collegiale birgt zahlreiche Kirchenschätze

Die kopfsteingepflasterten Straßen und die Brunnen der Stadt stammen noch aus dem Mittelalter

erhalten ist. Im Inneren gibt es viele Kunstwerke zu bestaunen. Versäumen Sie nicht die Tintoretto zugeschriebene *Hl. Katharina*. Der letzte Seitenaltar rechts ist die Kapelle St-Clément, ein Meisterwerk barocker Architektur aus dem 17. Jahrhundert. Daneben liegt die **Kapelle der weißen Büßer** (17. Jh.) mit Meisterwerken, darunter eine *Verklärung* nach Raffael und zwei Fresken der Heiligen Petrus und Paulus. Nicht weit von der Kirche steht der gleichfalls noch aus dem 12. Jahrhundert stammende *donjon* (Burgturm).

Gegenüber dem Gotteshaus gibt das **Musée d'Histoire Locale** Einblick in die Geschichte der Stadt – vom Besuch François' I im Jahr 1538 (um die Notwendigkeit einer Befestigung zu prüfen) über Vaubans Besichtigung der neu errichteten Festungsanlagen 1701 bis zu dem wichtigen Erfolg des Jahres 1870, als es dem Bürgermeister gelang, die alten Mauern vor dem Abriss zu bewahren. Im Fotoraum sind Stücke aus der städtischen Sammlung von St-Paul-de-Vence zu sehen.

Der Ort birgt eine Fülle architektonischer Schätze. Bewundern Sie die **Grande Fontaine** (1850), die von wunderschönen alten Wohnhäusern umrahmt wird, die mittelalterliche Straßenbrücke **Pontis,** die die Rue Grande überspannt, und die **Placette,** wörtlich „kleiner Platz", deren Brunnen seit 1611 plätschert.

Musée d'Histoire Locale

✉ Place de l'église, Stadtzentrum, gegenüber der Kirche

☎ 04 93 32 41 13

🕐 Geschl. Nov.

💲 €

Fondation Maeght

Fondation Maeght

 Chemin des Gardettes unmittelbar vor der Stadt über die Via La Colle auf den Montée des Trious

☎ 04 93 32 81 63

💲 €€€

www.fondation-maeght.com

Nordwestlich der Stadt präsentiert die Stiftung eine außergewöhnliche Sammlung moderner Kunst in naturnaher Umgebung. Marguerite und Aimé Maeght waren Kunsthändler und Publizisten, die unter anderem von Anfang an Picassos, Matisses, Légers, Chagalls, Calders und Giacomettis sammelten. Um diese Kollektion zu beherbergen, beauftragte das Ehepaar den katalanischen Architekten José Luis Sert mit der Planung. Das Ergebnis ist ein niedriger Bau mit mehreren Ebenen und flügelähnlichen Aufbauten auf dem Dach, der sich optimal in die terrassierte Gartenanlage einfügt. Glaswände schaffen eine Durchlässigkeit.

Im Inneren kommen immer wieder andere Kunstwerke aus dem Fundus zur Ausstellung, man weiß also nie, was man zu sehen bekommt – Bonnard, Kandinsky, Léger und/oder Matisse und Barbara Hepworth ...

Im Freien sind riesige Skulpturen in das stilvolle Ambiente von Haus und Garten integriert. Zu den Hauptattraktionen zählen *Les Poissons* (1964), ein Mosaik-Becken von Georges Braques, ein Hof mit Alberto Giacomettis Statuen und ein Brunnen von Pol Bury. Die meisten Besucher strömen freilich zuerst zu Joan Mirós Irrgarten, wo ein Labyrinth eine Vielzahl witziger Keramiken und Brunnen präsentiert.

Ebenfalls auf dem Grundstück befindet sich die **Chapelle Saint-Bernard,** die die Maeghts zur Erinnerung an ihren Sohn errichten ließen, der im Alter von nur elf Jahren starb. Zu den hiesigen Kostbarkeiten gehört ein Buntglasfenster von Georges Braque über dem Altar. ■

Die von dem katalanischen Architekten José Luis Sert entworfene kompromisslos moderne Fondation Maeght beherbergt eine der weltweit bedeutendsten Sammlungen von Kunst des 20. Jahrhunderts

Antibes

Der Fischerort kann mit dem größten Yachthafen Europas, herrlichen Sandstränden und einer Altstadt aufwarten, die jede Menge Boutiquen, Restaurants und ein quirliger Markt noch attraktiver machen. Hauptsehenswürdigkeit ist das in einem alten Grimaldi-Schloss untergebrachte Musée Picasso. Hier schuf der 65-jährige Picasso ein Meisterwerk nach dem anderen.

Antibes, in der Antike ein belebter Handelsstützpunkt, wurde im 5. Jh. v. Chr. von griechischen Kaufleuten gegründet, die ihre Stadt Antiopolis nannten – „Stadt gegenüber" –, weil sie gegenüber von Nizza lag. Im 1. Jh. v. Chr. übernahmen die Römer die Siedlung und tauften sie Antiboul.

Nach einer Belagerung durch Karl V. von Spanien begann François I, die strategische Bedeutung der Stadt zu erkennen und sie zu befestigen. Aus der die Bucht überblickenden Tour St-Laurent wurde das Fort Carré; 1710 war der Befestigungsring rund um Antibes geschlossen.

Vieil Antibes

Gar nicht weit hinter dem alten Deich ziehen sich kopfsteingepflasterte Sträßchen quer durch die Altstadt, wo honigfarbene Häuser zahlreiche Restaurants beherbergen. Die **Porte de France** an der Rue de la République gehört zu den letzten erhaltenen Resten der Stadtmauer.

Geht man die Rue de la République (Richtung Meer) hinunter, gelangt man zur baumbeschatteten Place Nationale mit dem bezaubernden **Musée Peynet et du Dessin Humoristique**. Der namhafte Cartoonist Raymond Peynet, dessen Liebespärchen weltweit bekannt wurden, lebte in Antibes. Das Museum besitzt mehr als 300 seiner Bilder, Cartoons und Skulpturen.

Über die schmale Rue Sade gelangt man zum überdachten **Marché Provençal,** einer bunten Ansammlung von Ständen. Ganz in der Nähe liegt am Südende des Cours Masséna das **Musée de la Tour,** das in einem Teil des ursprünglichen Stadttors die Geschichte des Ortes erzählt.

Gleich um die Ecke und über die Rue du Bateau warten das Musée Picasso (siehe S. 155) und, die Treppe hinunter, die **Église de l'Immaculée Conception**. Die farbenfrohe Barockfassa-

---

ERLEBNIS: Strände

Antibes besitzt 48 Strände, von kleinen Felsbuchten bis hin zu lang gestreckten Sandstränden. Die schönsten liegen zwischen dem Hafen von Antibes und Cap d'Antibes: die Plage de la Salis und die Plage du Ponteil, südlich der Place Albert I. An der Plage de la Garoupe am Cap d'Antibes hielten sich Fitzgerald, Hemingway und Picasso häufig und gerne auf – schwammen, diskutierten und tranken Sherry ...

Markttage
Tägl.

Antibes
⊠ 137 B1
Besucherinformation
✉ 11, place du Général de Gaulle
☎ 04 92 90 53 00
www.antibesjuanlespins.com

Musée Peynet et du Dessin Humoristique
✉ Place Nationale
☎ 04 92 90 54 29
🕐 Geschl. Mo
💲 €

Marché Provençal
✉ Cours Masséna
🕐 Geöffnet jeden Vormittag außer Mo Juni–Aug.

Musée de la Tour
✉ Tour Gilli, 1, Rue de l'Orme
☎ 04 92 90 54 28
🕐 auf Anfrage
💲 €

Église de l'Immaculée Conception
✉ Rue St.-Esprit

Musée d'Histoire et d'Archéologie
✉ Bastion St-André, ave. Amiral de Grasse
☎ 04 93 95 85 98
🕐 Geschl. Mo
💲 €

Seit dem 17. Jahrhundert wacht Vaubans Fort Carré über den Hafen von Antibes

de des Gotteshauses tröstet über das schlichte Innere hinweg.

Folgen Sie dem Befestigungswall südwärts zum **Musée d'Histoire et d'Archéologie,** das ein lebendiges Bild des römischen Erbes der Stadt zeichnet. Die Ausstellungsräume in der St-André-Bastion, einem Entwurf des Festungsbaumeisters Vauban (Ende 17. Jh.), vermitteln eine militärische Atmosphäre, während die Sammlung selbst zurück in die Römerzeit führt.

Das sternförmige **Fort Carré** dominiert von seiner Hügellage aus die Strecke zwischen Nizza und Antibes. Nachdem die Provence 1481 französisch geworden, Nizza aber italienisch geblieben war, war dies der letzte Vorposten des Herzogtums Savoyen. Im Auftrag Louis' XIV verstärkte Vauban (siehe S. 156) die aus dem 16. Jahrhundert stammende Festung und legte unter anderem größere Schießscharten für 18 Kanonen an.

Musée du Fort Carré

- 🅼 137 B1
- ✉ Ave. du 11 novembre
- ☎ 06 14 89 17 45
- 🕐 Führungen jede halbe Stunde Di–So 10–16 Uhr
- 💲 €

Hinweis: Wenn Sie das Fort besichtigen möchten, stellen Sie Ihr Auto am Fort-Carré-Parkplatz an der Avenue du 11 Novembre ab. Überqueren Sie die Straße und folgen Sie den grünen Pfeilen. Sie können aber auch vom Hafen aus zum Fort wandern (30 Minuten).

Musée Picasso

- ✉ Château Grimaldi, place Mariejol
- ☎ 04 92 90 54 20
- 🕐 Geschl. Mo
- 💲 €€

Musée Picasso

Nach Ende des Zweiten Weltkriegs bot sich Pablo Picasso die Möglichkeit, das im 12. Jahrhundert erbaute und im 16. umfassend renovierte Grimaldi-Schloss als Atelier zu nutzen. Es begann eine äußerst kreative Zeit, in der der katalanische Künstler einige seiner bekanntesten Werke schuf. Frisch verliebt in die wunderschöne junge Françoise Gilot und verführt vom klaren Licht des Südens, experimentierte er nicht allein mit Stift und Pinsel, sondern fertigte auch Keramiken und Skulpturen. Nach seiner Abreise schenkte er dem Museum sämtliche hier geschaffenen Arbeiten: 24 Gemälde, 80 Keramiken, 44 Zeichnungen, 32 Lithografien, elf Ölbilder, zwei Skulpturen und fünf Wandtteppiche – eine der größten Picasso-Sammlungen weltweit.

Sie können seine Arbeiten im Obergeschoss besichtigen. Ein Saal enthält Bleistiftzeichnungen, die seinen Arbeitsstil illustrieren: das ständige Zurechtschleifen an

Hôtel du Cap Eden-Roc

✉ Blvd. Kennedy, Cap d'Antibes

☎ 04 93 61 39 01

www.edenroc-hotel.fr

Musée Naval et Napoléonien – Espace du Littoral et du Milieu Marin

🗺 137 B1

✉ Blvd. Kennedy

☎ 04 93 61 45 32

🕐 Geschl. So–Mo

💲 €

einem Motiv auf vielerlei Art (beachten Sie die vielen radierten Stellen). In einem anderen Raum beleuchten Schwarz-Weiß-Fotografien von Michel Gima das Privatleben des Künstlers während seiner Zeit im Château.

Highlight der Sammlung ist *La Joie de Vivre*, in dessen Mittelpunkt eine Blume/Frau (Françoise?) steht. Daneben bläst ein Kentaur Flöte, und Faune tanzen um sie herum – Picasso hat seine eigene Lebensfreude eingefangen. Besuchen Sie unbedingt die Terrasse, wo Werke von Germaine Richier vor der atemberaubenden Kulisse des Mittelmeers grandios zur Geltung kommen.

Cap d'Antibes

Prächtige Villen inmitten tropischer Flora bestätigen den Ruf dieses Stückchens Land als Tummelplatz der Reichen und Schönen. Angefangen hat alles kurz nach dem Ersten Weltkrieg, als der Maler Gerald Murphy (1888–1964) und seine Frau Sara dafür bezahlten, dass das Hôtel du Cap über den April hinaus geöffnet blieb (damals *überwinterte* man an der Côte d'Azur!). Gerald lud seinen Freund Scott F. Fitzgerald ein, und bald reiste eine ganze Reihe namhafter New Yorker an, darunter Ernest Hemingway. Es dauerte nicht lange,

Das Fort St-Elme in Collioure zeigt den meisterhaften sternförmigen Entwurf des großen Festungsarchitekten Vauban

Meister des Festungsbaus

Mit der Erfindung des Schießpulvers im frühen 16. Jahrhundert war das Zeitalter der uneinnehmbaren Burgen vorbei und eine neue Art der Befestigung wurde nötig – Zitadellen, wie keiner sie kunst- und wirkungsvoller entwarf als Sébastian le Prestre de Vauban. 1633 bei Vallon geboren, hatte Vauban es bereits im Alter von 22 Jahren zum Chefingenieur Louis' XIV gebracht. Er tüftelte aus, wie man Belagerungen vermeiden konnte. Für den Grundriss kombinierte er zwei fünfzackige Sterne und verbreiterte den Außenbezirk derart, dass kein Angreifer auch nur in die Nähe der Festung gelangen konnte. Außerdem verstärkte er der Verteidigung dienende Charakteristika wie den Standort auf einer Erhebung und baute breite Mauern, auf denen die Soldaten patrouillieren und von denen aus sie in alle Richtungen schießen konnten. Festungsbauten, die Vaubans Handschrift tragen, findet man überall in der Provence; das Fort Carré in Antibes und die Zitadellen von Villefranche-sur-Mer, Sisteron und Entrevaux sind nur die bekanntesten.

Das Sanctuaire de la Garoupe am Cap d'Antibes besitzt eine schöne Sammlung von Votivbildern; die ältesten erinnern an einen Überraschungsangriff der Sarazenen auf Antibes

und Sonnenbaden, Partys und Gelage waren der letzte Schrei – und auch andere Nobelherbergen blieben den Sommer über geöffnet. Gleich zu Anfang von „Zärtlich ist die Nacht" beschreibt Fitzgerald das noble **Hôtel du Cap** (siehe S. 220) mit den Worten: «An der hübschen Küste der Französischen Riviera steht, auf halbem Wege zwischen Marseille und der italienischen Grenze, ein großes, stolzes, roséfarbenes Hotel. Respektvoll kühlen Palmen seine erhitzte Fassade, und vor ihm erstreckt sich ein kurzer, zauberhafter Strand.» Heute ist das Gebäude blassgelb, aber nach wie vor dominiert es die Folge von Nobelhotels, die Schriftsteller, Filmstars und gekrönte Häupter anlocken. Leisten Sie sich einen Aperitif im **Pavillon Eden-Roc,** dem Restaurant des Hotels, dessen weite weiße Terrasse das Meer überblickt.

Ein kurzes Stück die Straße hinunter liegt das kleine **Musée Naval et Napoléonien – Espace du Littoral et du Milieu Marin** mit Erinnerungsstücken an Napoléon – Schwertern, einem seiner zahlreichen Hüte und militärischen Dokumenten sowie Familienstücken wie den winzigen Seidenschühchen von Kaiserin Joséphine. Die Sammlung befindet sich in der Tour du Grillon, den Resten einer ehemaligen Befestigung, die Napoléon 1794 benutzte.

Ebenfalls einen Besuch verdienen der **Parc Thuret** im Herzen der Halbinsel (ein Botanischer Garten, der Mitte des 19. Jahrhunderts angelegt wurde, um tropische Pflanzen an das südfranzösische Klima zu gewöhnen), der **Phare de la Garoupe** (ein Leuchtturm mit phantastischer Aussicht) und das angrenzende **Sanctuaire de la Garoupe** (eine Matrosen-Kapelle). ∎

Parc Thuret
✉ 62, blvd. du Cap, Cap d'Antibes
☎ 04 97 21 25 03
🕐 Geschl. Sa–So

Phare de la Garoupe
✉ Rte. Phare

Sanctuaire de la Garoupe
✉ Rte. Phare

Napoléon in der Provence

Jedes erste Wochenende im März feiert die Stadt Antibes eines der berühmtesten „Comebacks" der Weltgeschichte: die Landung Napoléon Bonapartes nach seiner Flucht aus Elba, die den Anfang seiner Rückkehr an die Macht markierte.

Europas Fürsten wähnten das Thema Napoléon abgehakt, als sie den klein gewachsenen General 1814 ins Exil schickten. Napoléon hatte die vorangegangenen 20 Jahre auf dem ganzen Kontinent für Unruhe gesorgt. Er hatte im großen Stil Krieg geführt und seine überragenden Fähigkeiten dazu genutzt, Frankreich einen nie da gewesenen Herrschaftsanspruch über ganz Europa zu

sichern. Auf dem Gipfel seiner Macht erstreckte sich das Hoheitsgebiet des französischen Kaiserreichs vom Atlantik bis zum Schwarzen Meer.

Als der 44-jährige Herrscher schließlich 1814 von einer großen Koalition geschlagen abdankte und sich ins Exil auf die kleine Mittelmeerinsel Elba begab, ging ein spürbares Aufatmen durch ganz Europa. Doch man hatte sich zu früh gefreut. Die

Ein Druck aus dem 19. Jahrhundert zeigt Napoléons Landung in Golfe-Juan im Jahr 1815 – den ersten Schritt seiner Rückkehr an die Macht

Bedingungen des Vertrags von Fontainebleau waren für Napoléon überraschend milde ausgefallen. Er galt als Alleinherrscher von Elba, was ihn nominell eher zu einem Staatsoberhaupt als zu einem Gefangenen machte. Nie und nimmer die Behandlung, die man für einen verhassten, gefürchteten und bezwungenen Feind erwarten würde! Man hatte ihm sogar eine fast tausendköpfige Leibwache zugestanden – wie es nur einem Kaiser gebührt. In Begleitung dieser Gardisten stach Napoléon nur acht Monate nach seiner Ankunft auf Elba in See und steuerte ungehindert die südfranzösische Küste an.

Nun hatte Napoléon während seiner Feldzüge zwar die Treue der Soldaten gewonnen, doch wie die Bevölkerung seinen

Versuch aufnehmen würde, Louis XVIII zu stürzen, der nach Napoléons Verbannung die Dynastie der Bourbonen wieder eingesetzt hatte, konnte er nicht wissen.

Am 1. März 1815 erreichte Napoléon die Küste bei Golfe-Juan, unweit Antibes und nahe der Stelle, wo er im Jahr zuvor in Schande das Land hatte verlassen müssen. Die ersten Begrüßungen fielen zwiespältig aus, da die Provence seit Langem mit den Bourbonen sympathisierte. Doch auch wenn die Truppen ihrem ehemaligen Befehlshaber anfänglich keine Unterstützung gewährten, traten sie ihm doch auch nicht entgegen. So konnte Napoléon ungestört nach Grenoble reisen. Unterwegs schlug die Stimmung zu seinen Gunsten um, da immer größere Bevölkerungsschichten, vor allem Bauern und Soldaten, Napoléon unterstützten, nicht den König. Am 7. März kam es vor Grenoble zu der geschichtsträchtigen Begegnung zwischen von Louis gesandten königstreuen Truppen und ihrem ehemaligen General: Napoléon trat den Leuten entgegen, riss seinen Rock auf, um sich selbst als Ziel anzubieten, und rief, jeder Soldat, der seinen Kaiser töten wolle, könne dies nun ungestraft tun. Geschlossen wechselte das Heer daraufhin die Seite. Mit ständig wachsendem Gefolge marschierte Napoléon nun nach Grenoble und weiter nach Paris, das er binnen zwei Wochen erreichte. Der König war mittlerweile geflohen, und Napoléon zog unter Beifallsstürmen in der Hauptstadt ein, wo seine berühmte Herrschaft der Hundert Tage begann, die mit seiner vernichtenden Niederlage in der Schlacht bei Waterloo enden sollte.

Heute fahren Besucher gerne auf der Route Napoléon, einer Touristenstrecke, die den Spuren Napoléons durch die Provence folgt. Doch wo ihm und seinen Leuten jeden Augenblick Gefangennahme oder gar der Tod drohte, erwarten den Reisenden von heute malerische Ortschaften, einige der weltbesten Weingüter und komfortable Gasthäuser.

Biot

Die Herstellung von sogenanntem „Blasen-Glas", *verre à bulles,* **ist der bedeutendste Kunsthandwerkszweig in diesem mittelalterlichen Ort.**

Schaufenster präsentieren das typische Glas aus Biot

Markttag Di

Biot
▲ 137 B2
Besucherinformation
✉ 49, rue St-Sébastien
☎ 04 93 65 54 54

du Val du Pôme, Tel. 04 92 91 50 30, Di geschl., €), das einen Einblick in die Schaffensperioden des Künstlers bietet.

Die Glasbläserkunst hielt 1956 in Biot Einzug, als unterhalb der Altstadt die **Verrerie de Biot** *(Chemin des Combes, Tel. 04 93 65 03 00, www.verreriebiot.com)* gegründet wurde. Der Keramiker und Ingenieur Eloi Monod, der die Kunst der Glasbläserei in der Provence wiederbeleben wollte, begann mit einem Glasbläser und einem Glaskünstler. Heute arbeiten in dem Komplex – halb Fabrik, halb Ausstellungsfläche – 70 Leute.

Sehenswert ist das auf der Hügelkuppe gelegene mittelalterliche Viertel von Biot, dessen Hauptstraße, die **Rue St-Sébastien,** von Glasgeschäften gesäumt wird. Im **Musée d'Histoire et de Céramique Biotoises** *(9, rue St-Sébastien, Tel. 04 93 65 54 54, Mo und Di geschl., €)* sieht man regionale Trachten und Artefakte, darunter die Haushaltskeramiken, für die der Ort einst bekannt war. Am anderen Ende der Rue St-Sébastien liegt die ruhige **Place des Arcades,** deren namensgebende Loggien von Italienern geschaffen wurden, die sich nach der Pestepidemie hier ansiedelten. Die Kirche, die den Platz überblickt, birgt Altarbilder von Louis Bréa und Giovanni Canavesio. ∎

Das war nicht immer so. Bis etwa 1950 prägten Keramikwerkstätten das Bild des Städtchens. 15 Tage vor seinem Tod 1955 erwarb Fernand Léger südlich des Ortes ein Grundstück. Seine Witwe Nadja gründete dort das **Musée National Fernand Léger** *(Chemin*

Cagnes-sur-Mer

Zwischen Antibes und Nizza gelegen, wartet Cagnes mit mehreren Attraktionen auf: dem mittelalterlichen Haut-de-Cagnes und dem dortigen Château-Museum sowie dem in einem herrlichen Olivenhain gelegenen Alterswohnsitz des Malers Auguste Renoir.

Genau genommen gibt es drei Cagnes: den Badeort Cros-de-Cagnes, das kleinstädtische Wirtschaftszentrum Cagnes-sur-Mer und das mittelalterliche Dorf Haut-de-Cagnes. Der Weg zu Letzterem ist gut ausgeschildert. Allerdings müssen Sie die steilen kopfsteingepflasterten Gassen zu Fuß hinaufsteigen, dafür erwartet Sie oben eine autofreie Zone! Und die hübschen Renaissancegebäude und die kleine **Église St-Pierre** lohnen die Anstrengung allemal.

Auf der Hügelkuppe errichteten die Grimaldis aus Monaco, als sie 1309 diese Region übernahmen, das Grimaldi-Schloss – heute **Château-Musée** *(Place Grimaldi, Tel. 04 92 02 47 30, Di und im Nov. geschl., €)*. Zunächst als Festung und Gefängnis erbaut, ließ Jean-Henri Grimaldi es Anfang des 17. Jahrhunderts zum Lustschloss umbauen und beauftragte genuesische Künstler mit der Ausstattung. Heute beherbergt das Schloss eine Mischung von Schaustücken: Ein Museum ist der Geschichte des Olivenbaumes gewidmet, ein anderes moderner Kunst aus dem Mittelmeerraums.

Auguste Renoir zog 1903 nach Cagnes, weil er sich vom Klima Linderung für seine Arthritis erhoffte. Er kaufte ein Anwesen mit Olivenhain und lebte hier bis zu seinem Tod 1919. In

Les Collettes entstanden einige seiner bekanntesten Werke, darunter die *Wäscherinnen von Cagnes* und *Bauernhaus in Les Collettes*. Im **Musée Renoir** *(19, chemin des Collettes, Tel. 04 93 20 61 07, Di geschl., €)* scheint die Zeit stehen geblieben zu sein. ∎

Cagnes-sur-Mer

137 C1

Besucherinformation

✉ 6 Blvd. Maréchal Juin

☎ 04 93 20 61 64

www.cagnes-tourisme.com

Das Château-Musée – einst Stammsitz der Grimaldis – umschließt einen zweigeschossigen Innenhof

Weitere Sehenswürdigkeiten

Gorges-sur-Loup

Im Hinterland von Grasse gelegen, ist diese Landschaft mit ihren Felsen, Schluchten und Wasserfällen ein Wanderparadies. Vorbei an einigen malerischen Dörfern führt die D2210 mitten ins Herz der Region. In **Le-Bar-Sur-Loup** gruppieren sich alte Häuschen um das ehemalige Château der Herren von Bar. Die gotische **Kirche St-Jacques** ist zauberhaft, doch die meisten Besucher kommen des berühmten Bildes *Danse Macabre* (Totentanz) wegen. Im nahe gelegenen **Pont-du-Loup** steht die **Confiserie Florian** *(Tel. 04 93 59 32 91)*, die mit leckeren Süßigkeiten lockt; am Ende der Führung gibt es Kostproben. Das Dorf **Tourrettes-sur-Loup,** ein Stück weiter östlich, ist für seine Veilchen berühmt. 🅜 137 B2

Îles des Lérins

Im 5. Jahrhundert gründeten der hl. Honorat und sieben Gleichgesinnte auf der Insel, die Cannes vorgelagert ist und heute seinen Namen trägt, ein Kloster. Die Abtei Lérins (der heutige Bau datiert aus dem 19. Jh.) wurde im gesamten abendländischen Raum bekannt. Honorats Schwester richtete auf einer Nachbarinsel, der heutigen **Île Ste-Marguerite,** ein Frauenkloster ein; im 17. Jahrhundert wurde hier der Mann mit der eisernen Maske (siehe S. 141) festgehalten. Jetzt beherbergt das Fort das **Musée de la Mer** *(Tel. 04 93 38 55 26, Mo geschl., €)*, das über die Geschichte des Baus informiert. 🅜 137 B1 ✉ 5-minütige Bootsfahrt vom Vieux Port in Cannes; Tickets beim Concessionaire am Endes des Quai Laubeuf

Juan-les-Pins

Der Ruhm dieses westlich vom Cap d'Antibes gelegenen Ortes begann in den 1920er Jahren, als amerikanische Touristen den Jazz mitbrachten. Bei der Gründung des Jazz-Festivals 1960 waren dann alle großen Musiker hier. Das Festival findet nach wie vor jedes Jahr im Juli statt. Den Rest der Zeit pflegt Juan-les-Pins die hedonistische Aura seiner frühen Tage und erwacht allabendlich zum Leben. 🅜 137 B1 **Office de Tourisme** ✉ 51, blvd. Guillaumont ☎ 04 97 23 11 10, www.antibesjuanlespins.com

Tourettes-sur-Loup, Stadt der Veilchen, bezaubert mit seinem mittelalterlichen Flair

Ganz gemächlich und genießerisch geht es zu in diesem sonnenverwöhnten Fleckchen Erde rund um Nizza, Monaco und Menton. Noble
Seebäder, ein Fürstenpalast und an steile Hänge geklebte Dörfer sind
nur Teil des Charmes dieser Region

Côte d'Azur:
Nizza bis Menton

Wachablösung vor dem Fürstenpalast in Monaco

Sonne, Kieselstrand und blaue Brandung: Nizza in Bestform

Côte d'Azur: Nizza bis Menton

In der südöstlichen Ecke der Provence reichen die Alpen praktisch bis ans Meer und bilden eine spektakuläre Kulisse für die berühmten Orte Nizza, Monaco und Menton.

Nizza präsentiert sich im italienischen Stil. Die Promenade des Anglais – eine Strandpromenade aus dem 19. Jahrhundert, auf der britische Lords und Ladys im milden Mittelmeerwinter entlangflanierten – wird heute von Radfahrern und Powerwalkern beherrscht. Labyrinthartige Straßen und Gassen prägen das Bild der Altstadt, die immer für einen Bummel gut ist, und mehrere Museen warten mit Sammlungen naiver, postimpressionistischer und moderner Kunst auf. Eher überraschend wirkt die Cathédrale Orthodoxe Russe St-Nicholas.

Weiter östlich bieten die drei Corniches – drei Straßen, die sich in die mächtigen Kalksteinfelsen einschneiden – wunderschöne Panoramen über Berge und Meer. Die untere Küstenstraße erschließt mehrere Badeorte, darunter Cap Ferrat, wo das Musée Villa Éphrussi de Rothschild Einblick in die opulente Pracht der Belle Époque gewährt. Das mittelalterliche Hügelstädtchen Èze, an der Corniche Mo-

yenne gelegen, ist wunderschön erhalten. Der Anstieg zu den Ruinen des Châteaus, wo ein Kakteengarten angelegt wurde, lohnt sich allemal. Die spektakulärsten Aussichtspunkte findet man entlang der obersten Corniche. Am anderen Ende

3 ▷

La Gaude

St.-Paul

E80

A8

2 ▷

Loup

D7

D18

D36

Cagnes-sur-Mer ●

St-Laurent-du-Var ●

Musée International d'Art Naïf

N98

E80

A8

CÔTE D'AZUR: RUND UM CANNES *S. 135*

Flughafen Nizza-Côte d'Azur

I ▷

△ **A**

△ **B**

Fast verschlafen wirkt demgegenüber
Menton, das die meisten Sonnentage der
gesamten Riviera haben soll: 316 im Jahr.
Die Nähe zu Italien erkennt man am Akzent, an der Architektur, vor allem aber an
der von Tomaten geprägten Küche.

Im Hügelland der Umgebung liegen,
nur über kurvenreiche Straßen erreichbar,
alte Festungsorte – Peille, Ste-Agnès,
Coaraze und Peillon, um nur einige zu
nennen –, in denen die Zeit stehen geblieben zu sein scheint und die allesamt mit
grandiosen Panoramen aufwarten. ∎

Allround-Genie

Untrennbar mit der Côte d'Azur verbunden ist der
surrealistische Regisseur, Drehbuchautor, Schriftsteller, Dichter, Schauspieler, Komponist und Maler Jean
Cocteau (1889–1963), dessen Vielseitigkeit und Bril-
lanz ihresgleichen suchen. Er schrieb Gedichtbände
(„Lampe d'Aladin"), Kritiken („Le Rappel a L'Ordre"),
psychologische Romane („ Les Enfants Terribles"),
Dramen („La Voix Humaine") und Drehbücher für
Filme (*Le Sang d'un Poète, La Belle et la Bête, Orphée*).
Dazu schuf er Mosaiken und Pastellzeichnungen,
entwarf Wandteppiche und schmückte das Rathaus
von Menton und die Kapelle St-Pierre in Villefranche-sur-Mer mit Fresken aus. Cocteau bezeichnete sich selbst als Dichter und sah sein gesamtes
Schaffen als Dichtkunst – was es ja auch ist.

der Straße liegt Monaco, Sitz der Familie
Grimaldi. Wenn Fürst Albert II nicht anwe-
send ist, kann man sogar den Palast besichtigen oder das Grab der Fürstin Gracia
Patricia besuchen. Und in Monte Carlo mit
seinem weltberühmten Kasino trifft sich
nach wie vor die Hautvolée.

Nizzas alte Grandhotels säumen die Baie des Anges

Nizza

Unter strahlend blauem Himmel gelegen, wird Nizza seinem italienischen Erbe voll gerecht: schick und kosmopolitisch, dabei aber entspannt. Die blauen Wasser der Baie des Anges umspülen die Südgrenze der Stadt – einziges Manko ist der Kiesstrand. Gleichzeitig wartet Nizza mit Sehenswürdigkeiten auf. Daraus resultiert ein Problem: Geht man an den Strand oder ins Museum?

Markttage

Di–So

Blumenmarkt am Cours Saleya

Nizza

🅰 165 C1

Besucher-information

✉ 5, promenade des Anglais

☎ 08 92 70 74 07

www.nicetourisme. com

Zu Frankreich gehört Nizza erst seit 1860, und entsprechend „italienisiert" ist seine Architektur, seine Küche und auch die Sprache (ein regionaler Dialekt namens Nissart). Doch die Geschichte von Nizza ist auch mit den Briten verknüpft, denn sie waren es, die die Stadt im 18. Jahrhundert als mildes Überwinterungsdomizil entdeckten und sich 1822 finanziell am Bau einer Uferpromenade beteiligten, der berühmten Promenade des Anglais. Queen Victoria besuchte später gern die Stadt, und ihr folgten zahlreiche Adlige, die sich teilweise prächtige Villen errichten ließen. Doch

auch „Normalsterbliche" kamen, darunter Schriftsteller, Dichter und Maler: Dumas, Nietzsche, Apollinaire, Flaubert, Hugo, Georges Sand, Stendhal, Matisse ...

In jüngerer Zeit leidet Nizza – nicht zu Unrecht – unter einem schlechten Ruf, denn Kriminalität und Korruption haben zugenommen, doch Nizzas Charme lässt das, zumindest für Besucher, nebensächlich erscheinen.

Das moderne Stadtzentrum liegt nördlich und westlich der Place Masséna und schließt die Fußgängerzonen Rue de France und Rue Masséna ein. Östlich davon, an den Fuß der Colline du Château geschmiegt, liegt Vieux Nice (Alt-Nizza), dessen Grenzen der Boulevard Jean Jaurès und der Quai des États-Unis bilden. Die Promenade des Anglais verläuft westlich am Strand entlang. Nördlich des Zentrums befindet sich das Nobelviertel Cimiez.

Ville Moderne & Promenade des Anglais

Die *ville moderne*, die aus dem 18./19. Jahrhundert datiert, beginnt beim Fluss Paillon im östlichen Teil der Stadt – wenngleich man den Wasserlauf nicht sieht, da das trockene Flussbett über weite Strecken unterirdisch verläuft. Das Herz der Neustadt sind die Place Masséna und die **Jardins Albert Ier**.

Die von Palmen beschattete sechs Kilometer lange Promenade des Anglais zieht sich in einem weiten Bogen am Strand entlang – gesäumt auf der einen Seite von Belle-Époque-Villen, auf der anderen vom kobaltblauen Meer. Doch wo einst vornehm gewandete Besucher lustwandelten, sind heute Jogger, Rollerblader und Powerwalker unterwegs.

Eine der berühmtesten Sehenswürdigkeiten an der Promenade ist das **Hôtel Negresco**, das der Rumäne Henri Negresco zwischen 1906 und 1912 im Stil der Belle Époque errichten ließ. Werfen Sie zumindest einen Blick in den eleganten Salon Louis' XIV und den Salon Royal.

Ebenfalls nicht versäumen dürfen Sie das Art-déco-**Palais de la Méditerrannée**, einst das

(Fortsetzung S. 170)

Hôtel Negresco

- 37, promenade des Anglais
- 04 93 16 64 00 www.hotel-negresco-nice.com

Palais de la Méditerrannée

- 13–17, promenade des Anglais
- 04 92 14 77 00 http://palais.concordehotels.de

Musée International d'Art Naïf Anatole Jakovsky

- Château Ste-Hélène, ave. de Fabron
- 04 93 71 78 33
- Geschl. Di

Musée des Beaux-Arts

- 33, ave. des Baumettes
- 04 92 15 28 28
- Geschl. Mo
- €

www.musee-beaux-arts-nice.org

Cathédrale Orthodoxe Russe St-Nicholas (Église Russe)

- Blvd. du Tzarevitch
- 04 93 96 88 02
- €

Rundgang: Durch die Altstadt von Nizza

Im Schatten der *Colline du Château* (Burghügel) liegen, dicht an dicht, in der Altstadt jahrhundertealte Wohnhäuser, Barockkirchen, malerische Cafés, Touristenfallen, Imbissstuben und ein bunt-belebter Markt. Hier gründeten die seefahrenden Griechen 350 v. Chr. ihre Siedlung, und hier schlägt nach wie vor das Herz der Stadt.

Ausgangspunkt ist die von roten Arkaden umgebene **Place Masséna** ❶. Queren Sie die Jardins Albert Ier und gehen Sie über die Rue de l'Opéra, nach links in die Rue St-François-de-Paule, wo sich bereits jede Menge Cafés und Geschäfte drängen. Bald sehen Sie rechter Hand das Théâtre Municipal *(4, rue St-François-de-Paule, Tel. 04 92 17 40 00,*

Alt und neu mischt sich in der Altstadt von Nizza

NICHT VERSÄUMEN:

Place Rossetti • Palais Lascaris
• Colline du Château

www.opera-nice.org), das nach einem Brand 1881 im Stil der Pariser Opéra wiederaufgebaute Opernhaus der Stadt. Nun weitet sich die Straße zum **Cours Saleya** ❷, einer lang gestreckten Plaza, auf der täglich – außer montags, wenn die Antiquitätenhändler ihre Buden aufschlagen – ein Blumenmarkt stattfindet.

An der Place Pierre Gautier erhebt sich das **Palais des Ducs de Savoie** (Palast der Herzöge von Savoyen), das 1559 für die Herrscherfamilie erbaut wurde und heute unter dem Namen Ancienne Préfecture bekannt ist. Gegenüber steht die **Chapelle de la Miséricorde** (1740) ❸, deren Barockausstattung zu den schönsten der Welt zählen soll *(Führungen Di nachmittag)*.

Weiter geht es links in die Rue de la Poissonerie; die Nummer 5 ist das nach einem Basrelief über dem Portal benannte **Adam-und-Eva-Haus** aus dem Jahr 1584. An der Ecke zur Rue de la Préfecture steht die Église Notre-Dame de l'Annonciation. Hinter dem schlichten Äußeren verbirgt sich üppiger Barock. Weiter geht es geradeaus zur Rue du Jésus, rechts in die Place du Jésus und zur Kirche **St-Jacques** (1640–90) ❹, dem ersten Barockbau der Stadt. Folgen Sie der Rue Droite zur Rue Rossetti und dann links zur Place Rossetti, dem Herzen der frühen Siedlung. Geprägt von Straßencafés, wird sie von der **Cathé-**

drale Ste-Réparate ❺ überragt. Das 1650–80 errichtete Gotteshaus ist nach dem Schutzpatron von Nizza benannt.

Zurück über die Rue Rossetti und links in die Rue Droite. Hausnummer 15 ist das **Palais Lascaris** ❻ (*Tel. 04 93 62 72 40, www.palais-lascaris.org, Di geschl.*), das Einblick in einen Adelspalast im Stil des Genueser Barock gewährt. Weiter führt der Weg die Rue Droite hinauf zur Rue St-François. An der Place St-François steht das Palais Communal (ehemals Rathaus) aus dem 16./17. Jahrhundert. Folgen Sie der Rue Pairolière zur geschäftigen Place Garibaldi ❼, und gehen Sie nun rechts in die Rue Neuve.

Begeben Sie sich rechts in die Ruelle St-Augustine, an der Kirche entlang, rechts in die Rue St-Augustine und gleich darauf links in die Rue de la Providence. Steigen Sie die Stufen zur **Chapelle Ste-Claire** ❽ hinauf, dann die Treppe linker Hand zur Colline du Château. Auf dieser Anhöhe

🅜	Siehe Karte S. 224
▶	Place Masséna
↔	4,5 Kilometer
⏱	2 Stunden
▶	Promenade des Anglais

haben im Laufe der Jahrhunderte Festungen gestanden. Heute hält nur noch die Tour Bellanda ❾ die Stellung, die im 19. Jahrhundert nach der Zerstörung der letzten Burg errichtet wurde. Sie beherbergt das Musée de la Marine (Schifffahrtsmuseum, *Tel. 04 93 91 92 90, Mo geschl.*). Steigen Sie nun wieder hinab zum **Quai des États-Unis**, der von *ponchettes* gesäumt ist – niedrigen weißen Gebäuden, wie sie einst die Fischer benutzten und in die heute Restaurants und Geschäfte eingezogen sind. Von hier aus können Sie sich der Menschenmenge anschließen, die die Promenade des Anglais ❿ entlangflaniert (siehe S. 167).

**Museen
preiswert**

Die Musées de Nice bieten eine Sieben-Tage-Karte für 6 Euro an, die in allen städtischen Museen gilt.

Villa Masséna

✉ 65, rue de France

☎ 04 93 91 19 10

Musée d'Art Moderne et d'Art Contemporain (MAMAC)

✉ Place Yves Klein

☎ 04 97 13 42 01

🕐 Geschl. Mo

www.mamac-nice.org

berühmteste Kasino der Stadt. Das 1929 errichtete Gebäude wurde komplett renoviert und in ein Luxushotel umgewandelt.

Fast alle Strände liegen entlang der Bucht zwischen Rauba Capeu und dem Flughafen. Rund 15 davon sind in Privatbesitz, d. h. Sie müssen entweder Hotelgast sein oder aber für das Vergnügen bezahlen: um die 15 Euro für einen Liegestuhl. Außerdem gibt es öffentliche Strände (frühzeitig kommen!). **La Plage Publique de Beau Rivage** ist einer der schönsten. Wenn Sie sich nahe am Wasser halten, können Sie die gesamte Länge der Bucht abspazieren.

Die Museen

Im Westen der Stadt präsentiert das **Musée International d'Art Naïf A. Jakovsky** in der rosafarbenen Villa des Parfümeurs René Coty Volkskunst. Die Privatsammlung doku-

mentiert die Entwicklungsgeschichte primitiver Malerei vom 18. Jahrhundert bis heute.

Östlich davon liegt versteckt in einem eleganten Viertel das **Musée des Beaux-Arts**. Die Sammlung, die in einem weiteren prächtigen Belle-Époque-Haus (1878 für eine ukrainische Prinzessin erbaut) untergebracht ist, umfasst verschiedene Stilrichtungen vom 15. bis zum 20. Jahrhundert. Den Grundstock bildeten Arbeiten, die Napoléon III der Stadt 1860 schenkte. Zu den berühmtesten Werken gehören Gemälde der Familie van Loo, darunter Carle van Loos riesiges *Thésée, Vainqeur du Taureau de Marathon* (18. Jh.). Auch Impressionisten, Postimpressionisten und Fauvisten sind vertreten, etwa mit Felix Ziem und Raoul Dufy (ein ganzer Saal unter anderem mit *Le Mai à Nice* und *Le Casino de la Jetée-Promenade de Nice* sowie mit Jules Chéret (1836 bis 1932), dem Schöpfer der modernen Plakatkunst.

Fleurs et Fruits (1953) von Henri Matisse

Das Hôtel Negresco, eine der wenigen noch erhaltenen „Grandes Dames" der Jahrhundertwende

Ein Stück nördlich, jenseits der A7, fühlt man sich in der **Cathédrale Orthodoxe Russe St-Nicholas** ein Stück weit ins Russland der Zarenzeit versetzt. Nikolaus II. erbaute dieses prächtige Gotteshaus zwischen 1903 und 1912 zum Gedenken an seinen Sohn, der hier 1865 starb. Die mächtige, von sechs Zwiebeltürmen gekrönte Kirche birgt jede Menge Schnitzereien, Ikonen, Fresken und eine wunderschöne Ikonostase. Sie diente vielen Exilrussen, die während der Revolution nach Nizza flohen, als Gotteshaus.

Etwa auf halber Länge der Promenade des Anglais befindet sich im Palais Masséna (1898) das **Musée Masséna**. Hier sehen Sie Möbel, Sakralkunst und Keramiken aus der Region. Zu den Highlights zählen Arbeiten von naiven Malern aus Nizza, Napoléons Krönungsmantel und eine Kopie seiner Totenmaske.

ERLEBNIS:
Belle-Époque-Schönheiten

Märchenschlossartige Herrschaftshäuser. Villen mit zuckergussfarbigem Anstrich. Girlandengeschmückte Stadtpaläste. An der Wende zum 20. Jahrhundert trieb der Stil der Belle Époque in Nizza spektakuläre Blüten. Hier einige der schönsten Beispiele:

Conservatoire de la Musique (24, blvd. de Cimiez)

Hôtel Excelsior Régina (71, ave. Régina)

Hôtel Negresco (37, promenade des Anglais)

L'Alhambra (46, blvd. de Cimiez)

Musée des Beaux-Arts (33, ave. des Baumettes)

Villa Raphaeli-Surany (35, blvd. de Cimiez)

Musée Paleontologie Humaine de Terra Amata

✉ 25, blvd. Carnot

☎ 04 93 55 59 93

🕐 Geschl. Mo u. die ersten 2 Wochen im Sept.

💲 €

Musée National Message Biblique Marc Chagall

🅰 165 C2B Ave. du Docteur Menard

☎ 04 93 53 87 20

www.musee-chagall.fr

🕐 Geschl. Di

Musée Archéo-logique

✉ 160, ave. des Arènes de Cimiez

☎ 04 93 81 59 57

🕐 Museum u. Ruinen: Geschl. Di

💲 €

Musée Matisse

🗺 165 C2

✉ 164, ave. des Arènes de Cimiez

✉ 04 93 81 08 08

www.musee-matisse-nice.org

🕐 Geschl. Di

💲 €

Bootsfahrten

Einstündige Bootstouren durch die Baie des Anges und weitere Buchten starten am Quai Lunel (Trans Côte d'Azur, Tel. 04 92 00 42 30. www.trans-cote-azur.com).

Gegenüber: Das erste Bild in Marc Chagalls Bibelzyklus, *Die Erschaffung des Menschen*, zeigt einen Engel, der den schlafenden Adam zur Erde trägt. 1956–58 entstanden, ist es im Musée National Message Biblique zu bewundern

In der Neustadt liegt das ultramoderne **Musée d'Art Moderne et d'Art Contemporain** (MAMAC) mit Werken europäischer und amerikanischer Künstler ab 1960. Wichtige Namen sind Andy Warhol und Roy Lichtenstein. Eine ganze Abteilung ist dem aus Nizza gebürtigen Yves Klein (1928–92) gewidmet.

Ein kurzer Spaziergang vom Hafen aus ostwärts führt zum **Musée Paleontologie Humaine de Terra Amata**, das über der Stelle errichtet wurde, wo vor 400 000 Jahren Mammutjäger ihr Lager aufschlugen.

Nördlich der Altstadt liegt mit dem **Musée National Message Biblique Marc Chagall** eine weitere Hauptattraktion Nizzas. Das kleine moderne Museum beherbergt den berühmten Zyklus *Biblische Botschaft* des russischen Malers – 17 großformatige Gemälde, die zwischen 1954 und 1967 entstanden und Szenen aus den beiden ersten Büchern des Alten Testaments zeigen. Mit ihren farbenfrohen Darstellungen von Blumen, Ziegen und fliegenden Paaren sind sie schlichtweg zauberhaft.

Chagalls großes Mosaik mit dem Propheten Elias ist über einem Brunnen zu bewundern, daneben sind Entwürfe und Skizzen zu sehen. Werfen Sie unbedingt auch einen Blick ins Auditorium, wo die Buntglasfenster die Erschaffung der Welt illustrieren. Folgt man dem Boulevard de Cimiez nordwärts ins Viertel Cimiez – einst Nobeladresse britischer Feriengäste –, gelangt man zum **Musée Archéologique**, den Überresten von Cemenelum, der römischen Hauptstadt

der Region Alpes Maritimes aus dem Jahr 69 n. Chr. Das Museum birgt eine Sammlung mit Vasen, Sarkophagen und Gläsern und ein Rundgang führt durch die ehemalige Siedlung, zu der ein Amphitheater und eine Thermenanlage gehörten.

Hauptgrund für diesen Abstecher in Richtung Norden ist allerdings das grandiose **Musée Matisse**, das in einer klatschmohnroten Villa aus dem 17. Jahrhundert untergebracht ist. Angelockt von der Szenerie, dem seiner Gesundheit zuträglichen Klima und der Nähe zu seinen Freunden (Picasso, Renoir und Bonnard wohnten nicht weit entfernt), lebte Matisse ab 1921 ganzjährig in Nizza. Die Sammlung des Museums umfasst Aquarelle, Papierschnitte, Zeichnungen, Bronzen, Ölgemälde, Radierungen und Buchillustrationen des Künstlers. Am Anfang des Rundgangs stehen die düsteren Stillleben Matisses, gefolgt von Ausflügen in den Impressionismus und Fauvismus. Bekannte Werke sind unter anderem *Fenêtre à Tahiti* (1935/36) und *Nymphe dans la Forêt* (1935–43) sowie früher in Nizza entstandene Gemälde wie *Tempête à Nice* (1919) und *Odalisque au Coffret Rouge* (1926). Danach kommt man zu seinen farbenfrohen Scherenschnitten *(Gouaches découpées)*, einem Genre, dem er sich erst im Alter von 80 Jahren zuwandte. Im Atrium gilt es *Fleurs et Fruits* (1953) zu bestaunen – Matisses großformatigstes Meisterwerk in Frankreich (4,1 mal 8,7 m) und die letzte Arbeit vor seinem Tod. ∎

Grüne Paradiese

Windzerzauste Palmen und Zitronenbäume mit sattgelben Früchten, wuchernde rote und pinkfarbene Bougainvilleen, Gruppen blühenden Hibiskus' und mit Blüten geschmückte Sukkulenten und Kakteen, all das vor azurblauer Kulisse – solch magisches Land gibt es nur an der Côte d'Azur, Inspirationsquelle von Künstlern und Dichtern, Therapeutikum gegen nasskalte Winter. Doch das war nicht immer so.

Noch zu Beginn des 19. Jahrhunderts wuchsen in der trockenen Landschaft rund um Cannes vor allem Zwiebeln, Kichererbsen und Oliven – nicht sonderlich attraktiv in den Augen der Engländer, die, angelockt vom milden Klima, hier gerne den Winter verbrachten. An üppig grüne Parklandschaften gewöhnt, begannen sie, ihre opulenten Villen mit exotischen Pflanzen zu umgeben. Und je „schicker" die Côte d'Azur wurde, desto grüner wurde sie auch und verwandelte sich in das heutige Paradies. Einige der schönsten Parks:

Jardin Exotique, Èze

Der Kakteengarten des Jardin Exotique bildet die Krönung des Bergdorfes Èze, in dessen alter Burg er sich befindet. Die Aussicht reicht über die roten Ziegeldächer aufs blaue Meer.
✉ Rue du Château ☎ 04 93 41 10 30, www.eze-tourisme.com 🛈 €€

Grünanlagen in Hyères

Der **Jardin Provençal**, der die roten Ziegeldächer der Stadt überblickt, vereint zwei berühmte Anlagen. Der mit seltenen, prächtig blühenden Pflanzen bestückte Parc Ste-Claire umgibt die Burg aus dem 19. Jahrhundert, in der Edith Wharton 1927–37 lebte (und starb). Kopfsteingepflasterte Wege führen hügelaufwärts zum Parc St-Bernard, der auf Gewächse des Mittelmeerraums spezialisiert ist. Auf dem höchsten Punkt des Parks steht umschlossen von einem Teil der einstigen Zitadelle die Villa Noailles. Robert Mallet-Stevens entwarf das kubistische Herrenhaus 1923 für den Vicomte Charles de Noailles, einen Kunstmäzen. Berühmt ist der dreieckige Beton-und-Glas-Garten von Gabriel Guevrekian. In der Villa finden Wechselausstellungen statt *(April–Okt. Mi–Fr nachmittags, Eintritt frei, www.villanoailles-hyeres.com)*. Spazieren Sie unbedingt in den westlichen Teil des Parks und hügelaufwärts zu den efeuüberrankten Ruinen der Burg, wo sich ein grandioses Panorama über die Îles d'Hyères auftut.
Touristeninformation Hyères ✉ 7, ave. Ambroise Thomas ☎ 04 94 01 84 50, www.hyeres-tourisme.fr

Grünanlagen in Menton

In dem Mikroklima von Menton gedeiht eine Vielzahl subtropischer Pflanzen. Der **Jardin Botanique Exotique du Bal Rahmeh** *(Ave. St-Jacques, Viertel Garavan, Tel. 04 93 35 86 72, Di geschl., €€)* wurde im späten 19. Jahrhundert gegründet. Ein Kiesweg führt durch eine Fülle tropischer Gewächse, die teilweise aus so fernen Regionen wie dem Himalaya und Neukaledonien stammen. Nicht weit entfernt liegt der **Jardin Fontana Rosa** *(Ave. Blasco Ibáñez, €€)*, den der spanische Dichter Vicente Blasco Ibáñez in den 1920er Jahren anlegte. Er ist voll von Rosen, Zitrusbäumen und Skulpturen, die an Literaten erinnern. Der **Jardin de Maria Serena** *(Promenade Reine Astrid, Garavan, Tel. 04 92 10 97 10, Führungen Di, €€)* ist für seine Palmen berühmt. Nördlich der Stadt sind die **Jardins des Colombières** *(372, rte. de Super Garavan, Tel. 04 92 10 97 10, Sept.–*

Juni geschl., €€), die bekannteste Anlage des Gartendesigners Ferdinand Bac.

Kakteen im Jardin Exotique von Monaco

Villa Thuret, Cap d'Antibes

Im Botanischen Garten der Villa richtete G. Thuret 1865 eine Versuchsanstalt ein mit dem Ziel, an der Riviera eine vielfältigere Flora heimisch zu machen. Heute repräsentieren rund 3000 Pflanzen die außergewöhnliche Vielzahl von Mikroklimaten und Bodenarten dieser Region. ✉ 90, Chemin Raymond ☎ 04 97 21 25 00, www.sophia.inra.fr 🕐 Sa und So geschl. Sehenswert sind auch der Jardin Exotique in Monaco und die Villa Éphrussi de Rothschild.

Die drei Corniches

Villefranche-sur-Mer

🅰 165 C2

Besucher-information

✉ Place François-Binon

☎ 04 93 01 73 68

Eine mächtige Felswand ragt zwischen Nizza und Menton aus dem azurblauen Meer und macht die Verbindung zwischen den beiden Städten seit alters schwierig. Im Laufe der Jahrhunderte wurden drei Straßen – jede höher als die vorherige – in den Fels gehauen. Die Basse Corniche, auch Corniche Inférieure genannt, folgt dem Verlauf der Küste und erschließt eine Reihe von Badeorten; die Moyenne Corniche, die in zahlreichen Hollywoodfilmen eine Hauptrolle spielt, windet sich durch Tunnel und an gefährlich steil abfallenden Klippen entlang, während die Grande Corniche die prachtvollsten Panoramablicke bietet.

Die Trophée des Alpes in La Turbie

Basse Corniche (N98)

In den 60er Jahren des 19. Jahrhunderts gebaut, um Glücksspieler zum neuen Kasino von Monte Carlo zu bringen, machte die Basse Corniche bis dahin isoliert gelegene Fischerdörfer zugänglich, die bald zu viel besuchten Badeorten heranwuchsen. Wenn Sie Nizza über die N98 verlassen, sind Sie gleich in **Villefranche-sur-Mer**. Das einstige Fischerdorf hat sich gemausert, und im Hafen dümpeln heute vorwiegend Freizeityachten. Einen Besuch verdient vor allem die gleich am Wasser gelegene

Chapelle de St-Pierre, ein winziges Gotteshaus, dessen Mauern Jean Cocteau 1957 mit Bildern schmückte. Der Dichter und Maler verlebte einen Teil seiner Kindheit in Villefranche. 1560 errichteten die Herzöge von Savoyen die Citadelle St-Elme, die den Hafen überblickt. Heute beherbergt das Fort das Musée Volti mit Skulpturen und Malerei.

Gleich hinter Villefranche liegt **Cap Ferrat**, eine blumenreiche Halbinsel mit herrschaftlichen Belle-Époque-Villen. Die meisten liegen versteckt hinter hohen Hecken oder Mauern, aber eine ist (gegen Gebühr) zu besichtigen: die Villa Éphrussi de Rothschild (siehe S. 186).

In dem ruhigen Nachbarort **Beaulieu-sur-Mer** können Sie in der Villa Kerylos *(Impasse Gustave Eiffel, Tel. 04 93 01 01 44, www.villa-kerylos.com, €€)* erfahren, wie man als wohlhabender Grieche im Altertum lebte. Der deutsche Archäologe Theodor Reinach errichtete diese Villa 1902–08 nach antikem Vorbild.

Jenseits von Beaulieu erwarten Sie tolle Panoramen, bevor Sie nach **Monaco** kommen.

Moyenne Corniche (N7)

Diese spektakuläre Strecke mit phantastischen Aussichtspunkten über Berge und Meer ist an sich schon Sehenswürdigkeit und Erlebnis genug. Ungefähr auf halbem Wege liegt der malerische mittelalterliche Ort **Èze**, dessen Beiname „Adlerhorst" die Lage des 470 Meter direkt über dem Meer gelegenen Felsennestes durchaus treffend beschreibt. Das Pano-

Die malerische Kulisse von Villefranche-sur-Mer

rama ist atemberaubend. Angesichts solcher Lage ist es schwer vorstellbar, dass Èze ursprünglich ein Fischerdorf war. Heute lebt der Ort vom Tourismus. Wer mag, kann außer den Kunstgalerien auch die Kirche besuchen, die 1764–71 mit klassizistischer Fassade und zweigeschossigem Turm neu erbaut wurde. Steile Gassen führen hinauf zum Jardin Exotique, einem Kakteengarten.

Grande Corniche (D2564)

Die oberste Corniche, die auf mehr als 480 Meter Höhe auf den Klippen entlangführt, bietet unbeschreibliche Panoramablicke. Ursprünglich war diese Strecke Teil der römischen Via Aurelia. In dem Städtchen **La Turbie** gar nicht übersehen können Sie die Trophée des Alpes *(Ave. Albert 1er, Tel. 04 93 41 20 84, Mo geschl., €€)*. Das Denkmal erinnert an den Sieg des Augustus über ligurische Stämme im Jahr 13 v. Chr. 1929–33 wurde das um 5 v. Chr. errichtete Bauwerk restauriert. ■

Chapelle de St-Pierre-des-Pêcheurs

✉ Place Pollonais, Villefranche-sur-Mer

☎ 04 93 76 90 70

🕐 Geschl. Di u. Mitte Nov.– Mitte Dez.

💲 €

Musée Volti

✉ Citadelle, ave. Sadi Carnot, Villefranche-sur-Mer

☎ 04 93 76 33 33

🕐 Geschl. So morgens u. Nov.

Èze

🗺 165 D2

Information

✉ Office de Tourisme, place du Général de Gaulle

☎ 04 93 41 26 00

Jardin Exotique

✉ Rue du Château, Èze

☎ 04 93 41 10 30

💲 €€

Das Fürstentum Monaco wird manchmal als Hongkong des Mittelmeerraums bezeichnet

Monaco & Monte Carlo

Glanz und Glamour begleiten die Geschichte des illustren Fürstentums. Dank Fürst Rainier III, der von 1949 bis zu seinem Tod 2005 an der Spitze des Zwergstaates stand, hat sich Monaco aber auch zu einem Wirtschaftsstandort entwickelt.

Monaco

🅰 165 D2

Besucherinformation

✉ 2a, blvd. des Moulins, Monte Carlo

☎ 92 16 61 16

www.visitmonaco. com

Am 8. Januar 1297 überwältigte der als Mönch verkleidete Francesco Grimaldi die Wachen der genuesischen Festung auf dem strategischen Felsen Monaco. Er war der Begründer des heute ältesten Fürstenhauses weltweit. 1489 erkannte Charles VIII von Frankreich die Unabhängigkeit des Monegassenstaates an. Im Verlauf der Französischen Revolution saß die Fürstenfamilie in Haft, wurde aber wieder freigelassen.

Und 1814 kehrten die Grimaldis auf den Thron zurück.

Die absolutistische Herrschaft wurde 1911 durch eine Verfassung abgelöst, die Fürst Rainier 1962 reformierte. Er hatte die Fläche seines Reiches um 20 Prozent vergrößert. Nach seinem Tod 2005 übernahm sein Sohn, Albert II., den Thron.

Der amerikanische Filmstar Grace Kelly kam 1954 nach Monaco, um einen Film zu drehen – und eroberte das Herz von Fürst

Sonne und der Steuervergünstigung wegen hierher gezogen sind. An die Steilhänge gebaut, die den stets mit Yachten gefüllten Port de Monaco umrahmen, teilt sich Monaco in drei Hauptquartiers: Monaco-Ville, das alte Viertel an dem 60 Meter hohen Kliff auf der Südseite des Hafens, Monte Carlo mit seinem Kasino und dem jährlich stattfindenden Grand Prix auf der Nordseite und das südwestlich von Monaco-Ville gelegene Wohn- und Gewerbeviertel Fontvieille.

Zu Besuch in Monaco

Monaco-Ville glänzt mit einer Mischung aus fürstlichem Glamour und mittelalterlichem Charme. Man betritt es über die steile Rampe Major, die vorbei am Standbild Francesco Grimaldis zum Palast führt.

Das Palais du Prince wurde an der Stelle einer genuesischen Festung aus dem 13. Jahrhundert errichtet und im Laufe der Jahrhunderte mehrfach umgebaut – von einem Befestigungsbau zu einem eleganten Schloss mit Renaissancefassade. Vor dem Hauptportal steht die Palastwache in ihrer rot-weißen Uniform; die Wachablösung wird täglich Punkt 11.55 Uhr vollzogen.

Mit einer Eintrittskarte erwerben Sie das Recht zum Besuch der 15 **Grands Appartements** (Staatsgemächer). Die Audio-Führung informiert über die Geschichte des Fürstentums und weist auf besonders sehenswerte Kunstgegenstände hin. Erster Anlaufpunkt ist der Ehrenhof, in dem sich 2011 Albert und Charlene das Jawort gaben. Weiter geht es zur Spiegelgalerie, die als

Rainier. Die Liebesgeschichte fand ein tragisches Ende, als Gracia Patricia 1982 bei einem Unfall ums Leben kam.

Bankwesen und Industrie spielen für die Ökonomie eine nicht unwesentliche Rolle, doch das größte Geschäft ist der Fremdenverkehr – seit dem Bau einer Eisenbahn im 19. Jahrhundert, die die Besucher aus Nizza zu dem neu erbauten Spielkasino und zum Opernhaus brachte.

Monaco ist winzig – keine zwei Quadratkilometer groß. Und gerade einmal 5000 der gut 30 000 Einwohner sind monegassische Staatsbürger – die übrigen sind Franzosen, Italiener, Deutsche und andere, die der

Anruf in Monaco

Die Vorwahl von Monaco lautet 00 377, es folgt die achtstellige Rufnummer.

Palais du Prince

🅰 165 D2
✉ Place du Palais
☎ 93 25 18 31

www.palais.mc
🕐 Nur bei Abwesenheit des Prinzen geöffnet; meist Juli–Mitte Okt.
💲 €€ (Kombiticket mit Napoléon-Museum: €€)

Musée Collections des Souvenirs Napoléoniens et des Archives Historiques du Palais

✉ Place du Palais
☎ 93 25 18 31

www.palais.mc
🕐 Geschl. Mo und Mitte Nov.–Mitte Dez.
💲 € (Kombiticket mit Palast: €€)

Cathédrale de Monaco

✉ 4, rue Colonel, Bellando de Castro
☎ 93 25 01 04

**Musée Océano-
graphique de
Monaco**

✉ Ave. St-Martin

☎ 93 15 36 00

www.oceano.mc

💲 €€€

**Musée des Tim-
bres et des
Monnaies**

✉ Terrasses de
Fontvieille

☎ 93 15 41 50

💲 €

**Collections
des Voitures
Anciennes**

✉ Terrasses de-
Fontvieille

🕓 92 05 28 56

www.palais.mc

💲 €€

Warteraum dient. Der weiß-gol-
dene Saal enthält Kristalllüster,
Bodenmosaiken aus Marmor,
Ming-Vasen und weitere Schätze.

Höhepunkt des Rundgangs
ist der **Thronsaal**, wo seit dem
16. Jahrhundert die offiziellen
Veranstaltungen des monegassi-
schen Hofes stattfinden. Rote
Damastbespannung wechselt
sich an den Wänden ab mit ver-
goldeter Holztäfelung, im Zentrum steht der vergoldete Em-
pire-Thron.

Im Ostflügel des Palastes befindet sich das **Musée Collections des Souvenirs Napoléoniens et des Archives
Historiques du Palais**. Hierbei
handelt es sich um die Privatsammlung von Prinz Louis II (Al-
berts Urgroßvater) mit Erinnerungsstücken an Napoléon.

Vom Fürstenpalast weist eine
Ausschilderung den Weg zur **Ka-**

thedrale, die 1878 mit weißem
Stein aus La Turbie wiederaufgebaut wurde. Viele Generationen
der Grimaldis sind hier beigesetzt, darunter auch Fürstin Gracia Patricia. Ihr stets mit Blumen
geschmücktes Grab (das letzte,
wenn man entgegen dem Uhr-
zeigersinn um den Altar geht)
trägt die knappe Inschrift „Gratia
Patricia MCMLXXXII". Besondere Aufmerksamkeit verdienen
ein Altar (um 1500) von Louis
Bréa im rechten Querschiff und
der Bischofsthron aus weißem
Carraramarmor.

Das bekannte **Musée Océa-
nographique de Monaco**, dessen imposante Fassade aus einer
Steilwand aufragt, wurde viele
Jahre lang von Jacques Cousteau
geleitet. In 90 Aquarien schwim-
men seltene Fische aus aller
Welt, dazu kommen lebende
Korallen und ein Haifischbecken.

Fontvieille

In Fontvieille, das im Südwesten an Le Rocher grenzt, gibt es im Centre Commercial gleich drei sehenswerte Museen: Das **Musée des Timbres et des Monnaies** (Briefmarken- und Münzenmuseum) deckt vier Jahrhunderte monegassischer Prägekunst ab. Die **Collections des Voitures Anciennes** (Fürst Rainiers Oldtimer-Sammlung) beinhaltet unter anderem den Rolls-Royce Silver Cloud, in dem das Traumpaar an seiner Hochzeit unterwegs war. Und im **Musée Naval** findet man die vielseitigste Modellschiffsammlung Europas.

Mehr als 7000 Kakteen und andere Sukkulenten gedeihen im **Jardin Exotique** ein Stück oberhalb der Stadt. Ihre Eintrittskarte gilt auch für ein Höhlensystem mit Stalagmiten und Stalaktiten sowie das **Musée d'Anthropologie Préhistorique**. Letzteres betrachtet die Entwicklungsgeschichte des Menschen.

Monte Carlo

Das berühmteste Spielkasino Europas braucht keine Einführung. Es ist nach Charles III benannt, der es 1865 gründete, um die marode Finanzlage des Fürstentums zu sanieren. Sein Plan ging auf: Das Kasino war so erfolgreich, dass schon fünf Jahre nach der Eröffnung keine Steuern mehr erhoben werden mussten (und so ist es bis heute geblieben). Die ersten Spieltische standen an verschiedenen Plätzen, bis 1878 Charles

Musée Naval

✉ Terrasses de Fontvieille
☎ 92 05 28 48
💲 €
www.museenaval.mc

Jardin Exotique

✉ Blvd. du Jardin Exotique
☎ 93 15 29 80
💲 €€ (auch für das Anthropologische Museum gültig)

Nijinski, Strawinsky, Picasso und Cocteau sind nur einige von ungezählten bedeutenden Persönlichkeiten, die im noblen Café des Hôtel de Paris zu Gast waren

Casino de Monte Carlo

✉ Place du Casino

☎ 92 16 20 00

www.monte carlosbm.com

🕐 Salons Européens: tägl. 12 Uhr–spätabends, Slot Machines: tägl. 14 Uhr–spätabends; Salons Privés: tägl. 15 Uhr–spätabends; Club Anglais: tägl. 22–spät

💲 Eintritt zu den Salons Européens: €€€; Eintritt zu den Salons Privés u. zum Club Anglais: €€€€€

Garnier, der Architekt der Pariser Opéra, den heutigen prachtvollen Belle-Époque-Bau mit seinen grünen Kupferkuppeln, Rokokotürmen und goldenen Kronleuchtern entwarf. Das opulente Opernhaus war ebenfalls Teil seines Konzepts. Die Fassade des Kasinos wirkt höchst beeindruckend, doch der Zutritt zu dem prächtigen Foyer steht jedermann offen. Rechter Hand stehen schon die ersten Spielautomaten Spalier. Geradeaus liegt das kandelabererleuchtete zweigeschossige Atrium mit Marmorfußboden und jeder Menge ionischen Säulen.

Eine Tür führt zur **Salle Garnier**, dem mit Basreliefs, Fresken und Skulpturen geschmückten, in Rot- und Goldtönen gehaltenen Opernhaus. Seit über hundert Jahren finden hier glanzvolle Opern- und Ballettaufführungen sowie Konzerte statt.

Die Räumlichkeiten des Kasinos sind nicht minder opulent; es besteht aus einer Reihe von Rokokosälen mit Spiegeln, Fresken, Basreliefs und vergoldetem Mahagoni. Auch wenn Sie keine Lust haben, Ihr Glück zu versuchen, lohnt sich der Eintritt schon allein, um das berühmte Ambiente zu bestaunen (*die Kleiderordnung ist relativ streng, aber man kann Krawatte und Sakko ausleihen; Ausweis mitbringen!*). Roulette, Trente et Quarante und Automaten warten in den **Salons Européens**, während in den **Salons Privés** Roulette, Trente et Quarante, Chemin de Fer, Blackjack und Würfel gespielt werden.

Das Kasino liegt auf einer Anhöhe inmitten von Nobelherbergen (darunter das **Hôtel de Paris**, *Tel. 92 16 30 00*), Gourmettempeln und den teuersten Boutiquen der Welt (Hermès, Cartier, Christian Dior etc.). ∎

Das Kasino von Monte Carlo hat sich seit seinen Glanzzeiten im 19. Jahrhundert kaum verändert

Ste-Agnès, 650 Meter über dem Meer, ist die höchstgelegene Ortschaft an der Küste

Das Hinterland von Nizza

An die steilen Felswände hinter Nizza klammern sich eine Reihe malerischer *villages perchés,* deren Gründung zum Teil in das zweite vorchristliche Jahrhundert zurückreicht. Oft nur über abenteuerlich schmale und kurvenreiche Straßen erreichbar, lohnt die prachtvolle Aussicht den Nervenkitzel doch allemal.

An eine steile Felswand über dem Fluss Paillon de Contes gedrängt, war das befestigte **Contes** (15 Kilometer nordöstlich von Nizza) im Mittelalter ein belebter Markt für Oliven und Keramikwaren. Seit dem 13. Jahrhundert wird im **Moulin à Huile de la Laouza** *(Ave. Raiberti, Tel. 04 93 79 28 73)* Olivenöl gepresst. Nördlich über die D15 gelangt man zum entlegenen **Coaraze**, einem der ursprünglichsten Dörfer der Region, dessen schmale Gassen sich zu einer Kirche aus dem 14. Jahrhundert

hinaufwinden. Richtung Monaco liegt an der D21 **Peillon** mit weitem Blick über ein Tal. Die **Chapelle-des-Pénitents-Blancs** birgt Fresken mit der Passion Christi (1489) von Giovanni Canavesio. Die Strecke zum Bergdorf **Peille** ist wahrhaft atemberaubend – der straßenbaulichen Meisterleistung ebenso wie der Panoramen wegen. Der ruhige, noch weitgehend vom Massentourismus verschonte Ort macht die Anfahrt lohnend. Einige Gebäude stammen aus dem 14. bis 16. Jahrhundert, die schönsten stehen an der Place de la Colle. ■

Musée du Terroir

✉ Place de l'Armée, Peille

☎ 04 93 91 71 85

🕐 Geöffn. auf Anfrage

Menton

Menton

🗺 165 E2

Besucher-
information

✉ Office de Tou-
risme, Palais de
l'Europe, 8, ave.
Boyer

☎ 04 92 41 76 76

**www.tourisme-
menton.fr**

**Musée Jean Coc-
teau Collection
Sèverin Wun-
dermann**

✉ 2 Quai de
Monléon

☎ 04 89 81 52 50

🕐 Geschl. Di

💲 €€

**www.museecocteau
menton.fr**

Hôtel de Ville

✉ 17, rue de la
République

☎ 04 92 10 50 00

🕐 Salle de Maria-
ges:
geschl. Sa–So

💲 €

**Musée de
Préhistoire
Régional**

✉ Rue Lorédan-
Larchey

☎ 04 93 35 84 64

🕐 Geschl. Di

**Basilica
St-Michel-
Archange**

✉ Parvis St-Mi-
chel

**Musée des
Beaux-Arts**

✉ 3, Ave. de la
Madone

☎ 04 93 35 49 71

🕐 Geschl. Di

Vor der Alpenkulisse ziehen sich apricotfarbene Häuser einen Hang hinauf, zu dessen Füßen das türkisblaue Meer brandet. Seine Lage macht Menton zum wärmsten Ort der Riviera; selbst im Winter sinkt das Thermometer kaum unter 10 °C, ein Paradies für tropische Pflanzen. Dazu kommen ein von Jean Cocteau begründetes Museum, Barockkirchen, Strände ...

Die Römer nannten diese Region Sinus Pacis (Golf des Friedens) und gründeten am Cap-Martin die Garnison Lumone, aber keine Siedlung. So blieb der Golf nahezu unberührt, bis im 19. Jahrhundert der exzentrische Engländer Lord Brougham auf der Suche nach einem Winterdomizil das Fleckchen entdeckte. Seit dieser Zeit hat sich Menton zu einem Seebad für betuchte Gäste entwickelt. Charakteristisch ist das italienische Flair – kein Wunder, da die Grenze keine zwei Kilometer entfernt liegt und Menton bis 1860 zu Savoyen gehörte.

Die **Promenade du Soleil** verläuft vom belebten Hafen im Stadtzentrum vorbei an Stränden, Lokalen und in den 1930er Jahren für wohlhabende Pariser errichteten Appartementhäusern zum gut 1,5 Kilometer entfernten **Cap-Martin**, wo wunderschöne alte Villen liegen.

Die mit kleinen Türmchen bestückte Hafenbastion aus dem 17. Jahrhundert beherbergt heute das berühmte **Musée Jean Cocteau Collection Séverin Wundermann**, das der damals in Menton ansässige Künstler (1889–1963) selbst ins Leben rief. Die hier ausgestellten Skizzen und Bleistiftzeichnungen fänden wohl kaum große Beach-

tung, wäre Cocteau nicht auf anderen Gebieten mit so genialem Talent gesegnet gewesen. Cocteaus Grab gleich nebenan trägt die Inschrift: «Je reste avec vous» – «Ich bleibe unter euch».

Auf der gegenüberliegenden Straßenseite stehen die **Halles Municipales** (Stadtmarkt), deren Stände sich unter fangfrischem Fisch, Marzipantorten, riesigen Tomaten und – natürlich – Zitronen biegen. Menton ist berühmt für seine Zitronen, denen schon im Februar die Fête des Citrons gewidmet ist. Probieren Sie unbedingt die köstliche Spezialität *délice Mentonnais*.

Vom Markt spaziert man über die Place aux Herbes zur **Rue St-Michel**, wo Geschäfte, Restaurants und Cafés warten. Eine Straße weiter, in der Rue de la République, steht das **Hôtel de Ville** (Rathaus). Cocteau bemalte die Wände der **Salle de Mariages** (Standesamt) in den 1950er Jahren mit passenden Szenen aus: Eine Zitronenpflückerin aus Nizza ehelicht einen Fischer aus Menton. Und natürlich taucht auch Cocteaus Lieblingsfigur, Orpheus, auf.

Der früheste bekannte Besucher von Menton – der *Nouvel Homme de Menton* – kam vor rund 30 000 Jahren hierher. Seinen Schädel und andere Expo-

In den 1950er Jahren schmückte Jean Cocteau die Wände der Salle de Mariages im Hôtel de Ville

nate zur Ur- und Vorgeschichte der Region können Sie im nahe gelegenen **Musée de Préhistoire Régional** betrachten.

Vieux Menton

Die italienisch anmutenden Häuser der Altstadt ziehen sich entlang mittelalterlicher Sträßchen den Hügel hinauf. Folgen Sie der Rue St-Michel ostwärts zur Place du Cap, wo die Rue des Logettes zur schmalen Rue des Écoles Pie führt, auf der es wiederum steil bergauf geht. Schließlich gelangen Sie zur Place de la Concéption mit der 1762 erbauten **Chapelle-des-Pénitents Blancs** (geöffnet Mo nachmittag) mit ihrer herrlichen Barockfassade.

Nicht weit entfernt steht die **Basilica St-Michel-Archange**, die angeblich größte Barockkirche von ganz Südfrankreich. Zwischen 1619 und 1653 erbaut, birgt sie in ihrem von Gold und Marmor geprägten Inneren einen Hochaltar mit einem hl. Michael, dem Schutzheiligen der Stadt (1820).

Das **Musée des Beaux-Arts** am westlichen Ende der Stadt beherbergt eine Sammlung europäischer Gemälde vom Mittelalter bis zur Gegenwart. Zu den Glanzpunkten zählen Louis Bréas *Madonna mit Kind* und *La Fontaine* des zeitweilig in Menton ansässigen Surrealisten Graham Sutherland. Interessanter ist das Gebäude selbst: Das rosa-weiße Palais Carnolès ließen sich die Fürsten des Hauses Grimaldi im 18. Jahrhundert als Sommerresidenz errichten – nach dem Vorbild des Grand Trianon in Versailles. Die verzierten Decken verraten noch etwas von der einstigen Pracht. Im Park ist die Skulpturensammlung des Museums zu bewundern, deren Spektrum von Thomas Glebs *Moines d'Eternit* – unheimlichen, weiß gewandeten Gestalten ohne Gesicht – bis zu Jean Terziefs traditioneller *Bagneuse* reicht. ■

Weitere Sehenswürdigkeiten

Castillon

Im Jahr 1887 zerstörte ein Erdbeben das Dorf, 1944 wurde es bombardiert. Das heutige provenzalisch geprägte Ortsbild stammt aus dem Jahr 1951 und gilt als Paradebeispiel moderner ländlicher Städteplanung. Castillon ist ein selbst ernanntes Künstlerdorf und wartet mit zahlreichen Kunstgewerbe-Geschäften auf. Im **Syndicat d'Initiative** *(Rue de la République, Tel. 04 93 04 32 03)* finden Ausstellungen statt. 🅜 165 E3

Ste-Agnès

Dieses 780 Meter über dem Meer an eine Felswand geklebte Bergdorf gilt als Europas höchstgelegener Küstenort. Die einstige Sarazenenfestung ist ein mittelalterliches Paradies mit kopfsteingepflasterten Gassen. Werfen Sie einen Blick in das **Èspace Culture et Traditions**, wo Kunsthandwerker ihre Arbeiten zeigen. Das **Fort Maginot de Ste-Agnès** *(Tel. 04 93 35 84 58, geöffnet Juli– Sept. tägl. nachmittags, sonst Sa und So Nachmittag, €)* wurde 1932 erbaut. 🅜 165 E2 **Office de Tourisme** 🖂 51 rue des Sarrasins, Ste-Agnès 📞 04 93 35 84 58

Musée Villa Éphrussi de Rothschild

Zwar besaß Béatrice Éphrussi, eine Baronin Rothschild, bereits eine Villa in Monaco, doch konnte sie der Versuchung nicht widerstehen, auch am Cap Ferrat eine zu errichten. Ihre Vision wurde zu der rosafarbenen Residenz im venezianischen Stil. Ausgestattet ist die Villa mit einer Vielzahl erlesener Möbel und Kunstgegenstände. Unbedingt sehenswert sind die Gemächer der Baronin mit Deckengemälden der venezianischen Schule; im Badezimmer können Sie die Koffer und Truhen bestaunen, die sie auf ihren weiten Reisen begleiteten. All diesen Schätzen zum Trotz ist das Schönste an der Villa ihr Park, genauer gesagt die Themengärten, sieben an der Zahl. Der Französische Garten schmückt sich mit einem malerischen Wasserbecken, einem Springbrunnen und einem Liebestempel nach dem Vorbild des Trianon in Versailles. Außerdem gibt es einen Provenzalischen Garten mit Ölbäumen und Lavendel, einen Skulpturengarten für diejenigen Plastiken, die zu groß sind, um im Haus gezeigt zu werden, einen Spanischen, einen Japanischen, einen Florentinischen und einen Exotischen Garten.

Die Eintrittskarte eröffnet Ihnen Zutritt zu Erdgeschoss und Gärten. Ein paar Euro mehr kostet eine Führung durch den ersten Stock. 🅜 165 C1 🖂 1 ave. Éphrussi-de-Rothschild, Cap-Ferrat 📞 04 93 01 33 09, www.villa-ephrussi.com 💲 €€

ERLEBNIS: Süßer Nachgeschmack

Eine Region, die derart reich ist an natürlichen Aromen, bringt zahlreiche Köstlichkeiten hervor. Lavendel und Thymian tauchen auf in *crème brûlée* sowie in Marmeladen und Honig, und der aus schwarzem Honig gefertigte Nougat gilt als wichtiger Bestandteil der Küche. Dazu kommen jede Menge leckere regionale Spezialitäten: *navettes* (Plätzchen mit Anis und Orangenblüten) aus Marseille, *gâteaux secs aux amands* (Mandelkekse) aus Nimes. In Aix gibt es *calisson* (Melonen-und-Mandel-Speise), Apt ist für seine *fruits confits* (glasierte Früchte) bekannt, während im Vaucluse mit Muskat gewürzte Melonen serviert werden. St-Tropez hat seine *tarte Tropézienne*, im Massif des Maures konzentriert man sich auf Kastanien: Kastanieneis und Maronencreme. In Nizza genießt man *socca*, eine Kichererbsen-Crêpe, Carpentras lockt mit *berlingots* (Karamellbonbons mit Minze und Zitrone).

Die alpine Region der Provence wird von zerklüfteten und schneebe-
deckten Bergen dominiert. Zu den Naturschönheiten zählen der Parc
National du Mercantour und die Schlucht Gorges du Verdon

Alpes
Provençales

Lavendelblüten

Alpes Provençales

Die südlichen Alpenausläufer enden abrupt kurz vor der Mittelmeerküste. Sie bieten unerwartete Ausflugsmöglichkeiten in abgelegene Bergregionen, wo Gämsen, Steinböcke und Jagdfalken zu Hause sind. Diese dünn besiedelte Region ist ein Paradies für Wanderer, Skifahrer, Wildwasser- und Kanufahrer. Die Gegend ist zudem für ihre Lavendelfelder und Fayencen bekannt.

Die größte Überraschung bietet wohl der Parc National du Mercantour. In dieser Wildnis ragen zerklüftete Berggipfel steil in den Himmel. Autofahren ist auf den steilen Straßen mit ihren vielen *lacets* (Haarnadelkurven) anstrengend, wird aber durch atemberaubende Ausblicke belohnt. Im Vallée des Merveilles finden sich einige der ältesten Felszeichnungen der Welt. Die Bergausläufer reichen im Westen bis zu den Gorges du Verdon, der größten Schlucht Europas. Auch diese Landschaft ist ein Paradies für Naturfreunde.

Castellane ist ein beliebtes Standquartier östlich der Schlucht. Der Ort verströmt mit seiner zentralen Boulebahn, den Straßencafés und den warmen Farben der

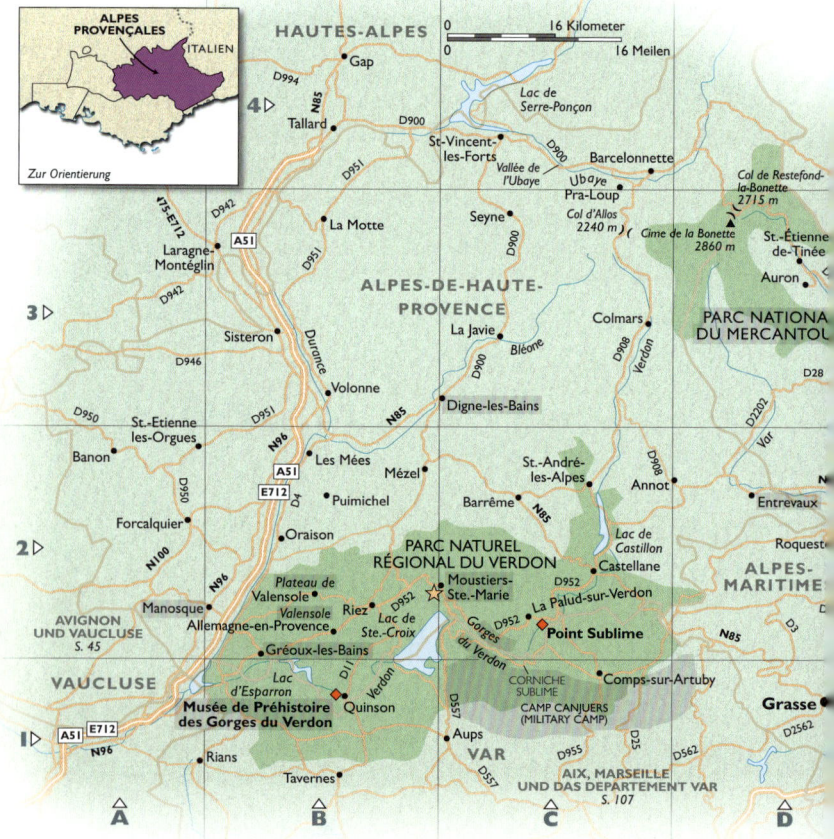

Schafe grasen auf dem Col d'Allos tief in den südlichen Alpen

Häuser eine typisch provenzalische Atmosphäre. Weiter westlich erreicht man auf dem Plateau von Valensole eine idyllische Szenerie mit mittelalterlichen Dörfern zwischen endlosen Lavendelfeldern. Zur Blütezeit ist die Landschaft mit purpurblauer Farbe überzogen, und mit dem Erntebeginn liegt der markante Lavendelgeruch überall in der Luft. ■

NICHT VERSÄUMEN:

Eine Wanderung im Parc National du Mercantour **190**

Parc National du Mercantour: Musée des Merveilles mit bronzezeitlichen Felszeichnungen **192**

Eine Paddeltour im Gorges du Verdon **194**

Moustiers-Ste-Marie: Einen Bummel durch die Gassen mit ihren Fayence-Läden **198**

Sault: Eine Tour durch blühende Lavendelfelder **201**

ERLEBNIS:
Lavendelfestivals

Spiele, Wettkämpfe, Musik und kulinarische Köstlichkeiten markieren den Höhepunkt der Lavendelsaison. Hier einige der Orte mit den schönsten Festivals:

Digne-les-Bains: Anfang August
Esparron-sur-Verdon: Mitte August
Ferrassière: Ende Juni
Riez: zweite Juli-Hälfte
Sault: Mitte August
Valensole: Ende Juli
Valréas: Anfang August
Volvent: Anfang August

Parc National du Mercantour

Parc National du Mercantour

188 D3

Besucherinformation

✉ Zentrale, 23, rued'Italie, Nice

☎ 04 93 16 78 88

www.parc-mercantour.com

BESUCHER-INFORMATIONEN

Breil-sur-Roya

✉ 17, place Bianchéri

☎ 04 93 04 99 76

Sospel

✉ 19, ave. Jean Mèdecin

☎ 04 93 04 15 80

Tende

✉ 103, ave. du 16 Septembre 1947

☎ 04 93 04 73 71

St-Martin-de-Vésubie

✉ Rue K. Serrurier, St-Martin-de-Vésubie

☎ 04 93 03 23 15

Gegenüber: St-Martin-de-Vésubie ist als die „Schweiz von Nizza" bekannt und war schon im 19. Jahrhundert ein Bergsteigerort

Der Nationalpark ist wohl eines der am besten gehüteten Geheimnisse der Provence. Er liegt nur rund 40 Kilometer vom Meer entfernt, hoch oben in der Berglandschaft jenseits von Nizza. Diese naturbelassene Alpenregion erstreckt sich über sieben Täler und bietet Abwechslung: wilde Schluchten, Olivenhaine, Wiesen voller Lilien, Gletscherseen am Fuße zerklüfteter Berggipfel und smaragdgrüne reißende Flüsse, die sich durch enge Schluchten mit grauen Felsen schlängeln. Mehr als 2000 Arten von Blumen wachsen im Park. Zu dem reichen Tierbestand zählen die scheuen Steinböcke und sogar Wölfe. Ein archäologischer Schatz ist das spektakuläre Vallée des Merveilles.

Der 1979 gegründete Park grenzt an den italienischen Parco Naturale Alpi Marittime, sodass die beiden Nationalparks ein riesiges Schutzgebiet bilden. An der Schnittstelle zwischen alpiner und mediterraner Klimazone lebt eine erstaunliche Vielzahl von Tierarten. Hermeline, Murmeltiere, Wildschweine und Füchse gehören dazu, während in den abgelegeneren Regionen sogar Steinböcke zu Hause sind. Wölfe sind nach 50-jähriger Abwesenheit von Italien aus wieder eingewandert. Auch sechs Huftierarten leben im Park, darunter die trittsicheren Gämse. Neben dem Steinbock ist auch das Mufflon heimisch. Am Himmel ziehen Adler, Falken und Geier ihre Kreise.

Der Artenreichtum der Flora ist nicht minder atemberaubend. In Frankreich kann man nur hier aus der mediterranen Klimazone direkt in die Alpen hinauffahren und dabei den Wechsel der Flora bestaunen. Unterhalb von 700 Meter wachsen Lavendel und Olivenbäume, bis 1500 Meter treffen wir auf Tannen, Fichten und Kiefern, die weiter oben Lärchen Platz machen. Oberhalb von 2500 Meter wachsen nur noch magere Rhododendren, alpines Berggras und Moose. Von den 4200 in Frankreich bekannten Pflanzenarten wachsen 2000 im Nationalpark. Davon gelten 30 als endemisch. Die *Saxifraga florulenta Moretti*, die nur alle zehn Jahre einmal blüht, wächst zum Beispiel nur hier.

Sportlichen Naturfreunden sind hier kaum Grenzen gesetzt: Wandern, Mountainbiking, Höhlenerkundungen, Wildwasser-Rafting, Kajakfahren, Paragliding und Skifahren. Und das ist nur eine kleine Auswahl. Man kann zudem an Führungen zu archäologischen Fundstätten oder an Greifvogel-Abenden teilnehmen. Informationen gibt es in den Besucherzentren, die über den Park verteilt sind.

Von Süden kommend, erreicht man den Park über Menton, von Nizza geht es durch das Vallée de la Vésubie.

**Isola 2000
Chalet d'Acceuil**
☎ 04 93 23 15 15
www.isola2000.
com

Vallée de La Roya

Eines der beeindruckendsten Täler von Mercantour ist das Roya-Tal. Es liegt am östlichen Parkrand und kam erst 1947 zu Frankreich. Bis dahin nutzte der italienische König Victor Emanuel II. das Tal als Jagdrevier. Entlang dem Fluss Roya trifft man Richtung Norden auf eine Reihe von mittelalterlichen Städtchen. **St-Dalmas-de-Tende** bietet einen Zugang zum geheimnisvollen Vallée des Merveilles.

Der Kirchenchor des Franziskanerklosters in Saorge

Im Süden des Tales liegt das pittoreske **Breil-sur-Roya**, das über Sospel mit der Küste verbunden ist. Zwischen den alten Häusern fühlt man sich wie in einem Bergdorf aus dem 17. oder

18. Jahrhundert. Sehenswert ist die faszinierende Barockkirche **Sancta-Maria-in-Albis** aus dem 18. Jahrhundert mit ihren Deckenfresken und dem vergoldeten Dekor. Das Altarbild stammt aus dem 12. Jahrhundert. Der Fluss Roya macht Breil zu einem Ausgangspunkt für Kajaktouren und Wildwasser-Rafting.

Von Breil führt die N204 entlang der Roya durch die Schlucht **Gorges de Saorge** nach Norden. Der Ort **Saorge** ist spektakulär, denn die kleinen Häuschen befinden sich in prekärer Lage an den steilen Klippen. Hierhin gelangt man nur durch das Hinterland über das Örtchen Fontan. Einen Abstecher lohnt das Kloster **Couvent des Franciscains** (*Tel. 04 93 04 55 55, geschl. April-Okt. Di, €*) südlich des Ortes. Die barocke Kirche und der Kreuzgang sind mit Fresken aus dem 18. Jahrhundert bemalt.

Nach Norden führen die wunderbar alpinen **Gorges de Bergue** nach **St-Dalmas-de-Tende**, dem besten Zugangsort zum Vallée des Merveilles (siehe unten). Die Fahrt führt durch das malerische La Brigue weiter nach **Tende**. Die Burg oberhalb des Ortes ist nurmehr eine Ruine und gehörte einst den Grafen von Tende. Ein Muss ist das **Musée des Merveilles** (*Ave. du 16 Septembre 1947, Tende, Tel. 04 93 04 32 50, geschl. Di, 2 Wochen im März und 2 Wochen im Nov., €*). Es dokumentiert mit Fundstücken, Schaubildern und einem Film die Geschichte des **Vallée des Merveilles**. Kopien der urzeitlichen Felszeichnungen des Tales helfen, diese besser zu verstehen.

Das Vallée de la Tinée

Vallée de La Vésubie

Das Vésubie-Tal erreicht man über die D2565 nördlich von Nizza. Es schlängelt sich entlang der Nationalparkgrenzen und ist nicht so urwüchsig. Dennoch gibt es auch hier wunderbare Aussichtspunkte. Für Wander- und Skifreunde ist das mittelalterliche Örtchen **St-Martin-de-Vésubie** ein idealer Ausgangspunkt.

Vallée de La Tinée

Im Winter zieht es die Einwohner von Nizza auf die Skipisten von **Isola 2000**. Dorthin gelangt man über die schmale D2205 durch das Tinée-Tal. Der mittelalterliche Ort **Isola village** befindet sich 18 Kilometer von den Skipisten entfernt und begeistert durch seine Gassen und die Kapelle Ste-Anne. Nordwestlich von Isola village bietet **St-Étienne-de-Tinée** reichlich Möglichkei-

ten für Wandertouren rund um den 2860 Meter hohen **Cime de la Bonette**.

Vallée de L'ubaye

Sieben Bergpässe verbinden das Ubaye-Tal mit der Außenwelt. Der 2715 Meter hohe **Col de Restefond-la-Bonette** ist einer der höchsten Pässe Europas. Einziger Ort in dem abgelegenen Tal ist **Barcelonnette**. Rund 5000 Einwohner des Ortes folgten den Arnaud-Brüdern nach Mexiko, wo diese nach ihrer Auswanderung 1821 ein Textilimperium aufgebaut hatten. Einige Emigranten kehrten später zurück und bauten sich mexikanisch anmutende Villen. Im **Musée de la Vallée** (*10, ave. de la Libération, Tel. 04 92 81 27 15*), sechs Museen in verschiedenen Gemeinden, wird auch diese kuriose Geschichte präsentiert.

Das Ubaye-Tal ist bestens für Wildwasser-Rafting geeignet. ■

Vallée des Merveilles

Sie können auf eigene Faust ins Tal wandern, doch die extrem hoch liegende raue Bergwelt ist nichts für Amateure. Von St-Dalmas-de-Tende führt die D91 zum Lac des Mesches. Weiter geht es zu Fuß oder mit einem vom Nationalpark lizensierten Geländefahrzeug. Der Zugang ist auch über das westlich gelegene Madone-de-Fenestre im Vésubie-Tal möglich. Schutzhütten bieten Übernachtungsmöglichkeiten. Geführte Wanderungen bietet Merveilles Gravures et Découvertes an (110, montée des Fleurs, Tende, Tel. 06 86 03 90 13). Zwischen Juni und September gibt es regelmäßig halb- und ganztägige Touren sowie Touren mit Geländewagen.

Senkrecht abstürzende Kalkfelsen, schwindelerregende Ausblicke – vor allem, wie hier, entlang der Route des Crêtes – und eine Unzahl an sportlichen Aktivitäten locken die Besucher

Gorges du Verdon

Parc Naturel Régional du Verdon

🅰 188 B2–C2

✉ BP 14, Domaine de Valx, Moustiers-St-Marie

☎ 04 92 74 68 00

www.parcdu verdon.fr

Moustiers-Ste-Marie

🅰 188 B2

Besucherinformation

✉ Place de l'eglise

☎ 04 92 74 67 84

www.moustiers.eu

Schon auf den ersten Blick raubt die geheimnisvolle, leicht jadegrüne Farbe des Flusses Verdon Besuchern den Atem. Bis zu 700 Meter senkrecht aufragende Kalkfelsen prägen das Bild des europäischen Grand Canyon. Das Naturparadies liegt nur eine Autostunde von der Côte d'Azur entfernt und gilt trotzdem als Geheimtipp, was an der abenteuerlichen Anfahrt liegen mag.

Das beeindruckendste Teilstück des Canyons schlängelt sich im Zickzack 21 Kilometer von **Moustiers-Ste-Marie** nach **Castellane**. Beide Städte sind gute Standquartiere, wobei Castellane vor allem bei Campern beliebt ist. Im schönen Moustiers (siehe S. 198)

finden sich eher Pensionen und Hotels. In beiden Orten gibt es Sportgeschäfte.

Schon im 2. Jahrhundert v. Chr. bot die Schlucht Menschen Zuflucht, als sich hier Ligurer vor den Römern versteckten. Im 5. Jahrhundert lebten Mönche in den Höhlen als Eremiten. In

ERLEBNIS:
Sportangebot

Wasserwandern: Auf Abenteuertouren kann man Wasserfälle hinuntergleiten und durch Stromschnellen paddeln.
Bungee-Jumping: Der beliebteste Punkt ist der Pont de l'Artuby. 182 Meter Fallhöhe garantieren einen schönen Sprung.
Canyoning: Geführte Wander-, Kletter- und Abseiltouren in der Schlucht.
Klettern: An den Verdon-Klippen sind 933 Kletterrouten ausgewiesen.
Wandern: Man kann den größten Teil des Canyons über den schwierigen GR4 erwandern. Für ernsthafte Bergwanderer gibt es zwei Routen, die unbedingt zu empfehlen sind: Der 14 Kilometer lange Martel Trail folgt ungefähr Martels Route von 1905 in die Schlucht; der 5,5 Kilometer lange Imbut Trail endet am Imbut, wo der Fluss Verdon verschwindet.
Wildwasser-Rafting, Kajak- und Kanufahren: Die Tour durch den 30 Kilometer langen Canyon führt zwischen den Felswänden hindurch. Unterwegs gibt es Stromschnellen mit Namen wie Niagara und Cyclops. Einige der Stromschnellen fallen in die Kategorien III oder IV. Deshalb ist die Tour nur für erfahrene Wassersportler zu empfehlen.
Andere Aktivitäten: Reiten, angeln, Parasailing, Ballonfahren. Weitere Informationen in Sportgeschäften vor Ort oder im Provence-Web (*www.provenceweb.fr*)

Castellane
🏕 188 C2
Besucherinformation
✉ Office de Tourisme, rue Nationale
☎ 04 92 83 61 14
www.castellane.org

La Palud-sur-Verdon
🏕 188 C2
Besucherinformation
✉ Syndicat d'Initiative, Le Château
☎ 04 92 77 32 02

Aiguines
🏕 188 C2
Besucherinformation
✉ Office de Tourisme, Allée des Tilleuls
☎ 04 94 70 21 64
www.aiguines.com

jüngerer Zeit kannten zunächst nur die Holzfäller des 19. Jahrhunderts die versteckten Schluchten. Sie seilten sich an den Klippen ab, um hier Buchsbaumstümpfe für Boulekugeln zu suchen. Der französische Forscher Edouard Martel (1859–1938) erkundete 1905 auf einer dreitägigen Expedition als Erster die gesamte Länge des Canyons. Eine Tafel am **Point Sublime** am Rive Droite gedenkt ihrer Expedition. Erst durch den Bau der Corniche Sublime wurde die Schlucht 1948 auch für Autos zugänglich. Das gesamte Gebiet wurde schließlich 1977 zu einem regionalen Naturpark erklärt. ∎

Mit dem Auto: Gorges du Verdon

Diese Rundfahrt beginnt in Moustiers-Ste-Marie und führt zunächst am Rive Droite entlang, inklusive der spektakulären Route des Crêtes. Ein Abstecher führt nach Castellane, bevor es über das Rive Gauche (linkes Ufer) zurückgeht.

Rive Droite (Norden)

Von der schönen Stadt **Moustiers-Ste-Marie ❶** geht es über die D952 zum Rive Droite. Diese kurvenreiche zwei-spurige Straße verläuft hoch über der Schlucht und verfügt kaum über Leit-planken. In der Ferne können Sie den Lac de Ste-Croix erblicken. Tief unten

Rafting auf dem Verdon

schäumt der **Fluss Verdon**. Am **Bel-védère de Mayreste ❷** gibt es eine Haarnadelkurve. Von dem Aussichts-punkt genießen Sie den ersten umfas-senden Ausblick über die Schlucht.

Danach erreicht man das Plateau mit Lavendelfeldern. Der Abstieg bringt Sie nach **La Palud-sur-Verdon ❸**, einem der wichtigsten Ausgangspunkte für Canyon-Touren. Direkt hinter dem Ort stoßen Sie auf die D23, die **Route des Crêtes ❹**. Die atemberaubenden 23 Kilometer folgen

NICHT VERSÄUMEN:

Route des Crêtes • Point Sublime • Tunnel de Fayet

dem Rand des Plateaus, das bis zu 700 Meter senkrecht vom Straßenrand ins Tal abfällt. Ungefähr auf der Hälfte der Stre-cke bietet das **Refuge des Malines** Snacks sowie einen der herrlichsten Ausblicke über die Schlucht an. Toiletten suchen Sie hier allerdings vergeblich. An diesem Ort beginnt auch der beliebte **Martel Trail**. Es folgen noch einige weitere Aussichtsmög-lichkeiten, bevor Sie nach Palud umkehren.

Im Ort folgen Sie der D952 und igno-rieren die Wegweiser für die Route des Crêtes. Auf dem langsamen Abstieg nach **Point Sublime ❺** passieren Sie Wälder und Wiesen mit Wildblumen. Vom Park-platz führt ein Weg den Hügel hinauf, der einen Blick auf den **Samson Corridor** bie-tet, den Eingang zum Grand Canyon.

Hinter dem Tunnel führt die Straße in den schmalen **Clue de Carejuan**. Dort hat man die Wahl: Die D952 führt nach Cas-tellane, oder man fährt über den Pont de Soleils, um das Rive Gauche zu erkunden.

Rive Gauche (Süden)

Über die D955 geht es durch das kleine Soleils. Dahinter ist die Burg von Tri-gance auf einem Hügel auszumachen. Die kurvige D90 führt ins mittelalterli-che **Trigance ❻**. Nun steigt die Straße vor der Kulisse entfernter Berge an. Nehmen Sie die D71 nach rechts Rich-tung Aiguines. Auf dem Weg erreichen

Sie die **Balcons de la Mescla** ❼. Ein kurzer Pfad führt zu einem Aussichtspunkt mit Blick auf den Zusammenfluss von Artuby und Verdon. An der Straße warten weitere Aussichtsmöglichkeiten sowie die Gaststätte **Le Relais des Balcons**. Die Straße führt zu Europas höchster Brücke, dem **Pont de l'Artuby**, hinunter, die sich 180 Meter über den Fluss spannt. Sie folgen nun dem Rand der Schlucht. Es gibt mehrere Parkmöglichkeiten. Nach einem kurzen Anstieg erreichen Sie den **Tunnel de Fayet** ❽. Am Ausgang bietet sich ein phantastischer Ausblick auf den Verdon.

Etwas abseits der Schlucht folgt die Straße dem **Cavaliers Cliff**. Von der Terrasse des **Hôtel-Restaurant du Grand Canyon** genießt man einen schönen Ausblick. Dahinter führt der Rive-Gauche-Wanderweg zum Grund der Schlucht hinab. An der Quelle **Source de Vaumale** ❾ können Sie Flaschen mit frischem Wasser

🅰	Siehe Karte S. 188
▶	Moustiers-Ste-Marie
🔁	80 Kilometer
⏱	Ein ganzer Tag
▶	Moustiers-Ste-Marie

füllen, bevor es zum höchsten Punkt der Straße geht, der mehr als 800 Meter über dem Verdon liegt.

Nun windet sich die Straße in das tiefer gelegene **Aiguines** ❿ hinunter. Die sympathische Stadt verfügt über eine jahrhundertealte Tradition, *boules* aus Buchsbaum herzustellen. Die Burg aus dem 17. Jahrhundert (privat) wird von vier Türmen mit verglasten Schindeln flankiert. Hinter Aiguines erreichen Sie die Wasserwelt des **Lac de Ste-Croix** ⓫. Hier kann man alle möglichen Wassersportgeräte ausleihen. Nach einem kleinen Bad gelangen Sie über die D957 wieder nach Moustiers. Vom **Pont de Galetas** aus können Sie sehen, wie der See in den Fluss übergeht.

Markttag
Fr

**Moustiers-
Ste-Marie**

🅰 188 B2

**Besucher-
information**

✉ Office de Tou-
risme, Place de
l'eglise

☎ 04 92 74 67 84

www.moustiers.eu

Moustiers-Ste-Marie

Moustiers steht für fein bemalte, mit Zinn glasierte Keramiken, bekannt als Fayencen. Jedes historische Museum in der Provence stellt Kunstwerke aus der Blütezeit von Moustiers aus, die zwischen 1689 und dem späten 19. Jahrhundert lag. Damals produzierten talentierte Kunsthandwerker unter anderem für die französischen Könige exquisite Krüge, Teller und Untertassen. Mehr als 20 poteries halten die alte Tradition lebendig und verkaufen ihre Waren in kleinen Läden in den sehr belebten Gassen. Moustiers ist einer der malerischsten Orte der Provence. Zwischen zwei Häusern hängt an einer Kette ein Stern.

Fayence-Malerei

Niemand weiß genau, wer den Stern dort aufgehängt hat. Er befindet sich direkt oberhalb der kleinen romanischen Kirche **Chapelle Notre-Dame-de-Beauvoir**, die zwischen den Felsen erbaut wurde. Eine Legende spricht davon, dass zu Zeiten der Kreuzzüge der Ritter Blacas d'Aups im Heiligen Land gefangen genommen wurde. Er schwor, für den Fall seiner Freilassung in seinem Heimatort einen Stern an einer Kette zwischen den zwei Felsen oberhalb des Ortes anzubringen. Im Mittelalter strömten zahlreiche Pilger zu der Kirche, weil sich dort angeblich mehrere Wunder ereignet hatten. Ein gewundener steiler Pfad führt von der Rue Bourgade zur Kirche.

Die schmalen Gassen laden in Moustiers zum Bummeln ein. Aus zahlreichen Brunnen und Becken sprudelt Wasser, und quer durch den Ort rauscht ein Bergbach. Beim Besuch der rund 30 Fayence-Läden wird man schnell zum Experten, denn die Qualität der Waren schwankt. Viele der Läden produzieren ihre eigenen Keramiken in Werkstätten außerhalb des Ortes.

Einen guten Überblick bietet das kleine **Musée de la Faïence** (*Hôtel de Ville, Tel. 04 92 74 61 64, Di, Jan. und Sa/So vormittags geschl., €*) am Ortseingang. Ein Video erläutert (auf Französisch) den Prozess der Fayence-Herstellung. ■

ERLEBNIS: Berühmte Fayencen aus Moustiers

Es heißt, dass 1668 ein Mönch aus Faenza Pierre Clérissy aus Moustiers das Geheimnis der Porzellanherstellung verriet. Die städtische Tonindustrie wurde dadurch revolutioniert. Durch die spanischen Erbfolgekriege litt die französische Wirtschaft enorm. Deshalb versuchte König Louis XIV den Adel davon zu überzeugen, Gold und Silber für die Kriegsfinanzierung einschmelzen zu lassen. Der Adel sollte stattdessen Fayencen benutzen – aus Moustiers. Um diese Zeit herum wandelte sich die Porzellanproduktion. War sie zunächst auf ärmere Bevölkerungsschichten ausgerichtet, so konzentrierte man sich nun auf die Herstellung edler Gedecke mit Zinnglasuren. Anfangs verwandte man nur blaue und schwach cremefarbene Töne für biblische Szenen und Jagdmotive. Es folgte eine Phase, in der groteske Figuren, Zwerge, Clowns und Vögel dominierten. Neue Farben kamen hinzu: Rot, Orange, Purpur, Grün und Gelb. Damals wurden in Moustiers mehr als zehn Millionen dekorative Stücke produziert. Doch angesichts der Revolutionswirren und der erschöpften örtlichen Tonerde-Reserven und wegen des zunehmenden Wettbewerbs wurde die Fertigung 1874 eingestellt. Marcel Provence knüpfte 1927 wieder an die Tradition an und begründete damit das moderne Porzellan-Zeitalter von Moustiers.

Plateau de Valensole

Wer im Sommer endlose Felder mit blühendem Lavendel sehen möchte, der ist auf dem heißen, trockenen Plateau de Valensole genau richtig. Mehrere unberührte historische Dörfer machen diese Region zusätzlich sehenswert.

Valensole verlockt durch seine mittelalterlichen Gässchen rund um die **Kirche St-Blaise**. Im südlich gelegenen **Riez**, einem Zentrum der Lavendelbrennerei, findet man hinter mittelalterlichen Stadttoren eine provenzalische Stadt mit gewölbten Passagen. Zu den schönsten Gebäuden zählt das **Hôtel de Mazan**, das noch aus der Renaissance stammt. Am südlichen Ortsrand stehen auf einem Feld vier Granitsäulen. Man nimmt an, dass sie zu einem Apollo-Tempel aus dem 1. Jh. n. Chr. gehörten. Gegen-

Lavendelpotpourri in einem Weidenkorb

über befindet sich eine der ältesten Taufkapellen Frankreichs au dem 6. Jh. Das nahe gelegene **Allemagne-en-Provence** verfügt über eine bewohnte Renaissanceburg, die auf das späte 12. Jahrhundert zurückgeht (*Tel. 04 92 77 46 78, geschl. Nov.–März, €€*). Führungen sind möglich. ∎

Valensole
🗺 188 B2

Besucherinformation
✉ Office de Tourisme, place des Héros de la Résistance
☎ 04 92 74 90 02

www.valensole.fr

Die Lavendelregion

Wohl kein anderer Duft gehört so sehr zur Provence wie der prickelnde, berauschende Geruch des Lavendels. Unverwechselbar sind auch die endlosen Felder mit den kleinen purpurfarbenen Blüten, die auf den Hügeln unter einem sommerlich blauen Himmel blühen. Beliebt wegen seines Dufts, geschätzt für die medizinischen und lindernden Eigenschaften, wird Lavendel schon seit römischen Zeiten verwendet.

Die alten Römer benutzten die Lavendelblüten, um ihre Kleidung und die Bäder zu parfümieren. Der Name geht auf das lateinische Wort *lavare* (waschen) zurück. Die heilenden Fähigkeiten sind ebenfalls schon lange bekannt. König Mithridates von Pontus entwickelte im 1. Jh. v. Chr. ein Mittel gegen Insektenstiche unter dem Namen *Thériaque*. Im Mittelalter glaubten viele, dass sich die Pest durch Dämpfe in der Luft verbreitete. Man sprenkelte deshalb Lavendel auf Fußböden und verbrannte ihn auf Straßen mit Pestfällen. Er wurde auch verwandt, um Schlaflosigkeit zu heilen, Läuse, Motten und Wanzen zu vertreiben. An den königlichen Höfen des 16. Jahrhunderts war Lavendel sehr populär, denn laut Catharina de Médici gebot es die Mode, Handschuhe, Taschentücher und Perücken zu parfümieren. Die Lavendelproduktion begann zwar in der Provence schon früh, doch erst im 19. Jahrhundert entstanden die *lavanderaies* (Lavendelplantagen). Natürlich wächst Lavendel überall auch wild.

Lavendelproduktion

Obwohl weltweit 70 Spezies des Lavendels bekannt sind, wachsen in der Provence nur drei: Echter Lavendel (*la lavande*) gedeiht in großer Höhe auf felsigem Untergrund. Der Große Speik, der in niedrigeren Höhen wächst, ähnelt dem Echten Lavendel. Das weniger feine Lavadin (*le lavandin*) ist eine Kreuzung aus Echtem Lavendel und Speik. Parfümhersteller bevorzugen den Echten Lavendel wegen seiner süßen ätherischen Öle, obwohl Speik und Lavadin ertragreicher sind. Letztere enden in Waschmitteln und Haushaltsprodukten.

Die Provence ist weltweit führend in der Lavendelproduktion. Lavendel wird im Herbst oder Frühling in langen Reihen angepflanzt und braucht drei bis vier Jahre zur Reife. Die ersten Blüten erscheinen im

Juni und erreichen gegen Ende des Monats ihre volle Schönheit.

Die Ernte erfolgt im Juli und August, wenn der Duft überall wahrzunehmen ist. In der dreiwöchigen Erntezeit wird der Lavendel ganztägig mechanisch geerntet. Danach werden die Pflanzen draußen getrocknet, bevor sie gebündelt zur Destillerie gebracht werden. Für ein Kilo ätherische Öle benötigt man 120 Kilo Pflanzen.

Lavendeltouren

Eine hochsommerliche Fahrt durch die blühenden Lavendelfelder der Provence gehört zu den Erlebnissen, die man sein Leben lang nicht vergisst. Eine der schönsten Gegenden liegt bei **Sault**. Das dortige Tourismusbüro bietet sieben geführte Touren an (*Tel. 04 90 64 01 21, www.saultenprovence. com*). Am Wegesrand liegen der Garten **Jardin des Lavandes** (*Rte. du Mont-Ventoux, Tel. 04 90 64 13 08*) sowie der **Sentier des Lavandes**, ein kurzer Wanderweg direkt südlich von Sault. Die Association des Routes de la Lavande (*www.grande-traversee-alpes.com*) hat weitere landschaftlich schöne Touren durch die Lavendelfelder zusammengestellt. Die meisten Destillerien sind öffentlich zugänglich. Die **Distillerie des Agnels** in Apt (*Route de Buoux, Tel. 04 90 04 77 00, www.lesagnels.com*) bietet ganzjährig Führungen. Mehrere Bäder nutzen die entspannenden Eigenschaften des Lavendels. Die **Thermes de Dignes-les-Bains** (*Ave des Thermes, Dignes-Bains, Tel. 04 92 32 32 92*) hat Lavendelbäder im Programm. Für umfassende Informationen über das Lavendelgeschäft lohnt ein Besuch des **Musée de la Lavande** in Coustellet (siehe S. 79, *Rte. de Gordes, Tel. 04 90 76 91 23, €€*).

Oben links: Schon die Römer nutzten Lavendelöle zum Baden. Rechts: Eine traditionelle Lavendeldestillerie. Unten: Die endlosen Lavendelfelder erblühen schlagartig im Juni und Juli

Weitere Sehenswürdigkeiten

Digne-les-Bains

In diesem Kurort locken angenehme Cafés am schattigen Boulevard Gassendi. Sehenswert ist die **Cathédrale Notre-Dame-du-Bourg** aus dem 12./13. Jh. Verblichene Freskofragmente aus dem 14. Jh. zieren noch die Wände. Die Weltreisende David-Néel begann ihre Expeditionen mit 15 Jahren. Nachdem sie den Großteil ihres Lebens in Ostasien verbracht hatte, ließ sie sich in Digne nieder. Heute ist hier das **Musée Alexandra David-Néel** (*27, ave. Maréchal Juin, Tel. 04 92 31 32 38*) mit tibetanischen Kunstwerken untergebracht. ⛰ 188 C3 **Office de Tourisme** ✉ Place du Tampinet ☎ 04 92 36 62 62, www.ot-dignelesbains.fr

Entrevaux

Entrevaux besitzt mit seiner Zugbrücke und den schmalen Häusern den Zauber vergangener Zeiten. Auf Befehl von König Louis XIV befestigte Vauban die Stadt im 17. Jh. als Teil einer alpinen Verteidigungslinie. Ein Serpentinenpfad bringt Besucher zur **Zitadelle** (€) über der Stadt. Ein Museum bewahrt das römische Erbe des Ortes. ⛰ 188 D2 **Office de Tourisme** ☎ 04 93 05 46 73, www.entrevaux.info

Gréoux-les-Bains

Schon seit römischen Zeiten ist der Kurort für seine Heilwasser berühmt. Am bekanntesten sind die **Thermes de Gréoux-les-Bains** (*Rue Eaux Chaudes, Tel. 08 26 46 81 85, geschl. Jan.–Feb.*). Die Einkaufsstraße **Rue Grande** durchquert die Altstadt. Über der Stadt thront eine **Templerburg** aus dem 12. Jahrhundert, die man im Rahmen einer Führung besichtigen kann (*Infos im Touristenbüro*). ⛰ 188 B2 **Office du Tourisme** ✉ 7, Place de l'Hôtel de Ville ☎ 04 92 78 01 08, www.greoux-les-bains.com

Manosque

Neue Wohnviertel und Industriegebiete begrüßen Besucher dieser lebhaften Stadt, die zwischen dem Lubéron und der unberührten Haute Provence liegt. Das Stadtzentrum ist jedoch noch immer idyllisch. Die **Rue Grande** ist die Haupteinkaufsstraße. Eine Gedenktafel markiert das Geburtshaus (Hausnr. 14) des provenzalischen Schriftstellers Jean Giono (1895–1970). ⛰ 188 B2 **Office de Tourisme** ✉ 16, Place du Dr. Joubert ☎ 04 92 72 16 00, www.manosque-tourisme.com

Musée de Préhistoire des Gorges du Verdon

Schon in der Steinzeit lebten Menschen in den Höhlen bei Quinson. Sie hinterließen Knochenprfieme, Keramiken und Schleifsteine sowie Knochen von Steinböcken, Pferden und Bibern. Diese Funde bilden die Grundausstattung des prähistorischen Museums. Es wurde sogar ein Dorf rekonstruiert. Das Museum bietet Führungen durch die nahe gelegene **Grotte de la Baume Bonne** an. ⛰ 188 B1 BRte. de Montmeyan ☎ 04 92 74 09 59, www.museeprehistoire.com 🕐 Geschl. Di und Januar 💲 €€

Sospel

Der Hauptzugangsort zum Roya-Tal ist eine Bergstadt am Fluss Bévéra. Nicht zu übersehen ist der **Pont Vieux** (Alte Brücke) aus dem 11. Jh. Der Turm war einst ein Zollhaus an der mittelalterlichen Salzstraße. Heute befindet sich hier das Touristenbüro. Am Place St-Michel erhebt sich die **Kirche St-Michel**, ein wahres Musterbeispiel barocken Überschwangs. Der Stolz der Kirche ist der Altaraufsatz von François Bréa aus dem 16. Jh. ⛰ 189 E2 **Office de Tourisme** ✉ 19, ave. Jean Medecin ☎ 04 93 04 15 80, www.sospel-tourisme.com

Reise-
informationen

Mit dem Fahrrad unterwegs

REISEINFORMATIONEN

REISEPLANUNG
Reisezeit/Klima

Für eine Reise in die Provence bieten sich insbesondere die Monate Mai und Juni an, weil die Temperaturen angenehm sind und sich hier im Vergleich zum Hochsommer noch relativ wenige Touristen aufhalten. Im Frühling blühen die Mandel- und Kirschbäume, und über weite Felder erstreckt sich der rote Klatschmohn. Die Monate September und Oktober sind vor allem wegen der am 15. September beginnenden Weinlese lohnende Reisemonate. Der Winter in der Provence kann sehr kühl sein. Doch gerade in dieser Zeit – von Mitte November bis in den Januar hinein – werden die Oliven geerntet. In der Haute Provence ist von Weihnachten bis März Skisaison. Im Sommer werden in der Provence sehr hohe Temperaturen erreicht. Dies sind die idealen klimatischen Bedingungen für den Lavendel, der von Ende Juni bis Ende Juli in voller Blüte steht. Im August häufen sich Regenschauer. An durchschnittlich 100 bis 150 Tagen im Jahr – vorwiegend aber im Winterhalbjahr – weht der Mistral mit bis zu 100 km/h aus nördlicher Richtung; dabei kann die Temperatur dann um bis zu 6 °C fallen.

Im Internet
www.rendezvousenfrance.com
www.culture.fr
www.provenceweb.fr
www.tourisme.fr
www.provence-netz.de
www.visitprovence.com

Nicht vergessen

In den Apotheken des Landes erhalten Sie Medikamente, medizinische Bedarfs- und Hygieneartikel. Dennoch sollten Sie Medikamente, die Sie regelmäßig benötigen, von zu Hause mitbringen. Sonnenschutz- und Insekten-

schutzmittel sind im Sommer unverzichtbare Reisebegleiter. An Früh- bzw. Spätsommerabenden benötigen Sie einen warmen Pullover. Zur Ausrüstung in der bergigen Gegend sollte immer auch leichte Regenbekleidung gehören. In der Camargue dürfen Ferngläser, vor allem aber Insektenschutzmittel nicht fehlen.

Versicherung

Vergewissern Sie sich vor Reiseantritt, dass Sie in ausreichendem Maße krankenversichert sind; denken Sie dabei auch an den Rücktransport im Notfall.

Reisedokumente

Für EU-Bürger gibt es keinerlei Einreisebeschränkungen, allerdings sollten Sie Ihre Ausweispapiere immer bei sich tragen.

ANREISE
Mit dem Flugzeug

Alle großen Fluggesellschaften fliegen die beiden Flughäfen in Paris an. In der Provence selbst besitzen Marseille und Nizza die beiden größten Flughäfen. Preisvergleiche lohnen sich: Manchmal ist es günstiger, nur bis Paris zu fliegen und dann auf einen Inlandsflug umzusteigen, als einen Direktflug zu buchen. Auch sollten Sie stets als Alternative eine Fahrt mit dem Hochgeschwindigkeitszug TGV in Erwägung ziehen.

Flughäfen
Aéroport Marseille-Provence
Tel. 04 42 14 14 14
Der Flughafen 25 Kilometer nordwestlich der Stadt bietet täglich mehrere Flüge nach Paris mit einer Flugdauer von ca. 1 1/2 Stunden sowie Direktverbindungen zu 106 weiteren Destinationen an. **Shuttle-Service:** Busbahnhof Marseille-Provence, Tel. 04 42 14 31 27. Busse pendeln zwischen der Stadt und dem Flughafen im

15-Minuten-Takt und benötigen ca. 25 Minuten für diese Strecke. Aix-en-Provence ist mit dem alle 30 Minuten verkehrenden Bus in ca. 30 Minuten zu erreichen.

Aéroport Nice-Côte d'Azur
Tel. 08 20 42 33 33
Der Flughafen liegt sechs Kilometer westlich der Stadt.

Mit dem Zug

Die SNCF bietet Zugverbindungen in alle großen französischen Städte. Mehrere Züge – fast ausschließlich TGV – fahren täglich von Paris in die Provence. Vom Gare de Lyon bis Marseille benötigt der TGV ca. drei Stunden. Selbstverständlich brauchen Sie aus Deutschland, Österreich oder der Schweiz nicht über Paris in die Provence zu fahren; Fahrkarten und Verbindungen erhalten Sie in Reisebüros und am Bahnhof. Sie müssen stets darauf achten, dass Sie Ihre Bahntickets vor Antritt der Reise am *composteur* entwerten. Nachdem es abgestempelt wurde, ist das Ticket 24 Stunden lang gültig. Ein nicht abgestempelter Fahrschein kann zu einer sofort fälligen Geldstrafe führen. Informieren Sie sich in Ihrem Reisebüro über Sondertarife und Komplettangebote für Bahnreisende. Für Studenten und Senioren gibt es Ermäßigungen.

SNCF-Information
Tel. 36 35, www.sncf.fr

TGV (*Train à Grande Vitesse*): Der Hochgeschwindigkeitszug Paris-Méditerrannée braust in drei Stunden nach Marseille. Die direkten Züge halten noch in Avignon oder Aix-en-Provence. Auch der Flughafen Paris-Charles de Gaulle ist an das TGV-Netz angebunden. Informationen erhalten Sie unter Tel. 36 35. Auf der Webseite der SNCF können Sie selbst

Reservierungen vornehmen und Tickets kaufen. Fahrkarten für den TGV erhalten Sie natürlich auch an den Bahnhöfen. Reservierungen sind für diesen Zug obligatorisch. Weitere Informationen finden Sie im Internet unter www.tgv.com.

TGV-Bahnhöfe in der Provence

Avignon TGV liegt ca. drei Kilometer südlich des Stadtzentrums zwischen der Umgehungsstraße und dem Fluss Durance. Die *navette* verkehrt als Shuttle-Service alle 15 Minuten zwischen Bahnhof und Innenstadt. Der Haltepunkt liegt hier nahe der Stadtmauer am Cours Président Kennedy.

Aix-en-Provence: Der Bahnhof befindet sich ca. zehn Kilometer westlich der Stadt. Mit den *navettes* besteht eine direkte Verbindung nach Aix oder Marseille. Außerdem stehen Busse und Taxen zur Verfügung. Von der Autobahn A8 aus ist der Flughafen schnell zu erreichen.

Marseille TGV: Der TGV hält in der Innenstadt am Gare St-Charles. Selbstverständlich gibt es hier Busse und Taxen. Mit der *navette* gelangen Sie zum Flughafen Marignane.

UNTERWEGS IN DER PROVENCE

Mit dem Zug

Die größeren Städte in der Provence und an der Côte d'Azur verbindet ein ausgezeichnetes Bahnnetz. Nizza ist hier der Knotenpunkt, von dem aus die Städte Cannes und Monaco leicht zu erreichen sind.

Mit dem Bus

Wenn Sie den großen Touristenströmen entfliehen wollen, aber kein Auto zur Verfügung haben, sollten Sie die Provence mit dem Bus erkunden. Sie erreichen so auch die kleineren Städte und Dörfer. Von Montag bis Samstag verkehren die Busse sehr regelmäßig. Am Sonntag gibt es allerdings nur wenige Busverbindungen.

Mit dem Auto

Mitten in Europa gelegen, verfügt die Provence natürlich über ein gut ausgebautes Straßennetz. Hier gibt es viele kleine und zum Teil sehr reizvolle Straßen, aber auch die großen, gebührenpflichtigen Autobahnen. Manchmal müssen Sie eine festgelegte Summe zahlen, sobald Sie die Straßen befahren wollen, meistens lösen Sie aber zunächst ein Ticket, um dann beim Verlassen der Autobahn Gebühren in einer Höhe zu entrichten, die sich nach der zurückgelegten Entfernung richtet. Kreditkarten werden an den Zahlstellen akzeptiert. An den Autobahnen finden Sie in einem Abstand von ca. 20 Kilometer Tankstellen mit 24-Stunden-Service. Angenehm gestaltete Rastplätze (*aires*) sind sogar noch häufiger. Die großen *routes nationales* – auf den Landkarten mit einem N gekennzeichnet – sind gut ausgebaut und zum Teil vierspurig.

Mietwagen

Mietwagen sind in Frankreich relativ teuer. Unter Umständen ist es sehr viel günstiger, bereits bei Buchung der Reise einen entsprechenden Vertrag abzuschließen. Autovermietungen haben ihre Büros in den Flughäfen und Bahnhöfen. Erkundigen Sie sich aber nach Fly-and-Drive-Angeboten bei den Fluggesellschaften. Auch die SNCF hat Rail-and-Road-Angebote im Programm.

Um einen Wagen zu mieten, müssen Sie Ihre Fahrerlaubnis vorlegen und mindestens drei Jahre Fahrpraxis besitzen. Das Mindestalter liegt daher bei 21 Jahren. Einige Autovermietungen vergeben ihre Fahrzeuge nicht an Personen unter 26 bzw. über 60 Jahre. Besorgen Sie sich Informationen über die nötigen Maßnahmen und die wichtigen Telefonnummern für den Fall einer Panne oder eines Unfalls. Sie sollten Ausweis- und Fahrzeugpapiere stets bei sich tragen. Empfehlenswert ist der Abschluss einer Unfall- oder Teilkaskoversicherung, um bei einem selbst verschuldeten Unfall die fälligen Kosten auf wenige hundert Euro zu begrenzen. Sonderausstattungen der Mietwagen wie Automatikgetriebe und Klimaanlagen müssen meist noch extra bezahlt werden.

Autovermietungen

Die größten Niederlassungen der Autovermieter befinden sich am Flughafen Marseille-Provence.
ADA, Tel. 99511018, www.ada.fr
Avis, Tel. 08 3642, www.avis.fr
Europcar, Tel. 08 25 00 30 80, www.europcar.de
Hertz, Tel. 08 25 86 18 61, www.hertz.fr
Rent-a-Car (am Bahnhof von Marseille), Tel. 04 91 50 12 00, www.rentacar.fr

Informationen für Autofahrer

Alkohol am Steuer: In Frankreich gilt die 0,5-Promille-Grenze. Unter Umständen kann also schon ein einziges Glas Bier zur Fahruntüchtigkeit führen. Seit 1. Juli 2012 muss ein unbenutzter Alkoholtest mitgeführt werden.

Alter und Fahrerlaubnis: In Frankreich müssen Sie mindestens 18 Jahre alt sein, um den Führerschein erhalten zu können. Die Vermietung von Autos ist erst an Fahrer von über 21 Jahren erlaubt.

Ampelanlagen: Die Verkehrsampeln sind teilweise so hoch über der Straße angebracht, dass sie in manchen Fällen schwer wahrzunehmen sind.

Beleuchtung: Es ist vorgeschrieben, dass in jedem Auto Ersatzbirnen für die Scheinwerfer vorhanden sein müssen.

Bußgeld: Die Polizei hat das Recht, Sie für einige Vergehen im

Straßenverkehr sofort zur Kasse zu bitten. Hierzu gehört die Geschwindigkeitsüberschreitung oder das Nichtanlegen von Sicherheitsgurten. Auch wenn Sie Fahrzeugpapiere wie Fahrzeugschein oder Versicherungsnachweis nicht bei sich führen, kann eine Geldstrafe fällig werden. Telefonieren am Steuer ist verboten und wird mit einem Bußgeld von bis zu 35 Euro bestraft.

Geschwindigkeitsbeschränkungen: Je nach Wetterlage bzw. Sichtverhältnissen gibt es unterschiedliche Geschwindigkeitsbeschränkungen. Auf den Autobahnen ist unter normalen Umständen eine Höchstgeschwindigkeit von 130 km/h erlaubt, auf Landstraßen 90 km/h. In Städten liegt die Höchstgeschwindigkeit bei max. 50 km/h.

Kinder: Kinder unter zehn Jahren müssen auf dem Rücksitz des Autos Platz nehmen.

Kreisverkehr: Die Fahrzeuge, die sich bereits im Kreisverkehr befinden, haben Vorfahrt. Nur in Ausnahmefällen hat auch hier der Verkehr von rechts Vorrang.

Pannenhilfe: An den Autobahnen und den *routes nationales* befinden sich im Abstand von nur zwei Kilometer Notruftelefone. Die Polizei (*gendarmerie*) mit der Tel. 17 gibt Auskunft über Pannenhilfe und Autowerkstätten. Eine Warnweste muss mitgeführt werden.

Parken: In einigen Städten sind blaue Zonen gekennzeichnet, in denen eine Stunde lang gebührenfreies Parken erlaubt ist. Eine Parkscheibe ist hier obligatorisch. Ansonsten stehen an den Straßen Parkscheinautomaten. In den großen Städten gibt es häufig auch Parkhäuser. Informieren Sie sich aber über deren Öffnungszeiten. Einige schließen schon um 20 Uhr. Gelbe Streifen am Fahrbahnrand bedeuten Parkverbot.

Sicherheitsgurte: Das Anlegen der Sicherheitsgurte ist Pflicht sowohl auf den vorderen Sitzen als auch auf den Rücksitzen.

Stoßzeiten: Die Straßen sind ab dem Beginn der Ferien Anfang Juli stark belastet. Jedes Jahr liegt das höchste Verkehrsaufkommen um den 15. August herum. Um diesem Verkehrschaos zu entkommen, können Sie den kleinen grünen Schildern der *Bison Futé* (*BIS*) folgen. Eine Informationsbroschüre in englischer Sprache ist über das französische Fremdenverkehrsamt zu beziehen.

Straßenschilder

• *Access interdit*: Keine Durchfahrt
• *Allumez vos feux*: Scheinwerfer einschalten
• *Interdiction de stationnement*: Parkverbot
• *Passage pour piétons*: Fußgängerübergang
• *Rappel*: Wiederholung des vorherigen Verkehrshinweises
• *Ralentissez*: Geschwindigkeit reduzieren
• *Sens unique*: Einbahnstraße
• *Virage sur… km*: Geschwindigkeitsbeschränkung wegen einer Kurve
• *Zone bleue*: Parkscheibe erforderlich

Tanken: Benzin ist in Frankreich sehr teuer. Die meisten Tankstellen akzeptieren Kreditkarten.

Verkehrsinformationen: Straßenzustandsberichte erhalten Sie bei Inter Service Route. Informationen über www. autoroutes.fr.

Vorfahrtsregelungen: Der Verkehr auf Hauptstraßen hat immer Vorfahrt. Wo keine Hinweisschilder die Vorfahrt regeln, haben von rechts kommende Fahrzeuge Vorrang. Benutzt ein Fahrer das Aufblendlicht, so macht er deutlich, dass er sich auf der Vorfahrtstraße befindet!

PRAKTISCHE TIPPS

Kommunikation

Postämter

La Poste ist wochentags von 9 bis 12 und 14 bis 18 Uhr und samstags von 9 bis 12 Uhr geöffnet. (In Dörfern hat die Post manchmal nur am Vormittag geöffnet.)

Briefkästen: Die gelben *boîtes postales* finden Sie vor den Postämtern und auch an anderen Stellen in den Städten und Dörfern. Zuweilen haben sie unterschiedliche Einwurfschlitze für Briefsendungen innerhalb der Stadt, innerhalb des Départements (*départemental*) bzw. für Sendungen innerhalb Frankreichs oder ins Ausland (*autres départements/destinations*).

Briefmarken: Briefmarken erhält man in Tabakgeschäften und beim Kauf einer Postkarte.

Telefon

Die Telefonnummern sind normalerweise zehnstellig und werden in Zweierschritten zusammengeschrieben, zum Beispiel 04 23 45 67 89. Die Nummern in der Provence beginnen alle mit der 04. Bei Gesprächen nach Frankreich wählen Sie zunächst die internationale Vorwahl für Frankreich (0033) und lassen dann die erste Null weg, zum Beispiel 0033 4 23 45 67 89.

Für Monaco wählen Sie 00 377.

Telefonzellen: *Cabines téléphoniques* können Sie überall in den Städten und Dörfern finden, vor allem aber vor den großen Postämtern und natürlich auf Bahnhöfen und in Flughafengebäuden. Sie benötigen entweder Telefonkarten, Kreditkarten und manchmal auch noch Münzen. Telefonkarten (*télécartes*) können Sie in jedem Tabakladen (*bureau de tabac*) erhalten.

Telefongespräche ins Ausland: Um von Frankreich ins Ausland zu telefonieren, müssen Sie die jeweilige Landesvorwahl der eigentlichen Telefonnummer voranstellen, wobei von dieser die erste Null weggelassen werden muss. Die internationalen Telefonnummern finden Sie vor den *Pages Jaunes* des *Annuaire* oder auf einem Aushang in den Telefonzellen. Die Vorwahlnummer für Deutschland lautet 0049, für Österreich 0043 und für die Schweiz 0041.

Die Telefonauskunft hat die Nummer 12, internationale Telefonnummern erhalten Sie unter Tel. 32 12, gefolgt von der jeweiligen Landesvorwahl.

Auch wenn Sie einen gebührenfreien Anruf tätigen wollen, müssen Sie zunächst Münzen einwerfen bzw. eine Telefonkarte einführen. Das Geld wird Ihnen nach Beendigung des Gesprächs aber wieder herausgegeben.

Elektrizität

In Frankreich beträgt die Spannung 220 Volt bei 50 Hz. Die meisten Stecker haben zwei runde Pins. Es ist dennoch ratsam, Steckdosenadapter für elektrische Geräte im Reisegepäck zu haben.

E-Mail & Internet

Wenn Sie während Ihres Frankreich-Aufenthalts Ihren eigenen Computer benutzen wollen, müssen Sie einen Adapter für französische Steckdosen sowie einen zweiten Adapter für die französischen Telefonstecker mitbringen.

Internetcafés gibt es heute auch schon in den kleineren Städten; manchmal stehen lediglich ein oder zwei Computer in einem Café oder sogar bei Mc Donald's. In den Touristeninformationsbüros kann man Ihnen die örtlichen Internetcafés nennen.

Etikette

Das Einhalten von bestimmten Verhaltensregeln ist in Frankreich von großer Bedeutung, zum Beispiel das Händeschütteln oder Küsschen bei der Begrüßung, insbesondere bei Freunden oder Bekannten. Wenn Sie ein Lokal oder ein Geschäft betreten, grüßen Sie mit Bonjour messieurs/mesdames. Benutzen Sie immer, insbesondere beim Bedienungspersonal im Restaurant, die Anrede Monsieur oder Madame. Mademoiselles sind die ganz jungen Mädchen und Frauen unter 20 Jahren. Es schickt sich nicht, Kellner mit garçon anzusprechen.

Beim Betreten einer Kirche sollten Sie auf angemessene Kleidung achten und die Gottesdienstbesucher nicht stören. Es ist deshalb auch nicht gestattet, sich während eines Gottesdienstes in den Kirchen als Tourist aufzuhalten. Obwohl in den meisten Fällen kein Eintrittsgeld für die Besichtigung von Gotteshäusern verlangt wird, ist es doch angemessen, jeweils etwas Geld zu spenden.

Feiertage

Alle Banken und Postämter sowie viele Museen, Galerien und Geschäfte schließen an den folgenden Feiertagen:

1. Januar (Jour de L'An)
Ostersonntag u. Ostermontag (Pâques)
1. Mai (Fête du Travail)
8. Mai (Victoire 1945)
Himmelfahrt (Jeudi de l'Ascension)
Pfingstmontag (Lundi de Pentecôte)
14. Juli (Fête Nationale)
15. August (Assomption)
1. November (Toussaint)
11. November (Armistice 1918)
25. Dezember (Noël)

Medien
Zeitungen

Zeitungen und Zeitschriften, häufig auch deutschsprachige, gibt es in Tabakgeschäften und in den maisons de la presse. Auch auf den Flughäfen, in großen Bahnhöfen und großen Hotels können Sie internationale Zeitungen bekommen. Viele Informationen über die Region bietet die monatlich erscheinende deutschsprachige Zeitschrift Riviera-Côte-d'Azur-Zeitung (www.rczeitung.com). Die französischsprachige Zeitschrift Pays de Provence enthält viele Ausflugstipps.

Die wichtigsten französischen Tageszeitungen sind Le Monde, der konservative Le Figaro, die linksorientierte Libération und die L'Humanité. Die größte der regionalen Tageszeitungen ist La Pro-

vence mit Veranstaltungskalender in der mittwochs erscheinenden Beilage Sortir und Ausflugstipps in der samstags erscheinenden Beilage Femina.

In den regionalen Tageszeitungen werden neben den lokalen Nachrichten auch nationale und internationale Themen behandelt. Diese Zeitungen erreichen häufig eine größere Leserschaft als die überregionalen Veröffentlichungen. Nice-Matin ist die größte Tageszeitung in der Provence, gefolgt von der Ausgabe aus Toulon, Var-Matin. La Provence ist das Produkt des Zusammenschlusses von Le Provençale und dem rechten Le Méridional mit Lokalausgaben für Bouches-du-Rhône, Vaucluse und Alpes-de-Haute-Provence.

Fernsehen

Neben den mittlerweile überall über Satellit und Kabelanschluss zu empfangenden internationalen Fernsehsendern stehen fünf verschiedene französische Kanäle zur Wahl: TFI, France 2, France 3 Région, France 5 oder La Cinquième, der am Abend auf Arte, das französisch-deutsche Gemeinschaftsprogramm, umschaltet, sowie der Fernsehsender M6.

Die meisten Filme sind französisch synchronisiert; wie im deutschen Fernsehen überwiegen auch in Frankreich die amerikanischen Serien. Nur TFI sendet zuweilen Filme in Originalsprache.

Auf Arte können Sie zuweilen deutschsprachige Sendungen empfangen. France 3 Région zeigt interessante Filme über die Provence. Der Pay-TV-Sender Canal+ zeigt neben Sportsendungen seine monatlichen Filme wenigstens ein Mal im Original (gekennzeichnet mit VO, version originale). Die wichtigsten Nachrichtensendungen laufen um 13 und um 20 Uhr.

Radio

In Marseille sind die Radiosender France Bleu, Provence, RFM Provence und *Radio France Provence* ansässig. Zu den lokalen Radiosendern gehören darüber hinaus *Radio Provence* (103,6 MHz und 102,9 MHz FM), *Cannes Radio* (91,5 MHz FM), *Nostalgie FM* (98,3 MHz FM) und *Chérie FM* (100,1 MHz FM). *Riviera Radio* (106,3 und 106,5 KHz) ist ein rein englischsprachiger Sender.

Geld

Frankreich hat 2002 auch an der europaweiten Umstellung auf den Euro teilgenommen, der hier den Franc ersetzt hat.

Die meisten großen Banken verfügen über Geldautomaten mit Bedienungshinweisen in verschiedenen Sprachen. Vergessen Sie Ihre PIN nicht. Die Banken und die Wechselstuben der Bahnhöfe und Flughäfen tauschen Fremdwährungen. Visa ist neben MasterCard (Eurocard) und Diners die am weitesten verbreitete Kreditkarte. American Express ist weniger bekannt. Die spezielle Carte Bancaire (CB) ist eine französische Kombination aus Visa und MasterCard.

Museumspass

Carte Musées Côte d'Azur: Mit dieser Karte, die mit unterschiedlichen Gültigkeitszeiträumen verfügbar ist, haben Sie entlang der Côte d'Azur kostenlosen Zugang zu 62 Museen. Die Karte wird in Museen, Touristeninformationsbüros und FNAC-Geschäften verkauft. Seit 2009 ist der Besuch von staatlichen Museen und Gedenkstätten für Jugendliche unter 26 Jahren kostenlos.

Öffnungszeiten

Fast alle Geschäfte machen von 12 bis 14 Uhr eine Mittagspause, zuweilen auch bis 15 oder 16 Uhr. Viele Geschäfte haben montags und mittwochs entweder vormittags oder sogar ganztägig geschlossen.
Banken: Mo–Sa 9–17 Uhr, mittags geschlossen.

Kioske und Tabakläden: Mo–Sa 8–19 Uhr, So 8–12 Uhr.
Tankstellen schließen normalerweise um 21 Uhr, ausgenommen die Tankstellen an den Autobahnen.
Lebensmittelgeschäfte: Mo–Sa 9–19 Uhr; manche schließen mittags außer Sa und manchmal Fr.
Museen: Mittagspause 12–14 Uhr, unter Umständen mit Ausnahme der Monate Juli und August. Die Heimatmuseen sind Mo geschlossen, die Nationalmuseen am Di.
Postämter: siehe Abschnitt „Postämter" auf S. 206.
Andere Geschäfte: Mo–Sa 9–17 Uhr, mittags geschlossen, einige Lebensmittelgeschäfte sind auch am So vormittags geöffnet.

Trinkgeld

Die meisten Restaurants berechnen 15 Prozent Servicegebühren; dies wird als *service compris* auf der Speisekarte ausgewiesen. Wenn Sie Zweifel haben, fragen Sie: *«Est-ce que le service est compris?»* Normalerweise gibt man der Bedienung bei gutem Service noch ein zusätzliches kleines Trinkgeld. Taxifahrer erhalten 10 bis 15 Prozent Trinkgeld. Gepäckträger und Fremdenführer bekommen häufig ein oder zwei Euro zusätzlich, Friseure 10 Prozent. Für Hotelpersonal ist kein zusätzliches Trinkgeld erforderlich, es sei denn, sie haben einen außerordentlichen Service in Anspruch genommen.

Toiletten

Der Zustand der öffentlichen Toiletten ist sehr unterschiedlich – es gibt immer einige altmodische Stehtoiletten. Öffentliche Toiletten findet man in den Städten häufig in der Nähe der *mairie* (Rathaus). Manchmal stehen an den Straßen selbstreinigende WC-Kabinen gegen Entgelt zur Verfügung. Sie sind allerdings nicht rollstuhlgeeignet. In den großen Kaufhäusern gibt es ebenfalls immer Toiletten. Die WCs

der Bars und Restaurants können Sie auch immer benutzen. Vielleicht nehmen Sie hier aber auch noch ein kleines Getränk oder Ähnliches zu sich. Wenn sich eine Reinigungskraft in den Toilettenräumen aufhält, so ist immer ein Trinkgeld angebracht.

Auskunft

Siehe auch www.rendezvous enfrance.com.

Deutschland

Atout France – Französische Zentrale für Tourismus
Zeppelinallee 37
60325 Frankfurt
Tel. 069/74 55 56
info@atoutfrance.fr

Österreich

Atout France
Französische Zentrale für Tourismus
Lugeck 1-2/ Stg 1/ Top 7
1010 Wien
Tel. 01/503 28 92

Schweiz

Atout France
Französische Zentrale für Tourismus
Rennweg 42
CH-8021 Zürich
Tel. 044/217 46 00

In der Provence

Touristeninformationszentren (*office de tourisme*) finden Sie in fast jeder Stadt bis hin zu den Dörfern. Hier bekommen Sie Auskünfte über die Sehenswürdigkeiten, Übernachtungsmöglichkeiten, Restaurants, Veranstaltungen und andere Angebote des Ortes.

Einrichtungen für Behinderte

Das staatliche Fremdenverkehrsamt hat die Broschüre *Où Ferons Nous Étape?* für Reisende mit Behinderungen herausgegeben. Hier werden in französischer Sprache Übernachtungsmöglichkeiten für Behinderte aufgelistet, die unter anderem auch rollstuhlgeeignet sind. Das Informationsblatt ist über die Association des Paralysés zu beziehen.

APF (Association des Paralysés de France), 17, blvd. Auguste Blanqui, 75013 Paris, Tel. 01 40 78 69 00, www.apf.asso.fr
APF des Bouches-du-Rhône (Marseille), Tel. 04 81 79 99 99
APF des Alpes-de-Haute-Provence (Manosque), Tel. 04 92 71 74 50

Im Notfall

Botschaften & Konsulate
Deutsche Botschaft
13/15, ave. Franklin D. Roosevelt, 75008 Paris, Tel. 01 53 83 45 00
Generalkonsulat in Marseille: 338, ave. du Prado, 13295 Marseille Cedex 8, Tel. 04 91 16 75 20
Honorarkonsulat in Nizza: „Le Minotaure", 5e étage, 34, ave. Henri Matisse, 06200 Nice, Tel. 04 93 83 55 25
Honorarkonsulat in Avignon: 5, rue Noël Biret, 8400 Avignon, Tel. 04 90 81 00 42
Österreichische Botschaft
6, rue Fabert, 75007 Paris, Tel. 01 40 63 30 63l
Generalkonsulat in Marseille: 27, cours Pierre Puget, 13006 Marseille, Tel. 04 91 53 02 08
Konsulat in Nizza: 6, ave. de Verdun, 06000 Nice, Tel. 03 71 62 185
Schweizer Botschaft
142, rue de Grenelle, 75007 Paris, Tel. 01 49 55 67 00
Konsulat in Marseille: 7, rue d'Arcole, 13291 Marseille Cedex 6, Tel. 04 96 10 14 10 / 11
Konsulat in Nizza: c/o „Palais de l'Harmonie", 21, rue Berlioz, 06000 Nice, Tel. 04 93 87 15 93

Notrufnummern
Genrelle Notfälle: Tel. 112
Notarzt (Service d'Aide Médicale d'Urgence oder SAMU): Tel. 15
Polizei: Tel. 17
Feuerwehr: Tel. 18

SOS Help (englisch): Tel. 01 47 23 80 80

Bei einem Verkehrsunfall
Wenn Sie in einen Unfall verwickelt wurden, bei dem keine Personen zu Schaden gekommen sind, ist es in Frankreich nicht üblich, die Polizei zu verständigen. Sie müssen in diesem Fall ein *constat à l'amiable* ausfüllen, das von allen Unfallbeteiligten unterzeichnet wird. Hilfreich kann es sein, einen amtlichen Protokollanten hinzuzuziehen. Wenn Sie einen Mietwagen haben, setzen Sie bitte Ihre Autovermietung über den Unfall in Kenntnis.

Wenn ein schwerer Unfall stattgefunden hat, informieren Sie über Tel. 17 die Polizei bzw. über Tel. 18 die Feuerwehr. Dies sind gebührenfreie Telefonnummern, aber denken Sie daran, dass Sie auch in diesen Fällen zunächst die Telefonkarte (keine Kreditkarte) einführen bzw. Münzen einwerfen müssen. Das vermeintliche Entgelt wird Ihnen nach Beendigung des Gespräches allerdings wieder gutgeschrieben. In jeder Telefonzelle sind der Standort und eine Kennnummer vermerkt. Sie sollten in der Lage sein, den Namen der nächstgelegenen Stadt zu nennen, damit Sie leichter zu lokalisieren sind. Außerdem finden Sie in den Telefonzellen aber auch immer die Nummer der örtlichen Polizeidienststelle ausgewiesen.

Fundsachen
Wenn Sie Ihre Ausweispapiere verloren haben, melden Sie dies zunächst der Polizei und dann dem nächstgelegenen Konsulat bzw. der Botschaft. Sie haben im Notfall auch jederzeit das Recht, das Konsulat oder die Botschaft um rechtlichen Beistand zu bitten.

Verlorene Kreditkarten
American Express: Tel. +49 69 97 97 2000

Diners Club: Tel. +43 150 135 135
MasterCard: Tel. 08 00 81 91 040
Visa: Tel. 08 00 90 11 79

Gesundheit
Stellen Sie sicher, dass Ihre Krankenversicherung auch während Ihres Aufenthalts in Frankreich Gültigkeit besitzt. Die Apotheken des Landes sind mit einem grünen Kreuz gekennzeichnet. Hier berät Sie qualifiziertes Personal, es kann aber trotzdem noch ein Arztbesuch nötig sein. Die Apotheker werden Ihnen entsprechende Adressen nennen können.

Bei schwereren Verletzungen oder Erkrankungen sollten Sie die Notfallambulanzen der Krankenhäuser aufsuchen (*urgences*). Auch hierüber kann man Ihnen in den Apotheken Auskunft geben. Wenn Sie ein neues Rezept benötigen, bringen Sie das benötigte Medikament mit der Verpackung mit in die Apotheke. Wenn ein spezielles Produkt nicht verfügbar ist, wird man sich um einen Ersatz bemühen. Ist ein neues Rezept nötig, verweist der Apotheker Sie zur nächsten Arztpraxis. **International Association for Medical Assistance to Travellers IAMAT** (www.iamat.org): Diese Ärzte-Organisation ist kostenlos offen für jedermann. Die Mitglieder können ein Verzeichnis Englisch sprechender IAMAT-Ärzte an ihrem Reiseziel erhalten oder lediglich Gesundheitstipps für die Reise. Es bestehen feste Gebührensätze für eine Behandlung durch die IAMAT-Ärzte. (Für dieses Serviceangebot muss man sich auf der Webseite registrieren).

Medizinische Notfälle
Den Notarzt erreichen Sie unter Tel. 15, *Service d'Aide Médicale d'Urgence.*

Das französische Gesundheitswesen gehört zu den besten der Welt. Die medizinische Ausstattung ist ausgezeichnet.

Festkalender

Bei der Vielzahl der Angebote ist es kaum möglich, hier alle Veranstaltungen aufzulisten. Lediglich die größten Festivals der Region werden genannt. Vergewissern Sie sich bei den örtlichen Touristenbüros bezüglich des Datums.

Januar
Festival International du Cirque de Monte Carlo (Monte Carlo Festivals; 5, ave. des Ligures, Monaco; Tel. 03 77 92 05 23 45; ww.montecarlofestivals.com). Zirkusveranstaltung mit renommierten Artisten.

Februar
Le Chandeleur (2. Feb.; Office de Tourisme et des Congrès; 4, la Canebière, Marseille; Tel. 08 26 50 05 00). Kerzenprozession zu Ehren der Schwarzen Madonna an der St-Victor-Basilika.

Le Corso Fleuri (3. So; Bormes-les-Mimosas, Office de Tourisme, Tel. 04 94 01 38 38). Blumenparade durch die gesamte Stadt, denn der Beginn der Mimosenblüte wird als untrügliches Zeichen des beginnenden Frühlings gefeiert.

Fête du Citron (drei Wochen im Feb. in Menton; www.fete-du-citron.com). Alles wird mit Zitronen geschmückt: Festwagen, Gärten und vieles andere mehr.

März
Carneval de Nice (einen Monat vor Pfingsten; Tel. 08 92 70 74 07, www.nicecarnaval.com). Umzüge, Feuerwerk und Schausteller.

April
Féria Pascale (Osterwochenende; Les Arènes, Arles, Office de Tourisme, Tel. 04 90 18 41 20). Drei Tage *courses camarguaises* – unblutige Stierkämpfe in der Arena.

Mai
Fête des Gardians (1. Mai; Arles, Office de Tourisme, Tel. 04 90 18 41 20). Cowboys aus der Camargue treten in der römischen Arena auf.

Féria de Pentecôte (Pfingstwochenende; Les Arènes, Nîmes, Tel. 04 66 58 38 00). Stierkampf, Musik und Kunst.

Grand Prix de Monaco (Himmelfahrtswochenende; Tel. 03 77 93 15 26 00, www.acm.mc). Formel-1-Boliden rasen durch Monacos enge Straßenschluchten.

Cannes Film Festival (2. Woche; www.festival-cannes.fr). Internationales Filmfestival.

La Bravade (Mitte Mai; St-Tropez, Office de Tourisme, Tel. 08 92 68 48 28). Feier zu Ehren der Anlandung des enthaupteten Leichnams des Märtyrers Torpes im Jahr 68 n. Chr. Hierauf geht die Gründung von St-Tropez zurück.

Pèlerinage de Mai (23.–25. Mai; Les Stes-Maries-de-la-Mer, Tel. 04 90 97 82 55). Zu Ehren der hl. Sarah kommen Roma aus allen Teilen der Welt hier zusammen.

Juni
Fête de la Musique (21. Juni; www.fete-musique.net). Landesweites Musikfestival zur Sonnenwende.

Les Baroquiales (Ende Juni–Anfang Juli; Tel. 04 93 04 24 41). Barockmusik in kleinen Kirchen der Alpentäler.

Juli
Festival d'Avignon (drei Wochen im Juli; Avignon, Tel. 04 90 27 66 50, Reservierung Tel. 04 90 14 14 14, www.festival-avignon.com). Internationales Theaterfestival.

Festival Piano (Mitte Juli-Mitte Aug.; La Roque d'Anthéron, Tel. 04 42 50 51 15, www.festival-piano.com). Klavierkonzerte unter dem Sternenhimmel.

Jazz à Juan (zwei Wochen im Juli; Tel. 04 97 23 11 11, www.jazzju-an.com). Legendäres Jazz-Festival.

Nice Jazz Festival (zwei Wochen im Juli; Jardins de Cimiez, Nizza, Office de Tourisme, Tel. 08 92 70 74 07, www.nicejazzfestival.fr).

Nationalfeiertag (14. Juli). Überall große Bälle und Feuerwerk.

Festival Provençale (Avignon und umliegende Dörfer, Office de Tourisme, Tel. 04 32 74 32 74, www.avignon-tourisme.com). Ein Festival für die provenzalische Sprache und Folklore.

Festival de la Sorgue (2.–4. Woche; L'Isle-sur-la-Sorgue, Office de Tourisme, Tel. 04 90 38 04 78). Folklore, Straßentheater und ein schwimmender Markt.

L'Été de Vaison (Théâtre Antique, Vaison-la-Romain, Tel. 04 90 28 74 74, www.vaison-danses. com). Tanz- und Theaterfestival.

Les Estivales de Carpentras (2. Julihälfte; Théâtre de Plein Air, Carpentras, Tel. 04 90 63 00 78). Musik, Tanz und Theater.

Les Chorégies d'Orange (Juli–Aug.; Théâtre Antique und andere Austragungsorte, Tel. 04 90 11 04 04, www.choregies.fr). Oper im antiken Amphitheater.

Festival International d'Art Lyrique (Aix-en-Provence, Tel. 08 20 92 29 23, www.festival-aix. com). Alte Opern neu inszeniert.

August
Le Féria Provençale (Mitte Aug.; St-Rémy-de-Provence, Office de Tourisme, Tel. 04 90 95 05 22). Drei Tage Stiertreiben.

Festival de Musique (Aug.; Parvis St-Michel, Menton, Tel. 04 92 41 76 95, www.musique-menton.fr). Konzerte in der alten Kirche.

Oktober
Festival zeitgenössischer Musik Marseille (die letzten drei Wochen).

Dezember
La Pastorale (Dez.–Jan.; in der ganzen Provence). Hirtenspiele.

Fête de la Lumière à St-Raphaël (zwei Wochen im Dez.; St-Raphaël, Office de Tourisme, Tel. 04 94 19 52 52, www.saint-raphael.com). Straßenmusikanten beleben die beleuchtete Stadt; Feuerwerk an Silvester.

Hotels & Restaurants

In der Provence ein Hotel zu finden ist wirklich schwierig, weil das Angebot an Hotels so riesengroß ist: Übernachten kann man in restaurierten mittelalterlichen Burgen, in ländlichen Gutshöfen, in Palästen an der Riviera oder in Villen hoch oben über den Meeresklippen. Dasselbe gilt auch für Restaurants: Die legendäre Mittelmeerküche wird überall in der Provence gekocht, und ein Abendessen wird oft zu einem unvergesslichen Erlebnis.

HOTELS

Die Auswahl an guten Mittelklassehotels ist nach Preiskategorien und alphabetisch geordnet. Wo immer möglich, wurden Hotels so ausgesucht, dass sie individuell und typisch ausgestattet sind und häufig etwas mit der der Geschichte des Ortes zu tun haben. In der Hochsaison sollten Sie immer im Voraus buchen und sich die Reservierung möglichst per Fax bestätigen lassen. Meist bittet man Sie um eine Anzahlung oder um die Nummer Ihrer Kreditkarte. Reservierungen in Hotels und Restaurants sind immer notwendig. Vor allem für Reisen in der Hochsaison im Juli und August sollten Sie sehr frühzeitig buchen. Sie sollten sich auch erkundigen, ob während Ihres Aufenthaltes ein Festival im Ort stattfindet. Das sollten Sie keinesfalls versäumen, auch wenn sich dadurch der Charakter eines kleinen verschlafenen Ortes auf dem Land meist grundsätzlich verändert. Die Touristensaison geht erst im November zu Ende, dann schließen die meisten Hotels und Restaurants.

Kategorien

Französische Hotels werden offiziell mit einem bis vier Sternen klassifiziert, die das jeweilige Mindestmaß an Komfort angeben. Die Ausstattungselemente der einfacheren Kategorien werden in den höheren Kategorien als selbstverständlich vorausgesetzt. Nur wenige Hotels in dieser Auswahl, einige Restaurants mit Zimmervermietung und Schlosshotels haben keine Klassifizierung.

✪✪✪✪ Bad/Dusche im Zimmer. Restaurant.
✪✪✪ Mindestens 80 Prozent der Zimmer haben Bad oder Dusche. Frühstück im Zimmer möglich.
✪✪ 40 Prozent der Zimmer haben Bad/Dusche und ein eigenes Telefon.
✪ Einfache, aber angemessene Ausstattung.

Kreditkarten

In vielen Hotels kann man mit den Kreditkarten zahlen. Kleinere Hotels akzeptieren jedoch oft nur Bargeld. Abkürzungen: AE (American Express), CB (Carte Bancaire), DC (Diners Club), MC (Mastercard), V (Visa).

Zentrale Reservierung in Frankreich:

Maisons des Gîtes de France, Tel. 01 49 70 75 75
www.gites-de-france.fr
In vielen Departements kann man bei Loisirs Acceuil Hotelzimmer reservieren. Verzeichnisse von Ferienhäusern (gîtes)und Campingplätzen erhalten Sie in Fremdenverkehrsämtern.

RESTAURANTS

Unsere Auswahl (nach Preiskategorien und dann in alphabetischer Reihenfolge) bietet Ihnen Restaurants mit typisch einheimischer Küche. Es lohnt sich immer, Spezialitäten zu probieren.
M = Mittagessen
A = Abendessen

Essenszeiten

In der Provence isst man von etwa 12 bis 14 Uhr zu Mittag und gegen 19 oder 20 Uhr zu Abend. In kleineren Orten auf dem Land

kommt man um 21 Uhr meist schon zu spät.
In der Hochsaison sollten Sie unbedingt vorher reservieren. In vielen Restaurants kann man bei gutem Wetter auch im Freien sitzen, selbst in großen Städten gibt es Tische auf dem Bürgersteig oder in Innenhöfen.

In den meisten Lokalen gibt es ein oder mehrere Menüs zu einem festen Preis, in dem meist auch der Wein enthalten ist. Sie können aber auch – oft etwas teurer – à la carte aus der Speisekarte auswählen. Die Franzosen essen den Salat meist nach dem Hauptgericht – häufig erst mit dem Käse, der vor dem Nachtisch serviert wird. Brot und Wasser sind gratis. Das Leitungswasser kann man trinken. In den Weinkarten findet man meist Weine der Umgebung. In allen Restaurants bekommt man einen *vin de pays*, einen Landwein, in einem Liter- oder Halbliterkrug (*carafe* oder *demi-carafe*).

Cafés

Französische Cafés sind eine Institution, in der man morgens frühstückt und tagsüber eine kleine Mahlzeit bekommt. In kleinen Dörfern sind Cafés meist auch Treffpunkte für die Einheimischen. Beachten sollten Sie, dass Getränke an der Bar billiger sind als an den Tischen.

Trinkgeld

Meist ist die Bedienung schon in der Rechnung enthalten. Wenn der Service außergewöhnlich freundlich war, können Sie jederzeit noch Trinkgeld dazugeben.

AVIGNON UND VAUCLUSE

APT

🍴 AUBERGE DE LUBÉRON
€€€

8, PLACE FAUBOURG
DU BALLET
TEL. 04 90 74 12 50
www.aubergeluberon.sitew.com
Typisch provenzalisches Essen in gemütlicher Atmosphäre – mit Terrasse und Garten. Gänseleberpastete mit kandiertem Obst, Lammgerichte aus dem Lubéron mit Auberginenpürree. Reservierung notwendig.
🕐 So & Feiertage geschl.
💳 Alle gängigen Kreditkarten

🍴 LE CARRÉ DES SENS
€€€

COURS LAUZE DE PERRET
TEL. 04 90 74 74 00
Phantasievolle und gesunde Gerichte (Zitronen-Huhn mit Gersten-Risotto) und ein gut gefüllter Weinkeller. Kunstausstellungen zeitgenössischer Künstler.
💳 Alle Kreditkarten

AVIGNON

🏨 DE LA MIRANDE
🍴 €€€€€ ✦✦✦✦

4, PLACE AMIRANDE
TEL. 04 90 14 20 20
FAX 04 90 86 26 85
www.la-mirande.fr
Das Hotel aus dem 18. Jahrhundert besitzt luxuriös ausgestattete Zimmer und liegt in der Nähe des Papstpalastes. Das Restaurant hat einen Stern im Michelin und bietet herrliche Köstlichkeiten wie Lamm aus dem Lubéron.
🛏 19 🅿 💳 💳 Alle gängigen Kreditkarten

DER BESONDERE TIPP

🏨 L'EUROPE
Das beste Hotel von Avignon – selbst Napoléon war schon

hier. Von der großartigen Eingangshalle mit vielen Tapisserien in den eleganten Aufenthaltsräumen gelangt man direkt auf eine schöne Terrasse. Das ebenso prächtig ausgestattete Restaurant, La Vieille Fontaine, hat einen Michelin-Stern.
€€€/€€€€€ ✦✦✦✦

12, PLACE CRILLON
TEL. 04 90 14 76 76
FAX 04 90 14 76 71
www.heurope.com
🛏 44 + 3 Suiten 🅿
🍴 Restaurant geschl. Mo, So 💳 💳 Alle gängigen Kreditkarten

🏨 CLOÎTRE ST-LOUIS
€€€ ✦✦✦✦

20, RUE DU PORTAIL BOQUIER
TEL. 04 90 27 55 55
FAX 04 90 82 24 01
www.cloitre-saint-louis.com
Die Einrichtung des Hotels, ein Jesuitenkloster aus dem 16. Jahrhundert, ist eine perfekte Mischung aus klassisch französischem und modernem Stil. Auf dem Dach gibt es einen Swimmingpool.
🛏 80 🅿 Wenige 🛗 💳
💳 💳 Alle Kreditkarten

🍴 LA COMPAGNIE DES COMPTOIRS
€€€

51, AVE DE NÎMES
TEL. 04 99 58 39 29
www.lacompagniedes
comptoirs.com
Das Ambiente des renovierten Benediktinerklosters passt hervorragend zur exquisiten mediterranen Küche: gegrillter Ochse aus der Camargue und vegetarische Spezialitäten wie Risotto aus dem Piemont.
🕐 Mo geschl.
💳 Alle Kreditkarten

🍴 BRUNEL
€€

46, RUE DE LA BALANCE
TEL. 04 90 85 24 83
Im Lieblingslokal der Einheimischen kann man hervorragend vegetarisch es-

sen: Probieren Sie die Ravioli mit Pilzen!
🕐 So und Winterferien geschl. 💳 Alle Kreditkarten

🍴 L'ÉPICERIE
€

10, PLACE ST-PIERRE
TEL. 04 90 82 74 22
Dieses kleine Bistro liegt gegenüber der Kirche St-Pierre. Das Lamm mit Aprikosensauce sollten Sie probieren.
🕐 So und Nov.–März geschl. 💳 Alle Kreditkarten

Auf der anderen Seite des Flusses in Villeneuve-lez-Avignon:
🏨 LE PRIEURÉ
🍴 €€€ ✦✦✦✦

7, PLACE DU CHAPITRE
TEL. 04 90 15 90 15
FAX 04 90 25 45 39
www.leprieure.fr
Im mittelalterlichen Interieur mit historischen Möbeln scheint die Zeit stehen geblieben zu sein. Exquisites Restaurant.
🛏 36 🅿 💳 💳 💳 💳 Alle gängigen Kreditkarten

🏨 L'ATELIER
€€ ✦✦

5, RUE DE LA FOIRE
TEL. 04 90 25 01 84
www.hoteldelatelier.com
Das elegante Haus aus dem 16. Jahrhundert ist ideal für einen Urlaub.

🛈 22 🅢 Alle gängigen Kreditkarten

BONNIEUX

🏨 DOMAINE DE
🍴 CAPELONGUE
€€€ ✪✪✪✪
LES CLAPARÈDES
CHEMIN DES CABANES
TEL. 04 90 75 89 78
FAX 01 90 75 93 03
www.edouardloubet.com
Das Hotel liegt hoch oben auf einem Berg. Von seinen hellen Zimmern hat man eine herrliche Aussicht auf das alte Dorf. Im luxuriösen Restaurant stehen raffinierte Gerichte zur Auswahl: Perlhuhn mit Trüffelsauce, Entenbrust und Lammspezialitäten.
🛈 17 🅿 🅢 🌊 🅢 Alle Kreditkarten

🏨 HOSTELLERIE
DU PRIEURÉ
€€ ✪✪✪
RUE JEAN-BAPTISTE AURARD
TEL. 04 90 75 80 78
FAX 04 90 75 96 00
Geschmackvoll renoviertes Kloster im traditionellen provenzalischen Stil.
🛈 10 🅿 🕀 Nov.–März geschl. 🅢 Alle Kreditkarten

🍴 LE FOURNIL
€€€
5, PLACE CARNOT
TEL. 04 90 75 83 62
www.lefournil-bonnieux.com
Auf der Terrasse mit dem Brunnen kann man ein dreistündiges Menü genießen.
🕀 Dez.–Feb. Mo, Di u. Sa sowie im Winter geschl.
🅢 Alle gängigen Kreditkarten

BUOUX

🍴 AUBERGE DE
LA LOUBE
€€
LIEU-DIT DEYME
TEL. 04 90 74 19 58
Gleich unter dem kleinen Dorf Buoux an der Straße nach Lourmarin werden mitten auf dem Land schon seit 20 Jahren hervorragende Gerichte serviert.
🅢 Keine Kreditkarten

CAVAILLON

🍴 LE PRÉVÔT
€€€
353, AVE. DE VERDUN
TEL. 04 90 71 32 43
Das Restaurant von Monsieur Prévôt ist weit und breit bekannt für sein phantastisches Sieben-Gänge-Menü mit einer Honigmelonen, den Spezialitäten aus dem Cavaillon.
🕀 So und Mo geschl.
🅢 AE, MC, V

CHÂTEAUNEUF-DU-PAPE

🏨 CHÂTEAU
DES FINES ROCHES
€€€ ✪✪✪✪
RTE. DE SORGUES
TEL. 04 90 83 70 23
FAX 04 90 83 78 42
www.chateaufinesroches.com
Das stilvolle Hotel liegt einige Kilometer außerhalb der Stadt inmitten von Zypressen und Weinbergen. Die Zimmer im prächtigen Herrenhaus sind groß und rustikal eingerichtet.
🛈 8 🅿 🅢 🅢 Alle gängigen Kreditkarten

🏨 LA SOMMELLERIE
🍴 €€/€€€ ✪✪✪
RTE. DE ROQUEMAURE
TEL. 04 90 83 50 00
FAX 04 90 83 51 85
www.la-sommellerie.fr
In diesem ehemaligen Schafstall aus dem 17. Jh. inmitten von Weinbergen kann man heute stilvoll übernachten. Hervorragendes Restaurant.
🛈 14 🕀 Restaurant Okt.–März Sa M, So A u. Mo. geschl. 🅢 Alle gängigen Kreditkarten

🍴 LA MÈRE GERMAINE
€€
3, RUE DU COMMANDANT LEMAITRE
TEL. 04 90 22 78 34
www.lameregermaine.com
Typisch provenzalische Küche mit viel Lamm, Ente und Fisch – je nach Jahreszeit. Herrliche Weinkarte. Unbedingt probieren sollte man den Schokoladen-Nuss-Kuchen. Traumhafte Terrasse.
🅢 Alle gängigen Kreditkarten

🍴 LE PISTOU
€
15, RUE JOSEPH-DUCOS
TEL. 04 90 83 71 75
Das unscheinbare Haus an der Landstraße überzeugt durch seine gute Küche.
🕀 Mo u. Jan. geschl.
🅢 Alle gängigen Kreditkarten

GIGONDAS

🍴 LES FLORÊTS
🏨 €€/€€€
RTE. DES DENTELLES
www.hotel-lesflorets.com
TEL. 04 90 65 85 01
Ein ruhiges Restaurant im provenzalischen Stil mit schöner Terrasse. Auf der Karte stehen traditionelle Gerichte wie Seeteufel mit Orangenbutter oder Lamm auf Auberginen. Saubere, gut ausgestattete Zimmer mit großen Badezimmern.
🕀 Jan. bis Mitte März geschl. 🅢 Alle gängigen Kreditkarten

GORDES

🏨 LA BASTIDE DE
🍴 GORDES & SPA
€€€ ✪✪✪✪
RTE. DE COMBE
TEL. 04 90 72 12 12
FAX 01 90 72 05 20
www.bastide-de-gordes.com
Das Hotel liegt mitten im Dorf in einem alten steinernen Wehrbau. Zum Wellness-Bereich gehören eine Sauna und ein Hamam-Bad. Im Restaurant wird provenzalische und Mittelmeer-Küche serviert.
🛈 45 🅿 🅢 🌊 🌊 🅢 AE, MC, V

🏨 **DOMAINE DE L'ENCLOS**
€€€ ✪✪✪✪

RTE. DE SÉNANQUE
TEL. 06 63 14 99 12
FAX 04 90 72 03 03
www.domainedelenclos.com
Das Hotel besitzt einen großen Garten, eine Boccia-
Bahn und einen beheizten
Swimmingpool und ist ideal
für Familien. Die Räume sind
groß und individuell eingerichtet. Fünf Minuten zu Fuß
zum Stadtzentrum.
🛏 17 🅿 🔆 ✈
🗝 AE, MC, V

🏨 **LA FERME DE LA HUPPE**
€/€€

R. D. 156
LES POURQUIERS
TEL. 04 90 72 12 25
FAX 04 90 72 25 39
www.lafermedelahuppe.com
Mitten auf dem Land im
friedlichen Lubéron liegt der
alte Hof, der im provenzalischen Stil renoviert wurde .
🛏 8 🔆 In einigen Zimmern
✈ 🗝 MC, V

🍴 **LE MAS TOURTERON**
€€€

CHEMIN ST-BLAISE
LES IMBERTS
TEL. 04 90 72 00 16
www.mastourteron.com
In diesem alten provenzali-
schen *mas* (Landhaus) mit
seinem Garten hinter hohen
Mauern kann man leichte,
phantasievoll zubereitete
Gerichte genießen.
🕐 Mo und Nov.–März ge-
schl. 🗝 Alle Kreditkarten

ISLE-SUR-LA-SORGUE

🏨 **MAS DE CURE BOURSE**
🍴 €€ ✪✪✪

120 CHEMIN DE LA SERRE
TEL. 04 90 38 16 58
FAX 04 90 38 52 31
www.masdecurebourse.com
Luxus und Ruhe inmitten rie-
siger Obstgärten bietet eine
ehemalige Poststation.

🛏 13 🕐 Geschl. Mo im
Nov.–März ✈ 🗝 MC, V

🍴 **LE CARRÉ AUX HERBES**
€€

13, AVE. DES QUATRE OTAGES
TEL. 04 90 38 62 95
www.lecarredherbes.fr
In den schicken Bistro zwi-
schen vielen Antiquitätenlä-
den wird man garantiert satt.
Reservierung empfohlen.
🕐 Mi u. Do sowie letzte drei
Dezemberwochen geschl.
🗝 MC, V

LOURMARIN

🏨 **AUBERGE LA FENIÈRE**
🍴 €€€/€€€€€ ✪✪✪✪

RTE. DE LOURMARIN
TEL. 04 90 68 11 79
FAX 04 69 96 20 96
www.reinesammut.com
Dieses alte *mas* wurde mit viel
Liebe und Geschmack restauriert. Die Köchin Reine Sammut verwendet ausschließlich
Produkte aus ihrem Garten.
🛏 9 🕐 Restaurant Mo u. Di
sowie Anf. Nov.–Anf. Jan.
geschl. 🗝 Alle Kreditkarten

🏨 **HOSTELLERIE LE PARADOU**
€€

COMBE DE LOURMARIN
TEL. 04 90 68 04 05
FAX 04 90 08 54 94
www.hostelleriedeparadou.com
Freundliches, ruhiges Familienhotel in der Nähe der
Schluchten des Lourmarin.
Zimmer mit Blick über Dörfer und Felder nach thailän-
dischem Stil. Es gibt Massa-
geangebote, einen Natur-
teich und ein Thai-Restau-
rant. 🛏 9 🅿 🗝 MC, V

🏨 **LE MAS DE GUILLES**
€€ ✪✪✪

RTE. DE VAUGINES
TEL. 04 90 68 30 55
FAX 04 90 68 37 41
www.guilles.com
Im 20 Hektar großen Garten
ist genug Platz, um die Flora
und Fauna der Provence zu
bewundern. Hübsche Zim-
mer im provenzalischen Stil.

🛏 29 🕐 Nov.–März geschl.
✈ 🅿 🗝 AE, MC, V

ORANGE

🏨 **HÔTEL ARÈNE KÜLM**
€€ ✪✪✪

PLACE DE LANGES
TEL. 04 90 11 40 40
FAX 04 90 11 40 45
www.hotel-arene.fr
In den einfachen Zimmern
im provenzalischen Stil fühlt
sich jeder Gast wohl.
🛏 30 ✈ 🅿 🔆 🗝 Alle
gängigen Kreditkarten

🍴 **LE PARVIS**
€€€

55, COURS POURTOULES
TEL. 04 90 34 82 00
Geschmorter Barsch ist nur
eine der Spezialitäten des
Hauses mit seiner exquisiten
Küche, die nur erstklassige
Produkte verarbeitet.
🕐 So A und Mo geschl.
🗝 MC, V

🍴 **AUBERGE DE L'ORANGERIE**
€€

4, RUE DE L'ORMEAU PIOLENC
84420
TEL. 04 90 29 59 88
www.orangerie.net
Die ehemalige Herberge aus
dem 18. Jahrhundert mit ihrem ummauerten Hof bietet
innovative Kochkunst in tra-
ditionellem Ambiente. Spezialitäten sind die Langustinen
mit Trüffelsauce und das Os-
so buco.
🕐 Mi, So A geschl., Mo nur
nach Reservierung
🗝 DC, MC, V

ROUSSILLON

🏨 **HOTEL LA CLÉ DES CHAMPS**
€€€ ✪✪✪

RTE. DE ST SATURNIN D'APT,
GORDES
TEL. 04 90 05 63 22
FAX 04 90 05 70 01
www.hotelcledeschamps.com
Hübsches kleines Hotel mit
individuell ausgestatteten
Zimmern, die jeweils einem

🏨 Hotel   🍴 Restaurant   🛏 Zimmer   🔆 Sitzplätze   🅿 Parkplätze   🕐 Öffnungszeiten   ✈ Aufzug

Autor oder Künstler gewidmet sind, der in der Provence lebte. Jedes Zimmer hat eine eigene Terrasse mit Blick auf den Lubéron. Das Hotel bietet Pool, Spa und Hamam.

🚭 17 🅿 ❄ ⚊ 🞨 Alle gängigen Kreditkarten

SAIGNON

🏨 AUBERGE DU 🍴 PRESBYTÈRE
€€ ❁❁❁

PLACE DE LA FONTAINE
TEL. 09 70 44 64 56
FAX 04 86 17 21 83,
www.auberge-presbytere.com
Schöner Landgasthof mit Blick auf den Marktplatz in einem Dorf hoch oben in den Bergen.

🚭 16 🞨 MC, V

SÉGURET

🏨 DOMAINE DE 🍴 CABASSE
€€ ❁❁❁

ST-JOSEPH
TEL. 04 90 46 91 12
FAX 04 90 46 94 01
www.cabasse.fr
Dieses bekannte Weingut in den Dentelles nimmt auch Feriengäste auf – perfekt für Weinliebhaber und Freunde der provenzalischen Küche.

🚭 19 🅿 ⏱ Nov.–März geschl. ⚊ 🞨 MC, V

🏨 LA TABLE DU 🍴 COMTAT
€€ ❁❁❁

LE VILLAGE
TEL. 04 90 46 91 49
www.table-comtat.fr
Am höchsten Punkt des Dorfes Séguret liegt dieses gemütliche Hotel, dessen Besitzer alles tun, um ihre Gäste kulinarisch zu verwöhnen

🚭 8 🅿 ⚊ 🞨 Alle Kreditkarten

VAISON-LA-ROMAINE

🏨 LE BEFFROI 🍴
€€ ❁❁❁

RUE DE L'ÉVÊCHÉ, HAUTE VILLE
TEL. 04 90 36 04 71

FAX 04 90 36 24 78
www.le-beffroi.com
Das Herrenhaus aus dem 16. Jahrhundert liegt hoch oben in der mittelalterlichen Stadt. Seine Zimmer wirken sehr gemütlich. Im Restaurant werden fast nur Produkte aus der Region (z. B. Lavendelhonig) verarbeitet.

🚭 22 🅿 ⚊ ⏱ Restaurant Nov.–März geschl. 🞨 Alle gängigen Kreditkarten

🍴 LE MOULIN À HUILE
€€€€

QUAI MARECHAL FOCH
NAHE PONT-ROMAIN
TEL. 04 90 36 20 67
www.moulin-huile.com
Die Kreationen des Küchenchefs Robert Bardot sind so hervorragend, wie man sie von einem erstklassigen provenzalischen Koch nicht besser erwarten kann. Köstlich!

⏱ Mo geschl. 🞨 AE, MC, V

VÉNASQUE

🏨 AUBERGE LA 🍴 FONTAINE
€€€ ❁❁❁

PLACE DE LA FONTAINE
TEL. 04 90 66 02 96
FAX 04 90 66 13 14
Ideal für längere Aufenthalte sind diese Ferienwohnungen in einem alten Stadthaus – mit Küche, offenem Kamin, Schlaf- und Esszimmer.

🚭 5 ❄ 🅿 🞨 AE, MC, V

⬛ ENTLANG DER RHÔNE NACH SÜDEN

AIGUES-MORTES

🏨 LES ARCADES
€€€ ❁❁❁

23 BLVD. GAMBETTA
TEL. 04 66 53 81 13
FAX 04 66 53 75 46
www.les-arcades.fr
Direkt über den Arkaden mit dem besten Fischrestaurant von Aigues-Mortes kann man sich eines von neun individuell möblierten Zimmern mieten.

🚭 9 🅿 ❄ ⚊ 🞨 Alle Kreditkarten

🏨 LES TEMPLIERS
€€ ❁❁❁

23, RUE DE LA RÉPUBLIQUE
TEL. 04 66 53 66 56
FAX 04 66 53 69 61
Das Hotel innerhalb der Stadtmauern wurde geschmackvoll renoviert. Die Wände sind aus Stein, die Balken liegen offen, und viele Zimmer besitzen einen offenen Kamin. Im Innenhof herrscht himmlische Ruhe.

🚭 11 🅿 ⚊ ❄ 🞨 AE, MC, V

ARLES

🏨 LE MAS DE PEINT
€€€€ ❁❁❁❁

LE SAMBUC
TEL. 04 90 97 20 62
FAX 04 90 97 22 20
www.masdepeint.com
Die alten Ställe des Camargue-Bauernhofes wurden renoviert und mit vielen Antiquitäten und weißen Leinenstoffen ausgestattet.

🚭 8 + 2 Suiten 🅿 ⏱ Anfang Jan.–März u. Anf. Nov. bis Mitte Dez. geschl. ❄ 🞨 Alle Kreditkarten

🏨 GRAND HÔTEL NORD PINUS
€€€/€€€€€ ❁❁❁❁

PLACE DU FORUM
TEL. 04 90 93 44 44
FAX 04 90 93 34 00
www.nord-pinus.com
Obwohl von Grund auf renoviert, blieb der traditionelle Charme dieses Luxushotels erhalten.

🚭 25 🅿 ❄ In einigen Räumen 🞨 Alle gängigen Kreditkarten

🏨 L'ARLATAN
€€ ❁❁❁

26, RUE DU SAUVAGE
TEL. 04 90 93 56 66
FAX 04 90 49 68 45
www.hotel-arlatan.fr
Dieses alte Stadtpalais aus dem 15. Jahrhundert mitten in Arles ist reich mit histori-

schen Möbeln gefüllt. Im Garten präsentiert man Fundstücke aus der Römerzeit. 🚪 47 🅿 🔌 🚗 Alle Kreditkarten

🍴 L'AFFENAGE
€€

4, RUE MOLIÈRE
TEL. 04 90 96 07 67
Provenzalische Vorspeisen sind die Spezialitäten des Lokals in einer alten Postkutschenstation.
🕐 So geschl. 🚗 ➡ Keine Kreditkarten

🍴 LA GUEULE DE LOUP
€€€

39, RUE DES ARÈNES
TEL. 04 90 96 96 69
Das Restaurant mit vielen Holzbalken serviert klassische Mittelmeerküche mit origineller Note wie Lamm mit Auberginen und gefüllten roten Paprika, *tarte tatin* oder Perlhuhn mit Birnen. Reservierung empfohlen.
🕐 Jan., So und Mo M geschl.
🚗 MC, V

🍴 LE CILANTRO
€€

31, RUE PORTE DE LAURE
TEL. 04 90 18 25 05
Unweit der Arena überrascht dieses Bistro mit Gerichten wie etwa Risotto Carnaroli Aquarello.
🕐 Sa M., So ganztags, Mo M (im Winter Mo ganztags) geschl. 🚗 Alle gängigen Kreditkarten

🍴 CAFÉ LA NUIT
€

PLACE DU FORUM
TEL. 04 90 49 83 30
Bei den Einheimischen beliebtes Café. Sieht aus wie auf van Goghs Gemälde *Café du Soir.* 🚗 MC, V

LES-BAUX-DE-PROVENCE

🏨 LA BENVENGUDO
€€ ✿✿✿

2 KM SÜDLICH VON LES BAUX
TEL. 04 90 54 32 54

FAX 04 90 54 42 58
www.benvengudo.com
Das Landhotel mit seinem elegant angelegten Garten liegt hoch oben in den Alpillen. Die Eingangshalle und der Speisesaal sind im provenzalischen Stil gehalten. Einige Zimmer mit Terrasse.
🚪 20 + 3 Suiten 🅿 Anf./ Mitte Okt.–Mitte/Ende März geschl. 🔌 In einigen Räumen 🖥 🚗 AE, MC, V

🏨 LE MAS D'AIGRET
€€€ ✿✿✿

D27A
TEL. 04 90 54 20 00
FAX 04 90 54 44 00
www.masdaigret.com
Hotel mit schöner Lage in den Klippen; der Frühstücksraum ist als Höhle gestaltet.
🚪 17 🕐 Nov.–März geschl.
🖥 🅿 🔌 🚗 Alle gängigen Kreditkarten

DER BESONDERE TIPP

🍴 OUSTAU DE
🏨 BAUMANIÈRE

Ein Restaurant mit zwei Michelin-Sternen in einem eleganten Gebäude aus dem 16. Jh. Berühmt sind seine Lammkeule mit Kruste und seine Trüffelravioli.
€€€€€
TEL. 04 90 54 33 07
FAX 04 90 54 4046
www.oustaudebaumaniere.com
🚪 30 🕐 Nov.-Feb. u. März Do M geschl. 🔌 🖥 ➡
🚗 Alle gängigen Kreditkarten

NÎMES

🏨 HÔTEL LA BAUME
🍴 €€€ ✿✿✿

21, RUE NATIONALE
TEL. 04 66 76 28 42
FAX 04 66 76 28 45
www.hotel-baume-nimes.federal-hotel.com
Ehemaliges Palais in der Altstadt. Guter Ausgangspunkt, um die Sehenswürdigkeiten der Altstadt zu erkunden.
🚪 34 🔌 🖥 🅿 🚗 Alle gängigen Kreditkarten

🍴 L'ENCLOS DE LA FONTAINE
€€€

HÔTEL IMPERATOR
QUAI DE LA FONTAINE
TEL. 04 66 21 90 30
Im Restaurant des Hôtel Imperator kehren während der Saison häufig Stierkämpfer ein. Probieren sollte man die einheimischen Spezialitäten wie gesalzenen Kabeljau, marinierter Fisch oder die Seebrasse mit Fenchelkompott.
🚗 Alle Kreditkarten

🍴 LE 9
€€

9, RUE DE L'ÉTOILE
TEL. 04 66 21 80 77
Ganz versteckt in der Altstadt liegt das elegante Restaurant, in dem man bis spät abends hervorragende Mittelmeerküche speisen kann.
🕐 So u. Okt.–März geschl.
🔌 🚗 CB, V

ST-RÉMY-DE-PROVENCE

🏨 CHÂTEAU DES ALPILLES
€€€ ✿✿✿

RTE. DE ROUGADOU
TEL. 04 90 92 03 33
FAX 04 90 92 45 17
www.chateau-des-alpilles.com
Das Hotel wird von Mutter und Tochter geleitet. Die hervorragend restaurierten

Zimmer sind in der alten Burg, in der Kapelle und im Bauernhof eingerichtet.
🛏 22 🕐 Mitte Jan.–Mitte März geschl. 🚭 🅿 ❄
💳 Alle Kreditkarten

🏨 LES ATELIERS DE L'IMAGE
€€€ ◉◉◉◉
36, BLVD. VICTOR HUGO
TEL. 04 90 92 51 50
FAX 04 90 92 43 52
In diesem Hotel hängen unzählige Fotografien. In den Nebengebäuden ist eine Fotogalerie untergebracht. Die Zimmer sind architektonisch bemerkenswert.
🛏 11 🕐 Jan. geschl. 🚭 🅿
❄ 💳 Alle Kreditkarten

🏨 SOUS LES FIGUIERS
€€ ◉◉◉
3, AVE. TAILLANDIER
TEL. 04 32 60 15 40
FAX 04 32 60 15 39
www.hotel-charme-provence.com
Hinter alten Feigenbäumen mitten in der Altstadt versteckt sich dieses ruhige Hotel mit seinen rustikal möblierten Räumen. Hier kann man sich perfekt erholen. Die meisten Zimmer haben Terrasse oder Garten.
🛏 12 🕐 🌙 Mitte Jan.–Mitte März geschl. 🚭 🅿
💳 MC, V

🍴 ALAIN ASSAUD
€€€
13, BLVD. MARCEAU
TEL. 04 90 92 37 11
Dank der versteckten Lage ein Geheimtipp: Der Küchenchef verwendet nur frische Produkte und verarbeitet sie zu Köstlichkeiten wie Schweinefilet mit karamellisierten Zwiebeln und Rhabarberkuchen.
🕐 Mi, Do u. Sa je M u. Fr–Mo je A geschl. 💳 MC, V

🍴 LA MAISON JAUNE
€€€
15, RUE CARNOT
TEL. 04 90 92 56 14
Das Restaurant im alten

Stadthaus ist eine Institution. Auf der Speisekarte stehen Köstlichkeiten wie gegrillter Steinbeißer mit getrockneten Tomaten und Kreuzkümmel.
🕐 Mo u. Di geschl. Dez.-Feb. geschl. 💳 MC, V

🍴 LA GOUSSE D'AIL
€
6, BLVD. MARCEAU
TEL. 04 90 92 16 87
www.la-goussedail.com
In der „Knoblauchzehe" trifft man Leute aus nah und fern, weil hier preiswerte Spezialitäten serviert werden.
🕐 Do u. Fr je M geschl.
💳 Alle Kreditkarten

STES-MARIES-DE-LA-MER

🏨 LE MAS DE LA FOUQUE
€€€€ ◉◉◉◉
RTE. DU PETIT RHÔNE
TEL. 04 90 97 81 02
FAX 04 90 97 96 84
www.masdelafouque.com
Ein traditionelles Hotel in der Camargue mit großen Zimmern, gefliesten Böden und Holzbalkendecken. Von den Terrassen aus herrlicher Blick auf das Meer.
🛏 14 🅿 🕐 Nov.–März geschl., an Weihnachten geöffnet 🚭 💳 Alle gängigen Kreditkarten

🏨 L'AUBERGE CAVALIÈRE DU PONT DES BANNES
€€€ ◉◉◉◉
RTE. D'ARLES
TEL. 04 90 97 88 88
FAX 04 90 97 84 07
www.pontdesbannes.com
Individuelle Ferienhäuser, errichtet aus den unheimischen Adobeziegeln mit Kaminen. Innen modern.
🛏 27 🚭 🅿 💳 Alle gängigen Kreditkarten

🍴 LE BRÛLEUR DU LOUPS
€€€
9, AVE. LÉON GAMBETTA
TEL. 04 90 97 83 31
Sicherlich eines der besten und beliebtesten Fischrestaurants der ganzen Stadt.

Spezialitäten des Hauses sind gegrillte Brassen mit Fenchelbutter und Skorpionfisch mit Basilikum-Sauce.
🕐 Di A und Mi geschl.
💳 Alle gängigen Kreditkarten

🟧 AIX, MARSEILLE & DEPARTEMENT VAR

AIX-EN-PROVENCE

🏨 BASTIDE DU COURS
🍴 €€€ ◉◉◉◉
43–47, COURS MIRABEAU
TEL. 04 42 26 10 06
FAX 04 42 93 07 65
www.bastideducours.com
Herrliche Frühstückspension in einem historischen Gebäude am Cours Mirabeau mit riesigen Betten. Im gleichnamigen Restaurant bekommt man Gerichte wie gegrilltes Huhn mit Kürbis-Chutney.
🛏 5 🅿 ❄ 💳 Alle gängigen Kreditkarten

🏨 LE PIGONNET
€€€€€ ◉◉◉◉◉
5, AVE. DU PIGONNET
TEL. 04 42 59 02 90
FAX 04 42 59 47 77
www.hotelpigonnet.com
Ein Landschloss in der Provence mit herrlichen Gärten, nur 800 Meter von der Altstadt entfernt. Hier malte Cézanne seine Bilder mit dem Mont Ste-Victoire.
🛏 52 🅿 🚭 ❄ 💳 Alle gängigen Kreditkarten

🏨 GRAND HÔTEL NÈGRE COSTE
€€ ◉◉◉
33, COURS MIRABEAU
TEL. 04 42 27 74 22
FAX 04 42 26 80 93
www.hotelnegrecoste.com
Freundlicher Service, ruhige Räume und nicht übersteuert.
🛏 37 ❄ 🅿 💳 Alle gängigen Kreditkarten

🍴 LE CLOS DE LA VIOLETTE
€€€€
10, AVE. DE LA VIOLETTE

TEL. 04 42 23 30 71

www.closdelaviolette.com

Im Spitzenrestaurant von Aix kocht Küchenchef Jean-Marc Banzo und serviert einheimische Spezialitäten als prächtig dekorierte Köstlichkeiten. Probieren Sie den Meerbarsch mit Schinken. 🕐 So–Mo geschl. 🐙 Alle gängigen Kreditkarten

🍴 LE FORMAL
€€€

32, RUE ESPARIAT

TEL. 04 42 27 08 31

www.restaurant-leformal.fr

Ganz versteckt in einer ruhigen Straße mit Arkaden liegt dieses Kellerrestaurant, in dem man romantisch zu Abend essen kann. 🕐 So, Mo und Sa M geschl. 🐙 MC, V

🍴 LES DEUX GARÇONS
€€€

COURS MIRABEAU

TEL. 04 42 26 00 51

www.leszgarcons.fr

Das schöne Terrassencafé am Cours Mirabeau ist schon seit dem 18. Jh. ein beliebter Treffpunkt der Künstler. 🐙 Alle Kreditkarten

🍴 LE PASSAGE
€€

10, RUE VILLARS UND 6 BIS RUE MAZARINE

TEL. 04 42 37 09 00

www.le-passage.fr

Das Restaurant und kulinarische Center von Reine Sammut, mit Kochschule, Weinkeller und Teezimmer ist elegant, köstlich und bezahlbar. 🐙 AE, MC, V

In Beaurecueil,
an der Route de Cézanne:
🏨 LE RELAIS STE.-
🍴 VICTOIRE
€€ ❍❍❍

TEL. 04 42 24 03 40

FAX 04 24 09 81

www.relais-sainte-victoire.com

Direkt zu Füßen des Mont Ste-Victoire liegt dieses schöne Hotelrestaurant im provenzalischen Stil. 🕐 12 🛐 🅿 🏊 🐙 AE, MC

LES ARCS

🍴 LA VIGNE À TABLE
€€€

RD N7

TEL. 04 94 47 48 47

Hier kann man gute Weine der Côtes de Provence kaufen. Spezialitäten sind die Hühnerbrust mit Artischockenherzen und die Lachsforelle mit Safransauce. 🕐 Mo geschl. 🐙 MC, V

CASSIS

🏨 HÔTEL RESTAURANT LES ROCHES
🍴 BLANCHES
€€€ ❍❍❍❍

RTE. DES CALANQUES

TEL. 04 42 01 09 30

FAX 04 42 01 94 23

www.roches-blanches-cassis.com

Das mit Efeu bewachsene Hotel liegt hoch über den weißen Klippen einige Kilometer westlich von Cassis in Richtung Les Calanques. Sein Garten reicht bis zum Meer. 🕐 24 🛐 🅿 🏊 🐙 Alle gängigen Kreditkarten

🍴 NINO
€€

1, QUAI JEAN-JACQUES BARTHÉLEMY

TEL. 04 42 01 74 32

www.nino-cassis.com

Eines der vielen Fischrestaurants in Cassis mit vorzüglichen Meeresfrüchte-Platten, gegrilltem Fisch und Nudeln. 🕐 Mo geschl. 🐙 Alle gängigen Kreditkarten

HYÈRES & ÎLES DES PORQUEROLLES

🏨 LE MAS DU
🍴 LANGOUSTIER
€€€€ ❍❍❍❍

CHEMIN DU LANGOUSTIER

TEL. 04 94 58 30 09

FAX 04 94 58 36 02

www.langoustier.com

Dieses Luxushotel hoch oben auf einem Felsen der Insel mit herrlichem Blick auf das Meer hat seinen eigenen Weinberg. Im Restaurant mit einem Mi-

chelin-Stern kocht der Küchenchef Joël Guillet leichte provenzalische Küche. 🕐 44 + 5 Suiten 🕐 Okt.–Ende Apr. geschl. 🐙 Alle gängigen Kreditkarten

🏨 LE MANOIR D'HÉLÈNE
🍴 €€€ ❍❍❍

ÎLE DE PORT CROS

TEL. 04 94 05 90 52

FAX 04 94 05 90 89

www.hotel-lemanoirportcros.com

In diesem Hotel traf D. H. Lawrence wahrscheinlich die Engländerin, deren Geständnisse ihn zu seinem Buch über „Lady Chatterly" inspirierten. Restaurant mit romantischer Terrasse und Blick auf Sonnenuntergänge. 🕐 Okt.–April geschl. 🐙 Alle Kreditkarten

🏨 HOTEL DU SOLEIL
€€ ❍❍

RUE DU REMPART, HYÈRES

TEL. 04 94 65 16 26

FAX 04 94 35 46 00

www.hoteldusoleil.com

Einfache Zimmer im alten, mit Efeu bewachsenen Festungsbau der mittelalterlichen Stadtmauer. 🕐 22 🅿 🐙 Alle gängigen Kreditkarten

🍴 LES JARDINS DE BACCHUS
€€€

32, AVE. GAMBETTA, HYÈRES

TEL. 04 94 65 77 63

www.bacchushyeres.com

Ein idealer Ort, um tief ins Glas zu schauen – wie der Name schon verheißt. Zu essen gibt es köstlich zubereiteten Schwertfisch, Scampi und andere Spezialitäten. 🕐 So und Mo geschl. 🐙 Alle gängigen Kreditkarten

LORGUES

DER BESONDERE TIPP

🍴 CHEZ BRUNO

In diesem Restaurant steht der Trüffelkönig Bruno Clément am Herd und verarbeitet die „schwarzen Diamanten". Unbedingt probieren

---

sollten Sie die gebratene Lammschulter mit Trüffeln und Kartoffeln oder den Wildschwein-Eintopf.
€€€€
2345, RTE. DES ARCS
TEL. 04 94 85 93 93
So A und Mo geschl.
Alle Kreditkarten

LA SARRAZINE
€€ ✪✪✪
375 CHEMIN DU PENDEDI
83510 LORGUES
TEL. 04 94 73 20 27
www.lasarrazine.com
Luxushotel hoch über dem mittelalterlichen Dorf im Massif des Maures, einem Paradies für Wanderer.
9 P MC, V

MARSEILLE

LE PETIT NICE
€€€€ ✪✪✪✪
ANSE DE MALDORMÉ
CORNICHE J. F. KENNEDY
TEL. 04 91 59 25 92
FAX 04 91 59 28 08
www.petitnice-passedat.com
Von jedem Hotelzimmer in den beiden Villen direkt an der Küste kann man das Meer sehen. Im Restaurant moderne französische Küche mit regionalen Spezialitäten.
16 P Alle gängigen Kreditkarten

HOTEL BOMPARD
€€€ ✪✪✪
2, RUE DES FLOTS BLEUS
TEL. 04 91 99 22 22
FAX 04 91 31 02 14
www.new-hotel.com
Ein gutbürgerliches Hotel hoch oben auf den Hügeln mit Blick auf das Meer. Die Räume sind im provenzalischen Stil gehalten.
46 P Alle gängigen Kreditkarten

HÔTEL DU RÉSIDENCE DU VIEUX PORT
€€€ ✪✪✪
10, QUAI DU PORT
TEL. 04 91 91 91 22
FAX 04 91 56 60 88

www.hotelmarseille.com
Ein altmodisches Hotel mit riesigen Doppelfenstern und einem großartigen Blick über den Hafen. Die Räume sind groß und modern.
41 P Alle gängigen Kreditkarten

HÔTEL ALIZÉ
€€ ✪✪
35, QUAI DES BELGES
TEL. 04 91 33 66 97
FAX 04 91 54 80 06
www.alize-hotel.com
Hotel mit einfachen Zimmern in Hafennähe.
39 P AE, MC, V

UNE TABLE AU SUD
€€€
2, QUAI DU PORT
TEL. 04 91 90 63 53
www.unetableausud.com
Hier gibt es keine Fischsuppe, sondern raffinierte edle französische Küche – aber mit südlicher Note. Das Langustenpüree oder die Steinpilzmousse als Vorspeisen verheißen weitere Köstlichkeiten.
So und Mo geschl.
MC, V

DER BESONDERE TIPP
LE MIRAMAR
Seit über 40 Jahren kocht die Familie Minguella hier die berühmte Bouillabaisse.
€€€
12, QUAI DU PORT
TEL. 04 91 91 10 40
www.lemiramar.fr
Mo geschl. Alle gängigen Kreditkarten

CAFFE MILANO
€€
43, RUE SAINTE
TEL. 04 91 33 14 33
Ein kleines italienisches Restaurant, dessen Küche ausgefallene Spezialitäten bietet.
Sa M und So geschl. V

CASA HONORÉ
€€
123, RUE SAINTE

TEL. 04 91 33 08 34
www.casahonore.com
Mal etwas anderes: hier gibt es Tapas französischer Art.
So–Mo, Mi A u. Sa M geschl. MC, V

ST-TROPEZ

HÔTEL LE BYBLOS SAINT TROPEZ
€€€€€ ✪✪✪✪
AVE. PAUL SIGNAC
TEL. 04 94 56 68 00
FAX 04 94 56 68 01
www.byblos.com
In diesem berühmten Hotel im marokkanischen Stil haben Mick Jagger und Bianca geheiratet. Schicker Nachtclub und zwei Restaurants, in denen man abends essen kann.
86 + 11 Suiten P Alle gängigen Kreditkarten

HOTEL-RESTAURANT LE YACA
€€€€/€€€€€ ✪✪✪✪
1, BLVD. D'AUMALE
TEL. 04 94 55 81 00
FAX 04 94 97 58 50
www.hotel-le-yaca.fr
Altes provenzalisches Haus im Stadtzentrum mit Swimmingpool und schönem Garten.
27 Mitte Okt.–Ostern geschl. Alle gängigen Kreditkarten

HÔTEL DE LA PONCHE
€€€€€ ✪✪✪✪
3, RUE DES REMPARTS
TEL. 04 94 97 02 53
FAX 04 94 97 78 61
www.laponche.com
Schönes Ensemble ehemaliger Fischerhäuser hinter dem Hafen mit überraschend großen Schlafzimmern.
13+ 5 Suiten
Nov.–Mitte März geschl.
AE, MC, V

RESTAURANT LE CAFÉ
€€
PLACE DES LICES
TEL. 04 94 97 44 69
www.lecafe.fr
Das alte Café des Arts war früher ein beliebter Treffpunkt für die Stars aus Film und

Fernsehen. Die meisten Stammgäste sind heute jedoch die Boulespieler vom großen Platz vor dem Haus.
🌐 AE, MC, V

🍴 CAFÉ SÉNÉQUIER
€€
QUAI JEAN-JAURÈS
TEL. 04 94 97 00 90
www.senequier.com
Ein beliebtes Café am Hafen mit teuren, aber guten Aperitifs und Blick auf den Yachthafen. 🌐 Keine Kreditkarten

🍴 LA TABLE DU MARCHÉ
€€
38, RUE CLEMENCEAU
TEL. 04 94 97 85 20
Der Küchenchef Christophe Leroy hat vielen klassischen Gerichten der französischen Küche eine exquisite Note verliehen: Er serviert köstliche Langusten und Makkaroni-Gratin oder Auflauf mit Ente und Gänseleberpastete.
🌐 AE, MC, V

In Gassin:
🏨 BELLO VISTO
€€
PLACE DES BARRYS
TEL. 04 94 56 17 30
www.bellovisto.eu
Hoch oben in den Bergen über der Halbinsel von St-Tropez hat man vom Bello Visto aus tatsächlich einen herrlichen Ausblick. Zu essen gibt es Grillspezialitäten oder Kaninchen mit Thymian.
🕐 Di geschl. 🌐 MC, V

In Ramatuelle:
🏨 VILLA MARIE
€€€€€
CHEMIN VAL DE RIAN
TEL. 04 94 97 40 22
www.villamarie.fr
Luxuriöses Hotel hoch über der Bucht von Pampelonne. Swimmingpool mit Wasserfall, Wellness-Anlage.
🕐 Okt.–März geschl. 🔲 ⬛ 🌐 Alle gängigen Kreditkarten

TOURTOUR

🏨 LE BASTIDE DE
🍴 TOURTOUR

€€€ 😊😊😊
MONTÉE ST-DENIS
TEL. 04 98 10 54 20
FAX 04 94 70 54 90
www.verdon.net
Schlosshotel vor den Mauern eines der höchsten Dörfer des Var. Rundherum Pinienwälder und riesige Olivenhaine und Lavendelfelder. Hauseigene Tennisplätze.
🔲 25 🔳 🅿 ⬛ 🔵 🔲
🌐 Alle gängigen Kreditkarten

🟩 CÔTE D'AZUR: RUND UM CANNES

ANTIBES

🏨 AUBERGE
🍴 PROVENÇALE
€€€ 😊😊😊
61, PLACE NATIONALE
TEL. 04 93 34 13 24
FAX 04 93 34 89 88
Die alte Abtei aus dem 17. Jahrhundert wurde zu einem hübschen Hotel umgebaut. Im Restaurant mit schönem Innenhof serviert man hervorragende Fischgerichte.
🔲 7 🔳 🅿 🌐 Alle gängigen Kreditkarten

🍴 PLAGE KELLER – RESTAURANT LE CÉSAR
€€€
CHEMIN DE LA GAROUPE
TEL. 04 93 61 33 74
www.restaurant-plage-cesar-antibes.com
Zu den Spezialitäten des Hauses gehören Fisch in Salzkruste, flambierte Pasta und Ravioli mit Artischocken. Das Restaurant liegt am Strand.
🕐 Okt.–März geschl. 🌐 MC

🍴 OSCAR'S
€€
8, RUE DU DOCTEUR ROSTAN
TEL. 04 93 34 90 14
www.oscars-antibes.com
Steinmauern, Kupferpfannen und anderes Kochgeschirr sowie römische Statuen fallen in diesem italienischen Fischrestaurant in der Altstadt ins Auge. Im Angebot sind viele saiso-

nale Köstlichkeiten wie etwa hausgemachte Tortellini mit Scampi, Jakobsmuscheln auf Ravioli oder Seebarsch-Lasagne mit Zitronengras.
🕐 Mitte Sept.–Mitte Juni geschl. 🌐 MC, V

🍴 CHEZ MARGUERITE
€€
31, RUE SADE
TEL. 04 93 34 33 58
Im Frühjahr und Sommer serviert man hier Paella und Bouillabaisse, im Herbst und Winter hauptsächlich Pastagerichte. 🌐 AE, MC, V

In Cap d'Antibes:
🏨 DU CAP-EDEN ROC
€€€€€ 😊😊😊😊
BLVD. KENNEDY
TEL. 04 93 61 39 01
FAX 04 93 67 76 04
www.hotel-du-cap-eden-roc.com
Ein Lieblingsort der Filmstars von Cannes mit allem erdenklichen Luxus – etwa einem Swimmingpool, der in die Felsen gehauen wurde. Tennisplätze.
🔲 121 + 9 Suiten 🅿 🕐 Mitte/Ende Okt. –Mitte/Ende April geschl. 🔳 In einigen Räumen ⬛ 🔲

BIOT

🍴 LES TERRAILLERS
€€€€
11, CHEMIN NEUF

🏨 Hotel 🍴 Restaurant 🔲 Zimmer 🔳 Sitzplätze 🅿 Parkplätze 🕐 Öffnungszeiten 🔵 Aufzug

TEL. 04 93 65 01 59
Im Restaurant des Landguts
südlich von Biot hat man sich
mit einfallsreichen Gerichten
einen Stern im Michelin er-
kocht. Probieren sollte man
das junge Kaninchen mit Gewürzen, die Ravioli mit Gänseleberpastete und geräucherten
Morcheln oder den Seeteufel
mit Thymianbutter.
🕐 Mi–Do und Nov. geschl.
🔳 🔳 AE, MC, V

CAGNES: HAUT-DE-CAGNES

🏨 LE CAGNARD
€€€€ ❍❍❍❍
54, RUE SOUS BARI
TEL. 04 93 20 73 22
FAX 04 93 22 06 39
www.lecagnard.com
Das alte Künstlerlokal liegt
gleich neben dem Grimaldi-Palast. Hier verkehrten Maler und
Schriftsteller wie Modigliani,
Renoir und Antoine de St-Exu-
péry. Die Zimmer im 2012
komplett renovierten Hotel
haben ein mittelalterliches
Flair.
🔳 26 🔳 Wenige
🔳 Alle gängigen Kreditkarten

🍴 JOSY-JO
€€€
2, RUE PLANASTEL
TEL. 04 93 20 68 76
www.restaurant-josyjo.com
Ein schönes Bistro in der Altstadt mit rustikalem Dekor
und offenem Kamin. Einfache
Gerichte, aber köstlich zube-
reitet.
🕐 Sa M, So und Dez. geschl.
🔳 🔳 AE, MC, V

CANNES

🏨 CARLTON INTER-CONTINENTAL CANNES
€€€€€ ❍❍❍❍❍
58, LA CROISETTE
TEL. 04 93 06 40 06
FAX 04 93 06 40 25
www.cannes.intercontinental.com
Im legendären Carlton kann
man Luxus pur genießen. Hier
treffen sich wärend des Festivals die Filmbosse, um Verträ-

ge abzuschließen. Marmorbä-
der, Zimmer mit Meerblick.
Hoteleigener Strand.
🔳 295 + 18 Suiten 🅿 🔳
🔳 🔳 🔳 Alle Kreditkarten

🏨 HÔTEL MAJESTIC BARRIÈRE
🍴 €€€€€ ❍❍❍❍
10, LA CROISETTE
TEL. 04 92 98 77 00
FAX 04 92 98 77 01
www.lucienbarriere.com
Eines der berühmtesten Hotels von Cannes, in dem sich
während des Filmfestivals
gern die Prominenz aufhält.
🔳 305 🔳 🅿 🔳 🔳 🔳
🔳 Alle gängigen Kreditkarten

🏨 SPLENDID
€€€ ❍❍❍❍
4, RUE FELIX FAURE
TEL. 04 97 06 22 22
FAX 04 93 99 55 02
www.splendid-hotel-cannes.fr
Das älteste Hotel von Cannes!
Herrlich unprätentiös und eine
gute Alternative zu den größeren Häusern an der Croisette.
Die Zimmer sind stilvoll.
🔳 34 🔳 🅿 🔳 AE, MC, V

🏨 HÔTEL DE PROVENCE
€€ ❍❍❍
9, RUE MOLIÈRE
TEL. 04 93 38 44 35
FAX 04 93 99 54 24
www.hotel-de-provence.com
Ein Geheimtipp: Das Hotel
liegt mitten in Cannes und hat
saubere, kühle, im provenzalischen Stil eingerichtete Zimmer. Eigener Strand.
🔳 30 🔳 🅿 🕐 Mitte Nov.–
Mitte Dez. geschl. 🔳 Alle
gängigen Kreditkarten

🍴 LA PALME D'OR
€€€€
HÔTEL MARTINEZ
73, LA CROISETTE
TEL. 04 92 98 74 14
www.martinez.concordehotels.
de/de
Dekor im Stil des Art déco,
dazu hervorragendes Essen
(Kaninchen mit Rosmarin und
Kichererbsen). Eines der bes-
ten Restaurants von Cannes.
🕐 So und Mo geschl.
🔳 Alle gängigen Kreditkarten

🍴 LA BROUETTE DE GRAND-MÈRE
€€€
9 BIS, RUE D'ORAN PLACE
LAMY
TEL. 04 93 39 12 10
Traditionelle französische Küche wie aus Großmutters Zeiten in gemütlicher Atmosphäre mit Spezialitäten wie
gebratenen Wachteln und einer großen Weinauswahl.
🕐 Nur A und So M
🔳 MC, V

🍴 L'ECHIQUIER
€€€
14, RUE ST-ANTOINE
TEL. 04 93 39 77 79
Intimes Restaurant mit Ker-
zenbeleuchtung in Suquet, in
dem Einheimische und Filmstars verkehren. Zu den Spezialitäten gehören Gänseleberpastete, Bouillabaisse,
Seebarsch und Entenbrust.
🕐 geschl. M, So und Dez.
🔳 Alle gängigen Kreditkarten

🍴 LA SCALA
€€€
HÔTEL NOGA HILTON
50, BLVD. DE LA CROISETTE
TEL. 04 92 99 70 93
Beliebtes Restaurant, Terrasse
mit Blick auf das Mittelmeer.
Gehobene italienische Küche
mit Spezialitäten wie Risotto
mit Artischocken und Gänse-
leberpastete oder Tauben mit
Steinpilz-Ravioli.
🔳 Alle gängigen Kreditkarten

🍴 LA MÈRE BESSON
€€
13, RUE DES FRÈRES
PRADIGNAC
TEL. 04 93 39 59 24
Das kleine Bistro ist eine Art
Institution in Cannes, bekannt
für Fischgerichte.
🔳 🔳 Alle gängigen Kredit-
karten

GRASSE

DER BESONDERE TIPP

🏨 LA BASTIDE SAINT
🍴 ANTOINE
Das 2-Sterne-Restaurant
von Jacques Chibois hat das

Landhaus aus dem 18. Jahrhundert weithin bekannt gemacht. Seine Zimmer sind genauso exquisit wie das typisch provenzalische Essen: Die kunstvoll dekorierte Languste im Fondue von schwarzen Oliven oder Brachsen in Limonensaft mit Trüffelpüree und Hibiskussaft sind allein schon eine Reise wert.
€€€€€ ✪✪✪✪
48, AVE. HENRI DUNANT
TEL. 04 93 70 94 94
FAX 04 93 70 94 95
www.jacques-chibois.com
🛏 11 � 🅿 ⚡ Alle gängigen Kreditkarten

🏨 CLOS DES CYPRÈS
€€€ ✪✪✪
87, CHEMIN DES CANEBIERS
TEL. 04 93 40 44 23
FAX 04 93 40 83 09
Sehr schöne Frühstückspension in einem Haus von 1880 am Stadtrand von Grasse. Schöner Garten, sehr freundlicher Service. Reitclub, Tennis- und Golfplatz und viele Spazierwege direkt vor der Haustüre.
🛏 5 � 🅿 ⚡ Keine Kreditkarten

JUAN LES PINS

🏨 HÔTEL JUANA
🍴 €€€€€ ✪✪✪✪
LA PINÈDE, AVE. GALLICE
TEL. 04 93 61 08 70
FAX 04 93 61 76 60
www.hotel-juana.com
Haus im Art-déco-Stil mit modern ausgestatteten Zimmern. Das Bistro mit Terrasse ist eine der besten Gourmetadressen des Caps. Versuchen Sie den gebackenen Steinbutt mit Trüffeln oder die Meeresfrüchte-Cannelloni mit schwarzer Tintenfischsauce.
🛏 40 🚻 🅿 � 🛗
⚡ Restaurant in der Nebensaison Mi u. So A geschl.
⚡ Alle gängigen Kreditkarten

🏨 DES MIMOSAS
€€ ✪✪✪

RUE PAULINE
TEL. 04 93 61 04 16
www.hotelmimosas.com
FAX 04 92 93 06 46
Ruhig gelegenes altes Haus mit modern ausgestatteten Zimmern, viele mit Balkon. Schöner schattiger Garten.
🛏 34 ⚡ Okt. –Ende April geschl. 🚻 ⚡ AE, MC, V

MOUGINS

🏨 LE MAS CANDILLE
🍴 €€€€€ ✪✪✪✪
BLVD. CLÉMENT REBUFFEL
TEL. 04 92 28 43 43
FAX 04 92 28 43 40
www.lemascandille.com
Im Bauernhof ist heute ein modernes Hotel mit Wellness-Oase untergebracht. Zwei Restaurants in den Nebengebäuden.
🛏 39 🚻 🅿 � ⚡ Alle gängigen Kreditkarten

🍴 LE MOULIN DE MOUGINS
€€€€
AVE. NOTRE-DAME-DE-VIE
TEL. 04 93 75 78 24
www.moulindemougins.com
Das Restaurant mit Michelin-Stern und Skulpturengarten gehörte früher Roger Vergé, einem der Stars der Mittelmeer-Küche. Auch heute ist die Qualität der Küche noch hervorragend.
⚡ Mo u. Di geschl.
⚡ Alle gängigen Kreditkarten

🍴 L'AMANDIER DE MOUGINS
€€€
48, AVE. JEAN-CHARLES MALLET
TEL. 04 93 90 00 91
www.amandier.fr
Roger Vergés weniger bekanntes zweites Restaurant – was jedoch nichts über die Küche aussagt: zum Beispiel hervorragendes Lammkarree mit Risotto und Zucchiniblüten. Der Küchenchef hält hier auch Kochkurse ab.
🚻 Alle gängigen Kreditkarten

ST-PAUL-DE-VENCE

🏨 LE ST-PAUL
€€€€€ ✪✪✪✪
86, RUE GRANDE
TEL. 04 93 32 65 25
FAX 04 93 32 52 94
www.lesaintpaul.com
Ruhiges, außergewöhnlich schön eingerichtetes Hotel in einem historischen Gebäude.
🛏 15 + 3 Suiten 🚻 ⚡ Alle gängigen Kreditkarten

DER BESONDERE TIPP

🍴 COLOMBE D'OR
🏨 In diesem berühmten Hotelrestaurant kann man stilvoll auf der Terrasse inmitten prominenter Gäste dinieren. An den Wänden hängen Kunstwerke von heute unschätzbarem Wert, mit denen Maler wie Picasso, Calder, Braque und viele andere einst ihr Essen bezahlten. Probieren sollten Sie unbedingt den Vorspeisenteller mit 15 Hors d'oeuvres und die herrlichen Soufflés. Reservierung, auch für die Zimmer, unbedingt erforderlich.
€€€/€€€€ ✪✪✪
PLACE DU GÉNÉRAL DE GAULLE
TEL. 04 93 32 80 02
FAX 04 93 32 77 78
www.la-colombe-dor.com
🛏 16 + 10 Suiten
⚡ Nov.– Weihnachten geschl. ⚡ Alle gängigen Kreditkarten

🏨 LE HAMEAU
€€€ ✪✪✪
528, RTE. DE LA COLLE
TEL. 04 93 32 80 24
FAX 04 93 32 55 75
www.le-hameau.com
Hervorragend geführtes Familienhotel mit einem großen Swimmingpool und ruhigem Garten. Einige Zimmer mit Terrasse.
🛏 19 🚻 🅿 � ⚡ Nov.– Dez. geschl. ⚡ Alle gängigen Kreditkarten

---

🏨 Hotel 🍴 Restaurant 🛏 Zimmer 🪑 Sitzplätze 🅿 Parkplätze ⚡ Öffnungszeiten 🛗 Aufzug

VENCE

🏨 CHÂTEAU DU 🍴 DOMAINE ST-MARTIN
€€€€/€€€€€ ✪✪✪✪
2490, AVE. DES TEMPLIERS
TEL. 04 93 58 02 02
FAX 04 93 24 08 91
www.chateau-st-martin.com
Die großen Suiten des Schlosshotels sind mit Louis-XV-Möbeln ausgestattet. Jedes Zimmer hat einen Balkon mit Blick auf das Mittelmeer. Im 1-Sterne-Restaurant gibt es Köstlichkeiten wie gegrillte Riesengarnelen mit Balsamico-Vinaigrette oder gegrillter Steinbutt mit Kakaobohnen und Aprikosenpüree.
🛏 46 🅿 ❄ ⬛ �� Nov.–März geschl. 🔑 Alle gängigen Kreditkarten

🍴 RESTAURANT LA TABLE D'AMIS
€€€
689, CHEMIN DE LA GAUDE
TEL. 08 99 96 73 05
Vorausgesetzt, Sie haben das notwendige Kleingeld, können Sie sich im Restaurant vom berühmten Küchenchef Jacques Maximin so richtig verwöhnen lassen. Alles schmeckt hervorragend, vor allem die herrlichen Nachspeisen.
🔄 Mo–Di geschl. 🔑 AE, MC, V

🟥 CÔTE D'AZUR: NIZZA BIS MENTON

BEAULIEU-SUR-MER

🏨 LA RÉSERVE 🍴 DE BEAULIEU
€€€€€ ✪✪✪✪✪
5, BLVD. DU MARÉCHAL LECLERC
TEL. 04 93 01 00 01
FAX 04 93 01 28 99
www.reservebeaulieu.com
Dieses berühmte Riviera-Hotel liegt direkt am Meer. Man nennt es auch La Réserve, weil sein Chef die Fische früher lebend in einem eigenen Fischteich (*réserve*) hielt, um sie im

Restaurant so frisch wie möglich verarbeiten zu können. Das Restaurant hat einen Stern im Michelin und serviert auch heute noch vor allem Fisch.
🛏 33 🅿 ❄ Mitte Okt.–Mitte/Ende Dez. geschl. ❄ In einigen Räumen ⬛ 🔑 Alle Kreditkarten

🍴 LES AGAVES
€€€
4, AVE. MARÉCHAL FOCH
TEL. 04 93 01 13 12
Das kleine Restaurant liegt im ehemaligen Palais des Anglais und serviert hervorragende Gerichte. Am beliebtesten sind Curry-Schnitzel und Langusten mit Mangosalat.
🔄 Nur A geöffnet 🔑 AE, MC, V

COARAZE

🏨 AUBERGE DU SOLEIL 🍴
€ ✪
5, CHEMIN DE LA BEGUDA
TEL. 08 99 02 56 51
FAX 04 93 79 37 79
Das einfache Hotel liegt im Hinterland von Nizza. Hier kann man herrliche Spaziergänge unternehmen.
🛏 8 ⬛ 🅿 🔄 Nov.–März geschl. 🔑 AE, MC V

ÈZE

🏨 CHÂTEAU DE LA 🍴 CHÈVRE D'OR
€€€€€/€€€€ ✪✪✪✪
RUE DU BARRI
TEL. 04 92 10 66 66
FAX 04 93 41 06 72
www.chevredor.com
Hoch oben wie in einem Adlerhorst liegt das Dorf Èze. Um das alte Herrenhaus drängen sich eine Reihe restaurierter Steinhäuser, die zu einem Hotelkomplex umgebaut wurden. Die Zimmer sind sehr luxuriös ausgestattet und haben Bäder aus rosafarbenem Marmor. Vom Gourmetrestaurant aus hat man einen atemberaubenden Rundblick.
🛏 33 ⬛ 🅿 ❄ 🏋 🔄 Ende Nov.–Anf. März geschl. 🔑 Alle Kreditkarten

MENTON

🏨 HÔTEL DES AMBASSADEURS
€€€ ✪✪✪✪
3, RUE PARTOUNEAUX
TEL. 04 93 28 75 75
FAX 04 93 35 62 32
www.ambassadeurs-menton.com
Palasthotel von 1865. Die Zimmer sind im warmen provenzalischen Stil gehalten, viele haben einen eigenen Balkon. Privatstrand.
🛏 49 🅿 ❄ 🔑 Alle gängigen Kreditkarten

🏨 HÔTEL AIGLON 🍴
€€€ ✪✪✪
7, AVE. DE LA MADONE
TEL. 04 93 57 55 55
FAX 04 93 35 92 39
www.hotelaiglon.net
Hotel in einer Belle-Époque-Villa mit wunderschönem Garten. Die Räume sind geschmackvoll dekoriert. Fragen Sie nach einem Zimmer mit Gartenblick.
🛏 29 ⬛ 🅿 ❄ 🔄 Mitte Nov.–Mitte Dez. geschl. 🔑 Alle gängigen Kreditkarten

🍴 LE BOUQUET GARNI
€€
1, RUE PALMARO
TEL. 04 93 35 85 91
Das Lokal wird mit seiner von Sonnenstrahlen durchfluteten Terrasse ist nur wenige Schritte vom Marktplatz entfernt. Zu den Favoriten aus der Küche zählen: gefüllte Zucchiniblüten, hausgemachte Gnocchis und Gerichte mit Gemüse aus dem eigenen Garten.
🔄 So-Mo geschl. 🔑 Keine Kreditkarten

🍴 L'ULIVO
€
21, PLACE DU CAP
TEL. 04 93 35 45 65
Gemütliche italienische Trattoria mit vielen Pasta-Gerichten. Eine Spezialität sind die über Dampf gegarten Muscheln.
🔄 So A u. Mo geschl. 🔑 MC, V

MONACO: MONTE CARLO

🏨 HERMITAGE
€€€€€ ✪✪✪✪

PLACE BEAUMARCHAIS
TEL. 377 92 16 40 00
FAX 377 92 16 38 52
www.hotelhermitagemontecar-
lo.com
Ein Luxushotel aus der Belle
Époque mit einem riesigen
Wintergarten und giganti-
scher Glaskuppel. Vorzügli-
ches Restaurant, Terrasse aus
Marmor.
🛏 209 + 18 Suiten 🅿 ♿
💳 Alle gängigen Kreditkarten

🏨 HÔTEL METROPOLE
€€€€€ ✪✪✪✪

4, AVE. DE LA MADONE
TEL. 377 93 15 15 15
FAX 377 93 25 24 44
www.metropole.mc
Historisches Palasthotel, 2004
renoviert. Üppig ausgestatte-
te Zimmer, Wellness-Bereich.
Eine Oase der Ruhe mitten in
Monte Carlo.
🛏 146 🧖 ♿ 🅿 ⬆ 🍽
💳 Alle gängigen Kreditkarten

🏨 HÔTEL COLUMBUS
€€€€ ✪✪✪

23, AVE. DES PAPALINS
TEL. 377 92 05 90 00
FAX 377 92 05 91 67
www.columbushotels.com
Eher bürgerlich ausgestattetes
Hotel mit modernen, elegan-
ten, bequemen Räumen.
🛏 192 ♿ 🅿 ⬆ 🍽
💳 Alle gängigen Kreditkarten

🍴 BAR ET BOEUF
€€€€€

AVE. PRINCESSE GRACE
TEL. 377 98 06 71 71
Erstaunliche Kreationen wie
Barsch mit Rinderfilet, kurz
angebratenes Rindersteak mit
Artischocken oder Barsch mit
Auberginen und Zucchini.
🕐 Mi Sept.–Mitte Mai geschl.
💳 Alle gängigen Kreditkarten

🍴 LOUIS XV
€€€€€

HÔTEL DE PARIS
PLACE DU CASINO
TEL. 377 98 06 88 64

www.alain-ducasse.com
Monacos berühmtestes Res-
taurant mit drei Sternen im
Michelin gehört Alain Ducasse. Wenn Sie auf den Preis
schauen müssen, sollten Sie
lieber nicht hineingehen. Typische Gerichte sind das provenzalische Gemüse mit
schwarzen Trüffeln oder Taube mit Gänseleberpastete.
🕐 Di, Mi (außer Mitte Juli-
Ende Aug. A), 2 Wochen im
Feb. und Dez. geschl.
💳 Alle gängigen Kreditkarten

🍴 CÔTÉ JARDIN
€€€

HÔTEL DE PARIS
PLACE DU CASINO
TEL. 377 98 06 39 39
www.hoteldeparismontecarlo.
com
Die bekannteste Brasserie von
Monte Carlo mit einer riesen-
großen Terrasse und einem
extravaganten Interieur des
Fin de Siècle. 🕐 A geschl.
💳 Alle gängigen Kreditkarten

NIZZA

🏨 BEAU RIVAGE
€€€ ✪✪✪✪

24, RUE ST-FRANÇOIS-DE-
PAULE, 06300
TEL. 04 92 47 82 82
FAX 04 92 47 82 83
www.hotelnicebeaurivage.com
Ideal am Rand der Altstadt
gelegen, mit schöner Aussicht
auf das Meer. Dieses Hotel
besitzt einen eigenen Strand-
club. Hier wohnte Matisse.
🛏 118 ♿ ♿ 💳 Alle gängi-
gen Kreditkarten

🔶 DER BESONDERE TIPP

🏨 NEGRESCO

Das berühmteste und
teuerste Hotel von Nizza an
der Promenade des Anglais
besitzt erlesene Möbel und
bietet einen exzellenten
Service. Überwältigend ist
auch der Baccarat-Lüster.
€€€€€ ✪✪✪✪
37, PROMENADE DES
ANGLAIS
TEL. 04 93 16 64 00
FAX 04 93 88 35 68
www.hotel-negresco-nice.com

🛏 134 + 18 Suiten ♿ ♿
💳 Alle gängigen Kredit-
karten

🏨 HI
€€€€

3, AVE. DES FLEURS
TEL. 04 97 07 26 26
www.hi-hotel.net
In diesem Hotel im postmo-
dernen Design findet man individuell ausgestattete Zimmer für Musikliebhaber,
Computerfreaks oder Film-
fans. Kein Restaurant, aber eine kleine Bar in jedem Stock-
werk.
🛏 38 💳 Alle gängigen Kre-
ditkarten

🏨 LA PÉROUSE
€€€€€ ✪✪✪✪

11, QUAI RAUBA-CAPEU
TEL. 04 93 62 34 63
FAX 04 93 62 59 41
Ein Garten-Restaurant mit
Blick auf das Meer; schöne
Terrasse mit Blumen.
🛏 64 ♿ In einigen Räumen
🧖 💳 Alle gängigen Kredit-
karten

🏨 HÔTEL WINDSOR
€€€ ✪✪✪

11, RUE DALPOSSO
TEL. 04 93 88 59 35
FAX 04 93 88 94 57
www.hotelwindsornice.com
Individuell ausgestattete Räu-
me bietet dieses postmoderne
Hotel, das nicht weit vom
Strand entfernt ist. Mit Ham-

mam-Bad, Massagen und tropischem Garten.
🛏 57 🏊 🅿 ⛄ 🔁
💳 AE, MC, V

🍴 RÉSERVE DE NICE
€€€
60, BLVD. FRANCK PILATTE
TEL. 04 97 08 14 80
www.lareservedenice.fr
Der Chef dieses Restaurants schwört auf die verfeinerte regionale Küche. Serviert werden z.B. Kürbisrisotto, gegrillter Fisch des Tages oder Orangensoufflé. Reservierung erforderlich.
💳 MC, V

🍴 LA MÉRENDA
€€€
4, RUE TERRACE
Hier erhält man die typischen Gerichte aus Nizza: Stockfisch, Beignets, gefüllte Sardinen und Rinderfilet. Kein Telefon, deshalb keine Reservierung möglich. Sie sollten früh eintreffen, um einen Tisch zu bekommen
📅 Sa–So geschl. ⛄ 💳 Keine Kreditkarten

🍴 L'AUBERGE DE THÉO
€€
52, AVE. CAP DE CROIX
TEL. 04 93 81 26 19
Schönes italienisches Restaurant in den Hügeln von Cimiez mit vielen Carpaccio-Gerichten, frischen Nudeln und Pizzen aus dem Holzofen.
📅 Mo geschl. 💳 MC

🍴 LE COMPTOIR
€€
20, RUE ST-FRANÇOIS-DE-PAULE
TEL. 04 93 92 08 80
www.restaurant-lecomptoir.com
In dem Restaurant mit Bar kann man auch am späten Abend nach der Oper noch essen gehen.
📅 So u. Mo M geschl. 💳 MC

🍴 LE SAFARI
€€
1, COURS SALEYA
TEL. 04 93 80 18 44
www.restaurantsafari.fr
Großes Café mit riesigen

blauen Fensterläden in der Nähe des Marktes auf dem Cours Saleya. Hier kann man herrlich im Freien essen. Probieren Sie die Calamares oder die *bagna cauda*, einen scharfen Dip mit Anchovis und rohem Gemüse.
💳 Alle gängigen Kreditkarten

🍴 TERRES DE TRUFFES
€€
11, RUE ST-FRANÇOIS-DE-PAULE
TEL. 04 93 62 07 68
www.terresdetruffes.com
Der Hausherr Bruno Clément verkauft vor allem Trüffelprodukte. In der kleinen Bar unzählige Trüffelgerichte, von kleinen Vorspeisen bis hin zu mehrgängigen Menüs. Zu empfehlen: Tortellinisuppe mit Trüffeln und das beliebte Trüffeleis.
📅 So geschl. 💳 Alle gängigen Kreditkarten

PEILLON

🏨 AUBERGE DE LA MADONE 🍴
€€€ ⭘⭘⭘
2, PLACE AUGUSTE ARNULF
TEL. 04 93 79 91 17
FAX 04 93 79 99 36
www.auberge-madone-peillon.com
Eines der schönsten kleinen Hotels im Hinterland von Nizza. Herrliche Aussicht auf das Umland, Restaurant mit einheimischen Spezialitäten.
🛏 20 📅 Mitte Okt.–Dez. geschl., Restaurant Mi geschl.
💳 MC, V

ST-JEAN-CAP-FERRAT

🏨 GRAND HÔTEL DU CAP FERRAT 🍴
€€€€€ ⭘⭘⭘⭘
BLVD. DU GÉNÉRAL DE GAULLE
TEL. 04 93 76 50 50
FAX 04 93 76 04 52
www.grand-hotel-cap-ferrat.com
Eines der legendären Grandhotels an der Riviera, inmitten prächtiger Gärten hoch über dem Meer gelegen. Mit einem privaten Aufzug ge-

langt man zur Terrasse und zum Meerwasser-Swimmingpool. Prächtige Möbel, Restaurant mit einem Michelin-Stern. Tennisplatz.
🛏 44 + 9 Suiten 🅿 ⛄
💳 Alle gängigen Kreditkarten

🏨 ROYAL RIVIERA 🍴
€€€€€ ⭘⭘⭘⭘
3, AVE. JEAN MONNET
TEL. 04 93 76 31 00
FAX 04 93 01 23 07
www.royal-riviera.com
Die Residenz aus der Belle Époque wurde im neogriechischen Stil errichtet. Privater Strand und Gärten.
🛏 94 🏊 🏋 ⛄ 📅 Ende Nov.–Mitte Jan. geschl.
💳 Alle gängigen Kreditkarten

🏨 HÔTEL LE PANORAMIC
€€€ ⭘⭘⭘
3, AVE. ALBERT 1ER
TEL. 04 93 76 00 37
FAX 04 93 76 15 78
www.hotel-lepanoramic.com
Alle Zimmer dieses freundlichen, ruhigen Hotels haben Balkone mit Blick aufs Meer.
🛏 20 📅 Nov.–Dez. geschl.
💳 Alle gängigen Kreditkarten

■ ALPES PROVENÇALES

BARCELONNETTE

🏨 AZTECA
€€ ⭘⭘⭘
3, RUE FRANÇOIS ARNAUD
TEL. 04 92 81 46 36
www.azteca-hotel.fr
Alte Villa mit mexikanischen Möbeln mitten in der Stadt. Im Winter fahren kostenlos Busse in die Skigebiete.
🛏 27 🅿 💳 MC, V

BREIL-SUR-ROYA

🏨 CASTEL DU ROY 🍴
€€ ⭘⭘
146, RTE. DE L'AIGARA
TEL. 04 93 04 43 66
FAX 04 93 04 91 83
www.castelduroy.com

Eines der schönsten Hotels für Besucher des Vallée des Merveilles. Das einfache Hotel liegt direkt am Wald.
🛈 19 🛌 🅿 🕐 Okt.– März geschl. 💳 MC, V

DIGNE-LES-BAINS

🏨 LE GRAND PARIS
🍴 €€ ✪✪✪✪

19, BLVD. THIERS
TEL. 04 92 31 11 15
FAX 04 92 32 32 82
www.hotel-grand-paris.com
Ein altes Kloster wurde zu einem Luxushotel mit hervorragendem Restaurant umgebaut.
🛈 20 🅿 🛌 💺 🛗 💳 Alle gängigen Kreditkarten

LANTOSQUE

🏨 HOSTELLERIE DE
🍴 L'ANCIENNE GEN-
DARMERIE
€€ ✪✪✪

D2565, RICHTUNG PARC NATIONAL DU MERCANTOUR
TEL. 04 93 03 00 65
FAX 04 93 03 06 31
www.hotel-lantosque.com
In den gemütlichen Räumen des Hauses, das heute zu den schönsten der Gegend zählt, erinnert nichts mehr an die einstige Polizeistation. Die Zimmer sind mit antiken Möbeln eingerichtet.
🛈 8 🛌 🕐 Nov.–Feb. geschl. 💳 MC, V

LA-PALUD-SUR-VERDON

🏨 HÔTEL DES GORGES
🍴 DU VERDON
€€€ ✪✪✪

LA PALUD-SUR-VERDON
TEL. 04 92 77 38 26
FAX 04 92 77 35 00
www.hotel-des-gorges-du-verdon.fr
Das Hotel liegt ideal mit Blick auf die Gorges du Verdon und besitzt schöne, modern ausgestattete Zimmer.
🛈 27 🅿 🛌 🕐 Mitte Okt.–April geschl. 💳 MC, V

MOUSTIERS-STE-MARIE

DER BESONDERE TIPP

🏨 LA BASTIDE DE
🍴 MOUSTIERS

Alain Ducasse hat aus diesem alten Bauernhof eines der schönsten Restaurants der Provence gemacht. Gäste dürfen die Küche und den Gemüsegarten inspizieren. Das Restaurant mit einem Michelin-Stern ist allein schon eine Reise wert.
€€€/€€€€ ✪✪✪✪

CHEMIN DE QUINSON
TEL. 04 92 70 47 47
FAX 04 93 70 47 48
www.bastide-moustiers.com
🛈 12 🅿 🛌 🅾 🛗
🕐 Jan.–Feb. u. im März, Nov., Dez. Di, Mi geschl.
💳 Alle Kreditkarten

🍴 LES SANTONS
€€€

PLACE DE L'ÉGLISE
TEL. 04 92 74 66 48
www.lessantons.com
Das kleine Restaurant des Starkochs Alain Ducasse hat einen Stern im Michelin. Schöne Aussicht auf die Dorfkirche und den Fluss. Bekannt ist das mit Lavendelhonig gebratene Huhn.
🕐 Dez. u. Jan. sowie i. Juli u. Aug. Mo u. Sa M, Rest des Jahres Mo A u. Di geschl.
💳 Alle gängigen Kreditkarten

ST.-DALMAS-DE-TENDE

🏨 LE PRIEURÉ
🍴 € ✪✪

RUE JEAN MÉDECIN
TEL. 04 93 04 75 70
FAX 04 93 04 71 58
www.leprieure.org
Eines der besseren Restaurants in der Nähe des Vallée des Merveilles. Frische Forellen, hervorragende Entenbrust. Schöne Zimmer zum Übernachten.
🛈 24 🅿 💳 AE, MC, V

HOTELS	
Preiskategorien für ein Doppelzimmer ohne Frühstück:	
€€€€€	Über 240 Euro
€€€€	200–240 Euro
€€€	120–200 Euro
€€	65–120 Euro
€	Unter 65 Euro

RESTAURANTS	
Preiskategorien für ein Drei-Gänge-Menü ohne Getränke, Steuern und Trinkgeld:	
€€€€€	Über 80 Euro
€€€€	50–65 Euro
€€€	30–50 Euro
€€	25–30 Euro
€	Unter 20 Euro

TRIGANCE

🏨 CHÂTEAU DE
🍴 TRIGANCE
€€€ ✪✪✪

CHEMIN DE QUINSON
TEL. 04 94 76 91 18
FAX 04 94 85 68 99
www.chateau-de-trigance.fr
Um 1960 wurde diese mittelalterliche Burg hoch über dem Dorf stilvoll restauriert. Das Frühstück kann man auf der Dachterrasse einnehmen; Abendessen im alten Waffensaal. Liegt in der Nähe der Gorges du Verdon.
🛈 10 🅿 🕐 Geschl. Nov.–März. 💳 Alle Kreditkarten

VALENSOLE

🏨 LA FUSTE
🍴 €€€ ✪✪✪✪

LIEU-DIT DE LA FUSTE
TEL. 04 92 72 05 95
FAX 04 92 72 92 93
www.lafuste.com
Der Bauernhof aus dem 17. Jahrhundert ist eine wahre Oase des Luxus inmitten einer Hügellandschaft mit Lavendelfeldern. Hervorragender Service.
🛈 12 🅿 🛌 🕐 Restaurant So A u. Mo geschl.
🛗 In einigen Zimmern
💳 Alle Kreditkarten

Einkaufen

Die Provence ist schon seit Jahrhunderten ein wichtiges Handelsland. Es ist deshalb nicht verwunderlich, dass die traditionsreichen provenzalischen Produkte in der ganzen Welt bekannt sind. Lavendel, die Kräuter der Provence und das Olivenöl zeugen von den vielen Sonnenstunden und den speziellen Düften dieser Gegend. Das Handwerk hat hervorragende Erzeugnisse geschaffen, zum Beispiel *santons* aus Terrakotta, geflochtene Körbe und Leinenstoffe. Den wohlsituierten internationalen Gästen, denen die Provence schon seit geraumer Zeit zur zweiten Heimat geworden ist, werden die zahlreichen Kaufhäuser und schicken Boutiquen gerecht. Vor allem Nizza, Cannes, St-Tropez und Aix-en-Provence zeigen die neuesten Modekreationen und laden zu einem ausgiebigen Einkaufsbummel ein.

Märkte

Für viele ist ein Bummel über die zahlreichen Märkte, die in den meisten Städten und in vielen Dörfern der Provence abgehalten werden, das größte Einkaufsvergnügen. Meistens finden diese einmal pro Woche statt, in den größeren Städten kann es aber auch tägliche Märkte geben. Die Verkaufszeiten beginnen am frühen Morgen und enden bereits am Mittag. Sie sollten also früh unterwegs sein, um die Marktatmosphäre richtig genießen zu können. Die meisten der angebotenen Obst- und Gemüsesorten stammen aus einheimischem Anbau; beachten Sie die Schilder mit der Aufschrift *du pays*. Sensible Besucher sollten den Teil des Marktes meiden, auf dem lebende Tiere verkauft werden. Die Enten, Gänse und Hühner warten dort in engen Käfigen auf ihren Abtransport in Kochtöpfe. Achten Sie auf die lokalen Spezialitäten wie Käse, Honig, Oliven, Fleisch, Gebäck (*fougassettes* in Grasse, *navettes* in Marseille, *calissons* in Aix) und auf die Gewürze und Kräuter.

Flohmärkte

In der Provence gibt es einige Flohmärkte (*marchés aux puces* oder *brocantes*) mit allerlei Gebrauchtem, Antiquitäten und provenzalischen Kuriositäten. Auch hier sichert frühes Kommen die besten Schnäppchen.

Aix-en-Provence
Place du Verdun: Di, Do, Sa

Cannes
Rue Forville: Mo

Marseille
Ave. du Cap Pinède: So

Nizza
Cours Saleya: Mo (jeden dritten Sa auf der Place Garibaldi)

Nîmes
Ave. Jean-Jaurès: Mo

Weinproben

Überall in Frankreich laden Schilder mit der Aufschrift *dégustation* zur Weinprobe ein. Es besteht dabei kein Kaufzwang, aber aus Höflichkeit sollte wenigstens eine Flasche gekauft werden.

Öffnungszeiten

Lebensmittelgeschäfte, insbesondere Bäckereien (*boulangeries*), öffnen bereits frühmorgens um 7 Uhr. Andere Geschäfte und Kaufhäuser (*grands magasins*) beginnen um 9 Uhr. Die meisten Läden schließen über die Mittagszeit von 12 bis 14 oder 15 Uhr, um dann wieder bis 19 oder 19.30 Uhr geöffnet zu haben. Große Supermärkte öffnen dagegen ganztägig bis spät in den Abend.

Viele Geschäfte schließen am Montag; Lebensmittelgeschäfte und besonders Bäckereien bieten Sonntagsöffnungszeiten an.

Bezahlung

In den Supermärkten kann man normalerweise mit Kreditkarten zahlen, in kleineren Geschäften ist dies eher selten möglich. Achten Sie vor Betreten des Geschäfts auf die Schilder, die meistens an der Eingangstür hängen. Einige Händler nehmen nur ungern American Express an.

Exporte

TVA (Mehrwertsteuer) wird beim Kauf der meisten Artikel fällig. Der Satz liegt bei 19,6 Prozent, auf Luxusartikel können auch bis zu 33 Prozent TVA fällig werden. Nicht-EU-Bürger können sich bei der Ausreise die Mehrwertsteuer zurückerstatten lassen, wenn der Preis bei über 300 Euro lag. Bitten Sie im Geschäft um eine Ausfuhrerklärung (*bordereau*), die Sie beim Verlassen des Landes an der Grenze zusammen mit den gekauften Waren vorzeigen müssen. Die Erklärung senden Sie an den Händler zurück, der Ihnen die Mehrwertsteuer erstattet wird.

Souvenirs

Antiquitäten & Flohmärkte

Das größte Angebot an Antiquitäten in der Provence finden Sie auf der Isle-sur-la-Sorgue, wo es neben den mehr als 300 dort ansässigen Händlern (Sa–Mo) sonntags am Ufer der Sorgue einen riesigen Flohmarkt mit Antiquitäten, Gemälden, Kuriositäten und Kleidung gibt.

Le Village des Antiquaires
2 bis, ave. de l'Égalité
L'Isle-sur-la-Sorgue
Annähernd hundert Antiquitätenhändler drängen sich auf diesem Markt. Sie haben von Porzellan bis zu Badezimmereinrichtungen nahezu alles anzubieten.

Kunsthandwerk

Keramik

Töpferwaren waren schon zu römischen Zeiten ein Handelsprodukt der Provence. Zu Beginn des 20. Jahrhunderts war dieses Handwerk schon so gut wie ausgestorben. Nach dem Zweiten Weltkrieg erlebte es aber eine erstaunliche Wiedergeburt. Kein Geringerer als Picasso machte die Töpferprodukte aus Vallauris an der Côte d'Azur wieder weltbekannt. In Moustiers-Ste-Marie spezialisierte man sich auf die Fayence-Technik mit feinsten Malereien. An der Straße nach Riez finden Sie viele Töpferläden.

Fayence de Moustiers
18, rue du Marché
06300 Nice (Nizza)
Tel. 04 93 13 06 03
Für die Riviera-Urlauber, die nicht nach Moustiers gelangen, bietet dieses Geschäft eine feine Auswahl an Fayence-Produkten.

Galerie Madoura
Rue Georges et Suzanne Ramié
06220 Vallauris
Tel. 04 93 64 66 39
www.madoura.com
Keramikteller und Vasen nach Picassos Entwürfen von 1947–71.

Galerie Sassi-Milici
65, ave. Georges Clemenceau
06220 Vallauris
Tel. 04 93 64 65 71
www.sassi-milici.com
Internationale Künstler gestalten hier die Keramikprodukte.

Stoffe

Die indienne-Stoffe mit ihren leuchtenden Farben werden seit dem 18. Jh. in der Provence für Tischdecken, Gardinen und Bettwäsche benutzt.

Les Indiennes de Nîmes
2, blvd. des arènes
30900 Nîmes
Tel. 09 64 03 92 41
www.indiennesdenimes.fr
Wohnaccessoires und Dekostoffe, auch als Meterware erhältlich.

La Maison de Lices
2 & 18, blvd. Louis Blanc

83990 St-Tropez
Tel. 04 94 97 64 64
Feine Leinenstoffe, Dekoartikel.

Les Olivades Aix
15, rue M. Reinaud
13100 Aix-en-Provence
Tel. 04 42 38 33 66
www.lesolivades.fr
Der größte Hersteller traditioneller Stoffe mit Geschäften in jeder größeren Stadt der Provence.

Souleïado
10, blvd. de Lices
13200 Arles
Tel. 04 90 18 25 91
Traditionelle Leinenstoffe mit Outlets in Les Baux und St-Rémy.

Terre et Provence
16, rue de la République
84000 Avignon
Tel. 04 90 85 56 45
Geschirr, Töpferware und Stoffe.

Glas

Erst als Eloi Monod 1956 die Verrerie de Biot eröffnete, wurde mundgeblasenes Glas zu einer Attraktion. Die Stadt ist insbesondere für das verre à bulles (Glas mit Blasen) bekannt geworden.

Cristallerie d'Èze
8, rue Principale
06360 Èze
Tel. 04 93 41 20 34

La Verrerie de Biot
Chemin des Combes
06410 Biot
Tel. 04 93 65 03 00
www.verreriebiot.com
Glasbläser mit Show-Room.

Papier

Vallis Clausa, Moulin à Papier
Chemin de la Fontaine
84800 Fontaine-de-Vaucluse
Tel. 04 90 20 34 14
In dieser altmodischen Papiermühle werden handgefertigte Papierprodukte hergestellt.

Parfüm

Die drei großen Parfümhäuser von Grasse verkaufen einzigartige Düfte und Geschenkarrangements, die von den parfumeurs-in-residence kreiert werden. Wenn

Sie sich auf weniger exquisitem Terrain bewegen wollen, dann besuchen Sie in Nizza das Poilpot Thierry mit seiner großen Auswahl an einheimischen Parfüms.

Florame
34, blvd. Mirabeau
13210 St-Rémy
Tel. 08 99 10 32 65
Im Musée des Arômes werden Öle, Aromatherapien und Seifen präsentiert.

Fragonard
20, blvd. Fragonard
06130 Grasse
Tel. 04 93 36 44 65
www.fragonard.com

Galimard
73, rte. de Cannes
06131 Grasse
Tel. 04 93 09 20 00
www.galimard.com

Molinard
60, blvd. Victor Hugo
06130 Grasse
Tel. 04 93 36 01 62
www.molinard.com

Sandalen

Les Sandales Tropéziennes
16, rue Georges Clemenceau
83990 St-Tropez
Tel. 08 99 54 50 27
Seit 1927 werden hier Sandalen von Hand gefertigt.

Santons

Die provenzalischen Terrakottafiguren sind eine regionale Besonderheit. Bei den Weihnachtskrippen in der Provence bringen nicht nur die Hirten und Könige Geschenke, sondern auch alle Dorfbewohner. Und so haben sich die santonniers (die Hersteller der santons) ein beachtliches Repertoire an unterschiedlichen Figuren, zum Beispiel die verschiedensten Handwerker, angeeignet. Jedes Jahr im Dezember findet in Marseille die größte Messe für santons statt. Hier kann man bei vielen Künstlern bei der Arbeit zusehen. Sie können auch eine der santon-Werkstätten besuchen, in denen jede

Figur von Hand hergestellt
wird.

Arterra
3, rue du Petit Puits
13002 Marseille
Tel. 04 91 91 03 31
Phantasievolle und sehr geschmackvoll gestaltete *santons*.

L'Atelier d'Art
2, blvd. Emile Combes
13400 Aubagnes
Tel. 04 42 70 12 92
Obwohl etwas abseits der Touristenpfade gelegen, gibt es hier einige gute *santon*-Werkstätten.

Pinocchio
Rue de la Pise
06360 Èze
Tel. 04 93 41 21 30
Vielseitiges Sortiment an Acces-
soires für Puppen.

Santons Fouque
65, cours Gambetta
13100 Aix-en-Provence
Tel. 04 42 26 33 38
www.santons-fouque.com
Eine der besten *santon*-Werkstät-
ten in der Provence.

Seife
L'Occitane hatte großen Erfolg
mit dem Export des Duftes der
Provence in Form von Seifen,
Cremes und anderen Produkten.
Wenn die Franzosen provenzalische Seife meinen, denken sie immer an den olivgrünen Block der
savon de Marseille, die im 17. Jh.
zum ersten Mal hergestellt wurde. Sie ist zu 100 Prozent biolo-
gisch abbaubar und wird für
empfindliche Haut empfohlen.

Compagnie de Provence
1, rue Caisserie
13002 Marseille
Tel. 04 91 56 20 94
www.compagniedeprovence.com
Würfel der *savon de Marseille*.

L'Occitane
21, rue Grande
04100 Manosque
Tel. 04 92 72 41 02
www.loccitane.com
Das Hauptgeschäft des renommierten Herstellers für provenzalische Kosmetikartikel.

Savonnerie Marius Fabre Jeune
148, ave. Paul Bourret
13300 Salon-de-Provence
Tel. 04 90 53 24 77
www.marius-fabre.com
Im 19. Jahrhundert war Salon-
de-Provence ein bekannter Ort
der Seifenproduktion.

Essen & Trinken

**Schokolade, Marmeladen
und Gebäck**
Schokolade, hausgemachte Mar-
meladen, kandierte Früchte, Ho-
nig und eine große Vielfalt an
Gebäck – das sind nur einige der
Leckereien, auf die man sich in
Südfrankreich spezialisiert hat.

La Bonbonnière
57, rue de la Sous Préfecture
84400 Apt
Tel. 04 90 74 12 92
www.labonbonniere84.com
Kandierte Früchte, Marmeladen
und Schokolade.

Confiserie du Roy René
330, rue Guillaume du Vair
13545 Aix-en-Provence
Tel. 04 42 39 29 89
www.calisson.com
Neben vielen anderen Gebäck-
sorten werden hier die berühmten *calissons* angeboten.

Carousel des Confitures
2, rue du Vieux Collège
06500 Menton
Tel. 04 93 57 20 29
Fax 04 93 57 21 00
www.confitures-herbin.com
Marmeladen und Honig.

Chocolats Schies
125, rue d'Antibes
06400 Cannes
Tel. 04 93 39 01 03
www.chocolaterie-schies.com

La Chocolatière du Panier
35, rue de Vacon
13001 Marseille
Tel. 04 91 55 70 41

Confiserie Bono
280, allée Jean-Jaurès
84200 Carpentras
Tel. 04 90 63 04 99
Kandierte Früchte und verschiedene Marmeladen.

Confiserie Florian
14, quai Papacino
06300 Nice (Nizza)
Tel. 04 93 55 43 50
www.confiserieflorian.co.uk
Das bekannteste Geschäft für
kandierte Früchte an der Riviera.

Four de Navettes
136, rue Sainte
13007 Marseille
Tel. 04 91 33 32 12
Eine der ältesten Bäckereien der
Stadt, die sich auf die schiffförmi-
gen *navettes* spezialisiert hat.

Pâtisserie Bergèse
18, rue Lafayette
13210 St.-Remy-de-Provence
Tel. 04 90 92 01 97
Sündhaft köstliche Naschereien
aus Schokolade und Nougat.

Puyricard
Ave. Georges de Fabry
13100 Aix-en-Provence
Tel. 04 42 28 18 18
Schokolade und Süßigkeiten.

Venturini Fougassettes
1, rue Marcel Jounet
06130 Grasse
Tel. 04 93 36 20 47
Süßes, flaches, mit Orangenblüten verfeinertes Brot.

Kräuter & Spezialitäten
Die meisten Kräuter findet man
auf den Märkten der Städte und
Dörfer. Im Lavendelgebiet um
Sault kann man alle Produkte
rund um den Lavendel auch direkt von den Bauern an Straßen-
ständen kaufen. Die Säckchen
mit Kräutern der Provence findet
man in den Souvenirläden.

Alziari
14, rue St-François-de-Paule
06100 Nice (Nizza)
Tel. 04 93 85 76 92
Obwohl ursprünglich nur Olivenöl hergestellt wurde, kann man
hier alles kaufen, wofür die Provence berühmt ist: Kräuter, Seifen, Honig und *tapenade*.

Boutique de l'Abbaye de Lérins
06400 Île St-Honorat
Tel. 04 92 99 54 00
Der beste Laden, um den berühmten, von Mönchen herge-

stellten Likör mit den 45 Kräutern und andere regionale Produkte zu erwerben.

Cannolive
16, rue Vénizélos
06400 Cannes
Tel. 04 93 39 08 19
Spezialitäten aus der Provence.

Les Délices du Lubéron
1, ave. du Partage des Eaux
84800 L'Isle-sur-la-Sorgue
Tel. 04 90 20 77 37
www.delices-du-luberon.fr
Tapenade, sonnengetrocknete Tomaten und Pesto.

L'Herbier en Provence
7, descente de la Castre
06570 St. Paul
Tel. 04 93 32 91 51
www.lherbierenprovence.com

Musée de la Lavande
Rte. de Gordes
84220 Coustellet
Tel. 04 90 76 91 23
www.museedelavende.com
Artikel rund um den Lavendel.

Au Père Blaize
4 und 6, rue Méolan
13001 Marseille
Tel. 04 91 54 04 01
Traditionsreicher Kräuterhändler.

Olivenöl

Am besten kaufen Sie Olivenöl direkt an einer *moulin à huile*, einer Ölpresse, auf die häufig durch Schilder an der Straße hingewiesen wird.

Château d'Estoubion
Rte. de Maussane
13990 Fontvielle
Tel. 04 90 54 64 00

Fad'Oli
46, rue des Arènes
13200 Arles
Tel. 04 90 49 70 73
www.fadoli.com

Le Moulin d'Opio
2, rte. de Châteauneuf
06650 Opio
Tel. 04 93 77 23 03
www.moulin-dopio.com

Moulin à Huile Conti
138, rte. de Draguignan
06130 Grasse
Tel. 04 93 70 21 42

Moulin à Huile Lottier
102, ave. des Acacias
06500 Menton
Tel. 04 93 35 79 15

Moulin Jean-Marie Cornille
Rue Charloun Rieu
13520 Maussane-les-Alpilles
Tel. 04 90 54 32 37
www.moulin-cornille.com

Pastis

Der provenzalische Anislikör ist zwar nicht jedermanns Geschmack. Ein Nachmittag in einem Straßencafé könnte Sie aber eines Besseren belehren. Die beiden bekanntesten Marken sind Ricard und Pernod.

Wein

Es lohnt sich meist, irgendwo in der Provence an einem Weingut anzuhalten und dort eine Kiste Wein zu erstehen.

Caveau du Gigondas
Place Portail
84190 Gigondas
Tel. 04 90 65 82 29

Château Vignelaure
(Côteaux d'Aix)
Rte. de Jouques
83560 Rians
Tel. 04 94 37 21 10
www.vignelaure.com

Domaine de la Ferme Blanche
(Vignoble de Cassis)
D559
13260 Cassis
Tel. 04 42 01 00 74

Domaine de la Genestière
Chemin de Cravailleux
30126 Tavel
Tel. 04 66 50 07 03
www.domaine-genestiere.com

Domaines des Terres Blanches
(Côteaux de Baux)
Nahe der D99
13210 St-Rémy
Tel. 04 90 95 91 66
www.terresblanches.com

Domaine de Trévallon
(Côteaux d'Aix)
Chemin Romain Arles
13210 St-Rémy
Tel. 04 90 49 06 00
www.domainedetrevallon.com

Maison des Vins (Côtes de Provence)
N7, 83460 Les Arcs sur Argens
Tel. 04 94 99 50 10
www,vindeprovence.com

Maison des Vins (Côtes du Rhône)
6, rue des Trois Faucons
84000 Avignon
Tel. 04 90 27 24 00
www.vins-rhone.com

Vignerons de Beaumes de Venise
228, rte. de Carpentras
84190 Beaumes-de-Venise
Tel. 04 90 12 41 00
www.beaumes-de-venise.com

Vinadéa
8, rue Maréchal Foch
84232 Châteauneuf-du-Pape
Tel. 04 90 83 70 69
www.vinadea.com
Umfangreiches Angebot an Weinen aus der Provence.

Kleines Weinlexikon

AOC – *Appellation d'origine contrôlée:* Ein Wein, der strikt nach vorgegebenen Standards produziert wurde. Er stammt aus einer bestimmten Region, und nur ausgewählte Trauben werden für seine Herstellung verwendet.

Cru Classé: Eine nur in wenigen Regionen gebräuchliche Bezeichnung (hier zum Beispiel Côtes de Provence).

Grand Cru: Bezeichnung für einen besonders edlen Wein.

VDQS – *Vins Délimité de Qualité Supérieure:* Nach den AOC-Weinen die zweitbeste Kategorie. Das VDQS-Zeichen befindet sich immer in der linken unteren Ecke des Etiketts und spezifiziert die verarbeiteten Trauben.

Vin de pays: Diese höherklassigen Tischweine stammen aus einer bestimmten Region.

Vin de table: Einfacher französischer Tischwein, der ohne Verweis auf Herkunft und Rebsorten auskommt.

Unterhaltung & Freizeit

UNTERHALTUNG

Das Spektrum von Veranstaltungen in der Provence reicht von anspruchsvollen Opernaufführungen bis hin zu traditionellen Stierkämpfen. In vielen Städten verwandeln sich dafür die alten römischen Ruinen in fulminante Kulissen. Über das ganze Jahr hinweg reiht sich ein Festival an das andere, und so ist gewährleistet, dass für jeden Geschmack etwas dabei ist: Jazz-Konzerte, Zigeuner-Prozessionen, Fotoausstellungen und Theatervorstellungen. Kasinos und Kinos runden das Abendprogramm ab, und die Clubs in Marseille, St-Tropez, Cannes und Nizza warten anschließend noch auf die Nachtschwärmer.

Stierkampf

Die Stierkämpfe, *tauromachie*, in den Arenen von Arles und Nîmes stellen ein urtümliches Stück Provence dar. Die beliebtesten finden am Osterwochenende (Féria Pascale), während der Fête des Gardians (1. März) und der Cocarde d'Or im Juli statt. Tickets erhalten Sie direkt über die Arenen oder manchmal über die Touristeninformationsbüros.

Kasinos

Für viele sind die Kasinos die Hauptattraktion an der französischen Riviera. Das bekannteste und herausragendste ist natürlich *Le Casino* in Monte Carlo.

Casino de Bandol
2, place Lucien Artaud
83150 Bandol
Tel. 04 94 29 31 31

Casino du Golfe
Promenade du Port
83240 Cavalaire-sur-Mer
Tel. 04 94 01 92 40

Casino de Grasse
Blvd. Jeu de Ballon
06130 Grasse
Tel. 04 93 36 91 00

Casino Ruhl
1, Promenade des Anglais
06000 Nice (Nizza)
Tel. 04 97 03 12 22

Le Casino
Place du Casino
Monte Carlo, Monaco
Tel. 92 16 21 21

Kino

Mit der gleichen Leidenschaft, die in vielen anderen Ländern dem Sport gilt, lieben die Franzosen – und die Provenzalen machen hier keine Ausnahme – das Kino. Die unten aufgeführten Filmtheater präsentieren Filme im Original mit Untertiteln. Das weltbekannte Festival International du Film findet alljährlich in Cannes statt. Aber ohne Beziehungen ist es schier unmöglich, eine Karte für eine Filmvorstellung während des Festivals zu bekommen.

Cinéma Mazarin
6, rue Laroque
13100 Aix-en-Provence
Tel. 08 92 68 72 70

Cinéma Mercury
16, place Garibaldi
06300 Nice (Nizza)
Tel. 08 36 68 81 06

Cinéma Olympia
16, rue Pompe
06400 Cannes
Tel. 04 93 39 13 93

Cinéma Renoir
24, cours Mirabeau
13100 Aix-en-Provence
Tel. 08 92 68 72 70

Cinéma Rialto
4, rue de Rivoli
06000 Nice (Nizza)
Tel. 04 93 88 08 41

Cinéma Utopia
4, rue Escaliers Ste-Anne
84000 Avignon
Tel. 04 90 82 65 36

Cinéma Les Variétés
37, rue Vincent Scotto
13001 Marseille
Tel. 08 92 68 05 97

Oper, Ballett und klassische Musik

Die großen Konzert- und Opernhäuser der Provence sind unten aufgelistet. Es lohnt sich aber, auch auf Aushänge an Kirchen und Kathedralen zu achten, die häufig genug Schauplätze sehr schöner und faszinierender Konzerte sind. Während der Sommermonate finden in der Provence unzählige Konzerte statt, viele davon an spektakulären Orten wie etwa dem römischen Theater in Orange.

Ballet National de Marseille
20, blvd. Gabès
13008 Marseille
Tel. 04 91 32 72 27

Opéra de Marseille
2, rue Molière
13001 Marseille
Tel. 04 91 55 11 10
Opernhaus in einem Art-déco-Gebäude aus dem 20. Jahrhundert.

Opéra de Monte-Carlo
Place du Casino
98000 Monaco
Tel. 377 98 06 28 00

Opéra de Nice
4, rue St-François-de-Paule
06300 Nice (Nizza)
Tel. 04 92 17 40 00
Opern und Konzerte in der Altstadt.

Opéra-Théâtre
1, rue de Racine
84007 Avignon
Tel. 04 90 82 81 40
In dem Gebäude aus dem Jahre 1847 finden während des ganzen Jahres Opern-, Musik- und Theateraufführungen statt.

Palais de l'Europe
8, ave. Boyer
06500 Menton
Tel. 04 92 41 76 76
Kulturzentrum in Menton mit vielen unterschiedlichen Veranstaltungen wie Opern, Ballettaufführungen und Konzerten.

Théâtre Antique Centre Culturel
14, place Silvain
84100 Orange

Tel. 04 90 51 17 60
Hier erhalten Sie Tickets für
Veranstaltungen im prachtvollen
römischen Theater von Orange.
Théâtre du Jeu de Paume
17, rue de l'Opéra
13100 Aix-en-Provence
Tel. 04 42 99 12 00
Sehr schönes Theater aus dem
18. Jahrhundert mit einem abwechslungsreichen Programm.

AKTIVITÄTEN

In der Provence und an der Côte
d'Azur bietet sich den Urlaubern
ein reiches Angebot – vom
einfachen Sonnenbaden am
Strand bis hin zu tollkühnem
Bungee-Jumping. Sie können
tatsächlich fast überall wandern,
reiten oder Golf spielen. An der
Küste stehen unterschiedlichste
Wassersportangebote zur Verfügung. In den meisten Städten
gibt es hervorragende öffentliche
Schwimmbäder und Sport-
anlagen. Die besten Hinweise
erhalten Sie wiederum bei den
örtlichen Touristeninformatio-
nen. Um einen umfassenderen
Überblick über das Sportangebot
der Region zu bekommen – sei
es Radfahren, Segeln, Wandern
oder Scuba-Diving – , wenden
Sie sich am besten an die unten
aufgelisteten Comitées Départemental de Tourisme.
Alpes-de-Haute-Provence
19, rue du Dr.-Honnorat
04005 Digne-les-Bains
Tel. 04 92 31 57 29
www.alpes-haute-provence.com
Alpes-Maritimes
45, Promenade des Anglais
06203 Nice (Nizza)
Tel. 04 93 37 78 78
www.cotedazur-tourisme.com
Bouches-du-Rhône
Les Docks Atrium
13, rue de Brignoles
13006 Marseille
Tel. 04 91 13 84 13
www.visitprovence.com
Hautes-Alpes
13, av. Maréchal Foch
05000 Gap

Tel. 04 92 53 62 00
www.hautes-alpes.net
Var
1, blvd. de Strasbourg
83093 Toulon
Tel. 04 94 18 59 60
www.visitvar.fr
Vaucluse
12, rue Collège de la Croix
84008 Avignon
Tel. 04 90 80 47 00
www.provenceguide.com

Ballonfahren

Mit dem Heißluftballon über
die Provence zu schweben ist
ein einmaliges und spannendes
Abenteuer. Die Fahrten dauern
etwa ein bis zwei Stunden.
France Montgolfières
24, rue Nationale
41400 Montrichard
Tel. 02 54 32 20 48
Alpes Montgolfière
673, Route du Val d'Arly
74210 Praz sur Arly
Tel. 04 50 55 50 50 60
www.alpes-montgolfiere.fr

Bootsausflüge

Les Péniches Isles de Stel
12, rue Amiral Coubert
30220 Aigues-Mortes
Tel. 04 66 53 60 70
Bootsausflüge durch die
Camargue.
Trans Côte d'Azur
Quai Lunel
06300 Nice (Nizza)
Tel. 04 92 00 42 30
Fahrten im Glasbodenboot.

Bungee-Jumping

Eine der höchsten Absprung-
stellen für Bungee-Jumping in
Europa ist der Pont de l'Artuby
in den Gorges du Verdon, 180
Meter über dem Wasser.

Canyoning

In Bergsteigerausrüstung und mit
einer entsprechenden Technik
werden hierbei die wildesten
Bergflüsse befahren.
AET Nature
392, Chemin du Foussa

06540 Breil-sur-Roya
Tel. 04 93 04 47 64
Organisiert Canyoning, Rafting
und Klettertrips im Roya-Tal.
Aqua Viva Est
12, blvd. de la République
04120 Castellane
Tel. 04 92 83 75 74
Aventures et Nature
04120 La-Palud-sur-Verdon
Tel. 04 92 77 30 43
Base Sport et Nature
Plan d'Eau du Brec
04320 Entrevaux
Tel. 04 93 05 41 18

Fahrradfahren

In der Provence ist das Fahrrad-
fahren ebenso beliebt wie das
ruhige Boulespiele. Fahrradtou-
risten finden immer leicht eine
Übernachtungsmöglichkeit, und
jede mittelgroße Stadt hat wenigstens einen Fahrradladen, der
Räder verleiht und repariert.
Holiday Bikes
www.holiday-bikes.com
Eine weit verbreitete französische Fahrradvermietung
mit vielen Läden auch in der
Provence. Dort bekommen Sie
sowohl Straßenfahrräder als auch
Mountainbikes.
Vélo Loisir en Lubéron
203 rue Oscar Roulet
84440 Robion
Informationen und Vermietung
für Radfahrer im Lubéron.

FKK

Sonnenbaden „oben ohne" ist
an der gesamten Côte d'Azur
mehr oder weniger üblich. Einen
FKK-Strand gibt es auf der Île de
Levant, einer Insel bei Hyères.
Héliopolis Île du Levant
83411 Hyères

Golf

Es gibt erfreulicherweise mehr
Golfplätze in der Provence,
als man wegen des trockenen
Klimas erwarten könnte. Der
Golfsport hat hier aber auch
schon eine lange Tradition. Die
ersten Reisenden Ende des 19.

Jahrhunderts brachten diesen Sport mit ins Land.

Golf Club d'Aix-Marseille
Domaine de Riquetti
13290 Le Milles
Tel. 04 42 24 20 41
1937 eröffnet und damit einer der ältesten Golfplätze in der Provence.

Golf des Baux-de-Provence
Domaine de Manville
13520 Les Baux-de-Provence
Tel. 04 90 54 40 20

Golf Grand Avignon
Les Chênes Verts
84270 Vedène-Avignon
Tel. 04 90 31 49 94

Golf du Roquebrune
Domaine de Roquebrune
83520 Roquebrune-sur-Argens
Tel. 04 94 19 60 35

Golf du Ste-Maxime
Rte. du Débarquement
83120 Ste-Maxime
Tel. 04 94 55 02 02

Golf de Servanes
Rte. de Servanes
13890 Mouriès
Tel. 04 90 47 59 95

Provence Country Club
Rte. de Fontaine-de-Vaucluse
84800 Saumane-de-Vaucluse
Tel. 04 90 20 20 65

Klettern

Zerklüfteter Kalkstein und steile Felsen bieten viele interessante Klettergebiete. Ausgewiesene Kletterwege gibt es in den Calanques, den Schluchten von Verdon, den Dentelles de Montmirail, im Buoux, im Lubéron und im Valée des Merveilles. Eine provenzalische Besonderheit ist die Via Ferrata – ein hoch gelegener Seilwanderweg. Die unten aufgelisteten Organisationen geben weitere Informationen, können Ausrüstung verleihen oder Bergführer vermitteln.

Lei Lagramusas
04120 La-Palud-sur-Verdon
Tel. 04 92 77 33 39

Aventures et Nature
10, rue Fontaine
Tel. 04 92 83 11 42

Base Sport et Nature
04120 La-Palud-sur-Verdon
Tel. 04 92 77 30 43

Comité Départemental de la Montagne et de l'Escalade
Place Capitaine Victor Arnaud
04270 Mezel
Tel. 04 92 35 58 84

Club d'Escalade de Quinson
Quartier Sainte Anne
04500 Quinson
Tel. 04 92 74 40 04

Rafting und Kanufahren

Die meisten Flüsse in der Provence sind durch mindestens einen Staudamm in ihrem Lauf beruhigt. Trotzdem ist in einigen Flussläufen Rafting und Kajakfahren möglich. Außerdem kommt man so auf spektakuläre Weise durch die Gorges du Verdon.

Abord Rafting
8, place de l'eglise
04120 Castellane
Tel. 04 92 83 76 11

Action Aventure Rafting
Place Revelly
04240 Annot
Tel. 04 92 83 74 22

Eau Vive Evasion Rafting
04240 Annot
Tel. 04 86 18 08 32

Kayak Vert
Quartier La Baume
84800 Fontaine-de-Vaucluse
Tel. 04 90 20 35 44
Tagesausflüge zur Isle-sur-la-Sorgue. Angelausrüstung verfügbar.

Kayak Vert Camargue
Mas de slyvéréal
30600 Sylvéréal
Tel. 04 66 73 57 17
Kajak- und Kanuvermietung für die Camargue.

Maison du Canoë
Le Four à Chaux, Pont Martinet
04340 Méolans
Tel. 04 92 85 58 29
Paddeln im Ubaye-Tal

Reiten

Die aufgelisteten Organisationen bieten Ihnen Informationen zum Thema Reiten in der Camargue und in anderen Gegenden.

Centre Équestre Pastré
33, traverse de Carthage
13008 Marseille
Tel. 04 91 73 72 94

Centre de Tourisme Équestre Brenda
Mas St-Georges (Astouin)
13460 Les-Stes-Maries-de-la-Mer
Tel. 04 90 97 52 08

Nouveau Club Hippique des Antiques
3, rue Étienne Astier
13210 St-Rémy-de-Provence
Tel. 08 99 51 98 20
Auf Pferden durch die Alpilles und die Dentelles.

Segeln, Surfen und sonstiger Wassersport

An der Küste gibt es eine grenzenlose Auswahl an Vermietungen für Wasserski, Jetski und Segelausrüstungen. Die örtlichen Touristeninformationsbüros informieren über die Anbieter.

Riviera Fun Sail
1987, ave. Jean Michard Pélissier
06600 Antibes Juan-les-Pins
Tel. 06 23 42 26 71

Team Water Sport
Coco Plage
Quartier Pampelonne
83350 Ramatuelle
Tel. 04 94 79 82 41
Wasserski, Surfen und andere Wassersportarten in der Gegend um St-Tropez.

Skifahren

Die Alpen der Provence lassen sich hinsichtlich der Skigebiete letztlich nicht mit den „eigentlichen" Alpen weiter nordöstlich vergleichen. Immerhin ist hier die Benutzung der Lifte günstiger.

Isola 2000
Office du Tourisme
06420 Isola 2000
Tel. 04 93 23 15 15
Pisten mit einer Länge von 120 Kilometer.

St-Étienne du Tinée
Office du Tourisme
Rue des Communes de France
06660 St-Étienne du Tinée

Tel. 04 93 02 41 96
130 Pistenkilometer.

Tauchen

Entlang der Küste gibt es eine
Vielzahl interessanter Tauchre-
viere – von Schiffswracks bis hin
zu den ruhigen und mysteriösen
Buchten bei Les Calanques.
Diverse Tauchschulen bieten
Kurse mit Zertifikaten an. Wenn
Sie außerhalb eines Kurses eine
Tauchausrüstung leihen wollen,
müssen Sie Ihre Fertigkeiten mit
einem Zertifikat belegen.
Centre Cassidain de Plongée
3, rue Michel Arnaud
13714 Cassis
Tel. 04 42 01 89 16
Die Tauchschule organisiert
Tauchgänge in den türkisfarbe-
nen Buchten der Calanques.
**Féderation Francaise
d'Études et des Sports
Sous Marins**
24, quai de Rive-Neuve
13284 Marseille
Tel. 04 91 33 99 31
Zentrum für Scuba-Diving.
Porquerolles Plongée
ZA 7 Île de Porquerolles
83400 Hyères
Tel. 04 98 04 62 22
Um die Îles d'Hyères gibt es viele
Tauchreviere für unterschied-
liche Leistungsstufen und
Altersgruppen.

Thermalbäder

Schon die alten Römer wussten
die heißen Quellen des Landes
für sich zu nutzen. Heutzutage
sind Shiatsu, Aromatherapien
und Meditation ebenso hinzuge-
kommen wie moderne Saunen.
La Bastide de Gordes & Spa
Rte. de la Combe
84220 Gordes
Tel. 04 90 72 12 12
Thermes de Digne-les-Bains
29, ave. des Thermes
04005 Digne-les-Bains
Tel. 04 92 32 32 92
Thermes de Gréoux
Rue Eaux Chaudes
04800 Gréoux-les-Bains

Tel. 08 26 46 81 86
Les Thermes Marins
2, ave. de Monte-Carlo
98000 Monaco
Tel. 377 98 06 69 00
Thermes Sextius
55, cours Sextius
13101 Aix-en-Provence
Tel. 04 42 95 11 33

Vögel

Von großem Interesse für Orni-
thologen sind die Feuchtgebiete
der Camargue, wo alljährlich
Hunderte Arten von Zugvögeln
Rast machen. Innerhalb des
Schutzgebietes gibt es zwei Zen-
tren, in denen Sie sich über die
Flora und Fauna dieses Gebietes
informieren können.
**Maison du Parc Naturel Régio-
nal de Camargue**
Mas du Pont de Rousty
13200 Arles
Tel. 04 90 97 86 32
**Parc Ornithologique de Pont
de Gau**
Rte d'Arles
13460 Saintes Maries de la Mer
Tel. 04 90 97 82 62

Wandern

In der Provence kann man
wunderbar wandern. Trotz der
Verstädterung entlang der Küste
haben sich dank des gestiegenen
Umweltbewusstseins und wegen
der Unwegbarkeit des Terrains
einige Naturreservate erhalten.
   Die spektakulärsten Wanderungen können Sie in den
Calanques nahe Marseille, in den
Dentelles am Rhône-Tal oder
durch die Dörfer im bergigen
Hinterland von Nizza unternehmen. Einen schönen Ausflug
versprechen auch die Walnuss-
und Pinienwälder des Massif
des Maures wie auch die Gorges
du Verdon und das Vallée des
Merveilles. Die französische
Bezeichnung der Wanderwe-
ge lautet *Grande Randonnée*,
abgekürzt GR. Die Touristeninformationsbüros können
Ihnen über die Wanderwege der

Umgebung Auskunft geben. Kon-
taktieren Sie ansonsten die unten
aufgelisteten Organisationen,
um weiterführende Informationen zu erhalten, Wanderkarten
oder eine Liste der Berghütten.
Denken Sie daran, dass Ausflüge
abseits der gekennzeichneten
Wege insbesondere während der
Hochsommermonate wegen der
Brandgefahr verboten sind.
Club Alpin Français
14, ave. Mirabeau
06000 Nice (Nizza)
Tel. 04 93 62 59 99
**Comité Départemental de
Randonnée Pédestre des Alpes
Maritimes**
4, ave. de Nice
06800 Cagnes-sur-Mer
Tel. 04 93 20 74 73
Destination Merveilles
4, rue des Mesures
06270 Villeneuve Loubet village
Tel. 04 93 73 09 07
Führungen durch das Vallée des
Merveilles.

LESETIPPS

„Der Graf von Monte Christo"
(1845) und „Der Mann mit der
eisernen Maske" von Alexandre
Dumas. Zwei Klassiker, die
hauptsächlich während des 19.
Jahrhunderts in Marseille spielen.
„Das Parfum" (1985) von Patrick
Süskind. Faszinierende und
spannende Erzählung über einen
Mann, der in Grasse während des
18. Jahrhunderts sein eigenes,
ganz spezielles Parfüm herstellt.
„Wein und Krieg" (2004) von
Don und Petie Kladstrup. Handelt
davon, wie die Weinbauern die
Weinberge vor den Invasoren des
Zweiten Weltkriegs retteten.
Außerdem:
Elizabeth Falconer, „Auf den
Flügeln des Morgens "(2003)
Peter Mayle, „Mein Jahr in der
Provence" (2000)
Marcel Pagnol, „Die Wasser der
Hügel" (1997)
Gustaf Sobin, „Der Trüffelsucher"
(2000)

REGISTER

In der Reihe NATIONAL
GEOGRAPHIC TRAVELER sind bisher
folgende Titel erschienen:

ÄGYPTEN
ALASKA
ANGKOR
ARGENTINIEN
AUSTRALIEN
BARCELONA
BERLIN
BOSTON UND UMGEBUNG
CHINA
COSTA RICA
DEUTSCHE NATIONALPARKS
FLORENZ UND TOSKANA
FLORIDA
FRANKREICH
GRIECHENLAND
GROSSBRITANNIEN
HAWAII
HONGKONG
INDIEN
IRLAND
ISTANBUL UND WESTLICHE
    TÜRKEI
ITALIEN
JAPAN
KALIFORNIEN
KAMBODSCHA
KANADA
KANADA-NATIONALPARKS
KARIBIK
KOLUMBIEN
KRETA
KROATIEN
KUBA
LONDON
MADRID
MAROKKO
MEXIKO
MIAMI UND DIE FLORIDA KEYS
NEUSEELAND
NEW YORK
PANAMA
PARIS
PEKING
PERU
PORTUGAL
PRAG UND TSCHECHIEN
PROVENCE UND CÔTE D'AZUR
ROM
RUMÄNIEN
SAN FRANCISCO
SANKT PETERSBURG
SCHOTTLAND
SCHWEIZ
SHANGHAI
SPANIEN
STATE PARKS – AMERIKAS
    „KLEINE NATIONALPARKS"
SÜDAFRIKA
SYDNEY
TAIWAN
THAILAND
USA-NATIONALPARKS
VENEDIG
VIETNAM
WASHINGTON, D.C.
WIEN

Weitere Titel in Vorbereitung

Copyright © der Originalausgabe: National Geographic Society,
Washington, D.C. 2005, 2008

Deutsche Ausgabe veröffentlicht von NATIONAL GEOGRAPHIC
DEUTSCHLAND (G+J/RBA GmbH & Co KG), Hamburg 2005
3. aktualisierte Auflage, Hamburg 2013

Deutsche Übersetzung: Dr. Eva Dempewolf, Matthias Eickhoff,
Dr. Marion Pausch, Rosemarie Altmann, Anja Wiebensohn-Jagla
(Reiseinformationen), Dr. Maurice Wiederhold
Aktualisierung 2013: Kathrin Schubert für twinbooks, München
Gesamtproducing: twinbooks, München
Satz: textum GmbH, München
Druck und Verarbeitung: Offizin Andersen Nexö Leipzig GmbH

Printed in Germany
ISBN 978-3-95559-013-0

Titel der amerikanischen Originalausgabe:
National Geographic Traveler Provence & The Côte d'Azur

Alle Rechte vorbehalten. Reproduktionen, Speicherungen in Datenverar-
beitungsanlagen oder Netzwerken, Wiedergabe auf elektronischen, foto-
mechanischen oder ähnlichen Wegen, Funk oder Vortrag – auch auszugs-
weise – nur mit ausdrücklicher Genehmigung des Copyrightinhabers.

Alle Angaben in diesem Buch wurden zum Zeitpunkt der Erarbeitung sorg-
fältig geprüft. Dennoch können sich natürlich Details ändern, und der Verlag
kann für solche Änderungen, eventuelle Fehler oder Auslassungen keine
Verantwortung oder Haftung übernehmen. Bewertungen von Hotels, Restaurants oder Sehenswürdigkeiten geben die Sicht der Autoren wieder.

Die National Geographic Society, eine der größten gemeinnützigen
wissenschaftlichen Vereinigungen der Welt, wurde 1888 gegründet,
um «die geographischen Kenntnisse zu mehren und zu verbreiten». .
Sie unterstützt die Erforschung und Erhaltung von Lebensräumen
sowie Forschungs- und Bildungsprogramme. Ihre weltweit mehr
als neun Millionen Mitglieder erhalten monatlich das NATIONAL
GEOGRAPHIC-Magazin, in dem die besten Fotografen der Welt
berichten. Ihr Ziel: *inspiring people to care about the planet,* Menschen
zu inspirieren, sich für ihren Planeten einzusetzen.

Die National Geographic Society informiert nicht nur durch das Magazin,
sondern auch durch Bücher, Fernsehprogramme und DVDs.

Falls Sie mehr über NATIONAL GEOGRAPHIC wissen wollen, besuchen Sie
unsere Website unter *www.nationalgeographic.de*

ABBILDUNGSNACHWEIS